D1393535

AVENTURE

Une série conçue et dirigée
par Marc de Gouvenain et Bertrand Py

MALI BLUES
JE CHANTERAI POUR TOI

DU MÊME AUTEUR :

Mon oncle du Congo, Actes Sud, 1990 ; Babel n° 144.
Les Portes de Damas, Actes Sud, 1994 ; Babel n° 486.
La Chanteuse de Zanzibar, Actes Sud, 1995.
Danse du léopard, Actes Sud, 2002.

Titre original :
Mali Blues
Editeur original :
Uigeverij J. M. Meulenhoff bv, Amsterdam
© Lieve Joris et J. M. Meulenhoff, 1996

© ACTES SUD, 1999
pour la traduction française
ISBN 2-7427-4149-6

Photographie de couverture :
tirée du film *Je chanterai pour toi*, de Jacques Sarasin
© Productions Faire bleu

Aut.

(LIEVE) JORIS

Tit

MALI BLUES

ST

JE CHANTERAI POUR TOI

traduit du néerlandais
par Isabelle Rosselin

Traoré, Boubacar / musicien (roman)

300 Notes Adapté au cinéma Belgique

BABEL

AMADOU
Notes africaines

Dakar, 16 juin 1993. Dès que je sens l'air tiède du soir, je sais que j'ai bien fait de venir. L'asphalte, mou sous mes pieds, dégage encore des vapeurs de chaleur. François m'attend. Je me fais peut-être des idées, mais aurait-il un accès de timidité ? Ce n'est pourtant pas son genre. Nous ne nous sommes pas vus depuis le Zaïre. Cela fait sept ans, d'après nos calculs dans la voiture. Nous avons tous deux la nostalgie de cette époque.

Arriver la nuit dans une ville – le sentiment d'être aussitôt en terrain connu. Dans un demi-sommeil, Keba, le gardien de l'immeuble, prend mes bagages. Une odeur de rouille et d'humidité flotte dans le couloir – comme lorsque j'entrais dans ma cabine à bord d'un bateau sur le fleuve Zaïre.

L'appartement de François est, dans la mesure du possible, encore plus dépouillé que sa maison autrefois à Kinshasa. Partout des tableaux naïfs du Zaïrois Chéri Samba. Pas un n'est encadré, certains se gondolent et s'écaillent sous l'effet de l'humidité. J'aime la désinvolture de François face aux préoccupations de ce monde, mais parfois elle m'agace : Chéri Samba a tout de même exposé à New York, ces peintures ont de la valeur ! Je ne fais aucune remarque ; François se moquerait de moi. Un musée à New York, cela ne veut rien dire pour lui. Il est né en Afrique, où il a vécu la majeure partie de sa vie. De toute évidence, ce passé l'a marqué. Combien de temps faudra-t-il encore avant

9

que New York ne soit plus une référence pour moi non plus ?

17 juin. Ma chambre donne sur l'avenue Georges-Pompidou, la rue la plus animée de Dakar. En face, le petit café qui vend des *chawarma* reste ouvert toute la nuit. Parfois, j'ai l'impression que les clients me parlent à l'oreille, tant leurs voix portent. Des rires, des interpellations, mais aussi des disputes, si violentes que je me sens presque impliquée physiquement. Comment peut-on dormir dans un tel tintamarre ? Je ne dors pas, je veille. Au milieu de ces voix, le sentiment divin de ne pas être chez moi, mais en Afrique. Au petit matin, l'appel chantant du muezzin.

Quand la circulation reprend, je me lève. Le propriétaire libanais du café découpe un dernier morceau de viande sur sa pyramide renversée et essuie son couteau sur son tablier blanc. Puis le volet se déroule à grand bruit et la porte bleu ciel est verrouillée. D'après François, ce Libanais vit ici depuis trente-cinq ans, mais il ne connaît qu'un côté de l'avenue Pompidou, celui qu'il emprunte pour rentrer chez lui. De l'autre côté, il n'a rien à chercher. Il fait des économies et passe son temps libre à regarder des films pornos.

Beaucoup de Libanais se sont installés ici. Restaurateurs, propriétaires de supermarchés, glaciers – ils sont en Afrique de l'Ouest ce que les Indiens sont en Afrique de l'Est : une minorité indispensable, et pourtant souvent menacée. Ils suscitent des jalousies.

Quelque part dans les profondeurs de l'appartement, j'entends chuchoter un "monsieur, monsieur", puis retentir un "oui* !" tonitruant. Ce doit être François, que son domestique Mamadou réveille. Autrefois, il n'avait pas de personnel régulier, mais maintenant qu'il est directeur du Centre culturel français de Dakar, il ne peut plus s'en passer. Autrement, il ne semble pas faire grand cas de sa fonction. Il a toujours les mêmes cheveux ébouriffés, blondis par le soleil, sa moto, une BMW, est garée devant chez lui et il ne porte une cravate qu'en cas de force majeure. A ses débuts au CCF, il a invité le personnel sénégalais à sa table. Ils n'avaient jamais mis les pieds à la résidence du directeur ! Je conçois que certains *petits Blancs**, pour lesquels le CCF était un refuge où ils venaient s'abreuver de culture française, l'aient pris en grippe ; François estime qu'il est ici en premier lieu pour les Africains et non pour les Français.

Nous prenons le petit déjeuner sur la terrasse, quand le téléphone sans fil se met à sonner. François pousse un soupir, saisit l'appareil, aboie : "*Allô ! Oui !**" Le CCF organise dans le stade de Dakar un festival de musique qui rassemble tous les groupes sénégalais connus. François s'attend à quarante mille spectateurs.

J'ai surpris tout le monde en annonçant que je me rendais à un *festival de musique* en Afrique : chez nous, à force d'entendre parler de faim, de sida et de guerres civiles sur ce continent, on imagine difficilement qu'un tel événement puisse avoir lieu. J'ai fini par éviter d'en parler. Mais maintenant que je suis là, tout redevient parfaitement plausible. La musique locale est très populaire ici, surtout parmi les jeunes, qui représentent plus de la moitié de la population sénégalaise. Ces jeunes constituent un sujet de préoccupation pour tout le monde : ils ont grandi avec d'immenses espoirs, mais leur avenir semble compromis. Pour François, organiser des concerts est une manière de garder le contact avec eux.

Pendant que je prends ma douche, mes yeux tombent sur une peinture naïve : un couple africain se baigne dans une rivière bordée d'une végétation luxuriante. Là encore, le tableau est exposé à l'humidité, mais en le regardant, je suis envahie par un sentiment de légèreté et de bonheur. A combien de temps remonte mon dernier voyage en Afrique ? Cinq ans ?

* Les mots en français dans le texte sont donnés en italique, suivis d'un astérisque.

Ces dernières années, je me suis essentiellement intéressée à la Syrie. Maintenant seulement, je me rends compte à quel point la vie était difficile là-bas. Ça aussi, j'ai du mal à l'expliquer chez moi : la vie est bien plus gaie ici.

Les vêtements que François portait hier soir sont jetés en tas devant la porte de sa chambre. Mamadou les met dans le panier à linge, puis N'Deye, la femme de ménage, les jette dans la machine à laver. Keba, Mamadou, N'Deye – cela fait déjà trois. La belle vie ! Et moi qui n'ai qu'une femme de ménage tous les quinze jours. Les Blancs d'ici disent que c'est une manière de créer des emplois. Et qu'ils rémunèrent et traitent leur personnel mieux que l'élite sénégalaise. Je ne sais ce que je dois en penser – mes sentiments sont partagés.

Vers midi, je vais chercher François à son travail. Le CCF est le siège d'une intense activité. J'y suis déjà venue, en 1987. François n'était pas encore là et l'endroit dépérissait. François a le don de donner une âme à ce qui n'en a pas. Je le trouve dans son bureau, aussi tendu qu'un ressort. Débordé, il farfouille dans le tas de paperasses posées sur sa table tout en criant dans le téléphone. On entre, on sort. Je l'attends, penchée au balcon. En bas, le café en plein air est le rendez-vous des cinéastes, des musiciens, des groupies, des étudiants et des désœuvrés. Youssou N'Dour, coiffé d'une casquette de base-ball, est adossé à un pilier ; plus tard, dans l'après-midi, Baaba Maal rencontrera ses fans. A Amsterdam, je ne vois ces stars de la musique sénégalaise que sur scène.

Nous prenons un verre au bar. On y regarde Canal France International, qui émet toute la journée. De nos jours, il faut aller en Afrique pour s'apercevoir que la France possède encore un rayonnement mondial. Ou pour entendre les dernières trouvailles de l'*argot** parisien. Une quantité d'emprunts à l'anglais, la terreur des puristes de la langue française. On parle ici de *Blacks* plutôt que de *Noirs**. J'entends aussi dire : "C'est *nice*."

Pendant la guerre du Golfe, le CCF était le seul endroit équipé d'une antenne parabolique. Le soir, pas moins de deux mille personnes venaient regarder les nouvelles. François craignait que les sentiments anti-occidentaux ne finissent par éclater, le tiers-monde étant de manière générale plutôt bien disposé à l'égard de Saddam Hussein. En fin de compte, que s'est-il passé ? Tout le monde a soutenu les Etats-Unis, car le voisin du Nord, la Mauritanie, avec laquelle le Sénégal est en froid depuis des années, était du côté de Saddam.

Comparé au Zaïre, le Sénégal est très centré sur son ancien colonisateur, estime François. C'est le premier pays de la côte ouest-africaine que la France a colonisé et il en garde des traces profondes. "Les Sénégalais nous présentent un miroir, dit François, un miroir grossissant, déformant." Les rues de Dakar sont envahies de baraques en bois où se vendent des tickets de tiercé : les paris se font sur des chevaux qui courent en Europe !

Mimicry, mimétisme, c'est ainsi que V. S. Naipaul explique le phénomène. François est plus indulgent, plus enclin à l'autocritique. Les Français n'ont-ils pas façonné à leur image un homme comme Bokassa ? Pendant des années, il a été officier de l'armée française. Il s'est emparé de leurs images, il a commencé à s'identifier à Napoléon. Et les Français ont accepté de jouer le jeu. Qui a contribué à financer le couronnement de l'empereur Bokassa ? La France ! De hauts dignitaires du monde entier sont venus le féliciter. Ce n'est que plus tard, quand ils en ont eu assez, qu'ils l'ont laissé tomber.

Les coloniaux avaient une idée de ce qu'ils voulaient accomplir en Afrique, dit François, mais les Africains en ont fait tout autre chose. Il aime la pagaille qui en a résulté. Pour lui, l'Europe est une maquette ; là-bas, tout est achevé. Il apprécie la créativité qu'engendre ici le chaos.

Cela fait plaisir de voir François dans son nouveau cadre. Comme d'habitude, il s'occupe de dizaines de choses en même temps. Les Africains ont tendance à être bavards, se plaint-il. Il les prévient dès qu'ils entrent dans son bureau : j'ai cinq minutes à te consacrer, qu'est-ce que tu veux ? Son travail consiste à *zapper*, il zappe d'un documentaire à un clip vidéo, de la musique à l'argent. Pendant ce temps, le téléphone ne cesse de sonner et les télécopies se succèdent. Le soir, il est épuisé et, parfois, ne sait même plus ce qu'il a fait dans la journée.

Il zappe aussi à plus long terme : il passe quatre ans quelque part, puis poursuit son chemin. Chaque fois qu'il quitte un endroit, il a le cœur brisé, mais il doit partir, sinon il s'attacherait tellement qu'il ne partirait plus.

François me présente à ses amis. Je ne dis pas grand-chose, je me sens encore étrangère – tout se déroule très près de moi, mais en même temps très loin. Je dois encore apprendre à *décoder* ce paysage, trouver le ton pour parler aux gens, découvrir ce qui les fait vibrer. D'ailleurs, je n'y parviens jamais en ville, il faut que j'aille à la campagne, où tout est plus transparent, plus simple.

François est un citadin. Au Zaïre, c'était un sujet de disputes – il estimait que je devais me plonger dans la vie urbaine, mais j'étais pour la première fois en Afrique, je ne comprenais rien à Kinshasa, je voulais toujours aller à l'intérieur du pays. Cette différence entre nous a persisté et s'est peut-être même accentuée.

En rentrant chez lui, François reçoit des salutations de tous côtés. Il achète des cigarettes à un garçon au coin de la rue, tend la main à un passant, donne à quelqu'un une tape dans le dos : *"Hey boy, ça va* ?"*

"Par rapport au Parisien moyen, tu as la belle vie. – Tu l'as dit." François s'arrête à côté d'une femme qui vend des noix de cajou et des morceaux de mangues pas mûres, cinq par pochette en plastique. Son bébé dort derrière elle, couché dans une boîte en carton.

"Mais il vaut mieux ne pas être africain." La réflexion m'a échappé.

François rit. "Sais-tu ce qu'un Zaïrois m'a dit avant mon départ ? «Profite de ce que tu es blanc, parce qu'à votre mort, vous reviendrez en Noirs, comme ça tu verras ce que nous devons endurer. Et nous, de notre côté, nous reviendrons en Blancs, alors prépare-toi au pire.» Depuis ce temps-là, je fais attention à bien traiter les Noirs, pour ne pas revenir sous leur aspect. Mais en même temps, je prie pour que tous les racistes se réincarnent en Noirs, pour qu'ils se rendent compte de l'impression que ça fait !"

Nous sommes passés devant sa moto, qu'il a fait décorer au Zaïre de peintures aux motifs de danseurs. François la tapote amicalement. "Prions pour ne jamais revenir en tant que Noirs. Surtout zaïrois !" Même s'il le dit en riant, je remarque son émotion. Nous aimerions tous deux retourner au Zaïre, mais tout le monde nous le déconseille. Mobutu a perdu son emprise sur le pays, l'endroit n'est plus sûr, les gens fuient comme des rats. Récemment, un Zaïrois, dans le dénuement le plus total, a fait irruption dans le bureau de François ; il était venu du Zaïre à pied !

Il y a sept ans, je voyageais librement dans un pays où je ne peux désormais plus me rendre. L'idée m'angoisse. C'est comme si des parties de ce continent s'enlisaient, redevenaient *terra incognita*. Et moi je n'irais que dans des régions sûres ? Qui témoignera alors de ce qui se passe dans des zones dangereuses ? Ces questions me hantent depuis que j'ai décidé de retourner en Afrique.

Ici, au Sénégal, la situation est encore relativement calme. Quoique… Ce matin, je me promenais en compagnie de Suska – l'ex-femme de François – sur l'avenue Pompidou. Elle m'a montré le magasin de son ancien *boutiquier** mauritanien. Un matin, elle lui avait acheté des cigarettes ; l'après-midi même, on portait dans la rue la tête de l'homme plantée au bout d'une pique. C'était en 1989, lorsque les conflits entre le Sénégal et la Mauritanie provoquèrent des tueries insensées dans les deux pays.

J'en suis restée muette. J'ignorais que les tensions entre ces deux pays avaient connu une telle escalade. Nous avons longé des étals couverts de pantalons en batik, des présentoirs rouillés de cartes postales et des stands devant lesquels pendaient des sandales et des sacs – j'avais du mal à imaginer qu'un jour, la même rue avait été le théâtre d'une telle brutalité.

De retour chez François, je fais la connaissance de sa fille de six ans, la petite Lea, qui depuis le divorce de son père vit une partie du temps chez lui. Un ange blond aux yeux bleu clair. Ici, elle joue avec Penda, la fille de N'Deye, mais elle passe ses vacances en France, auprès de ses cousins et cousines. De ses dernières vacances, elle a rapporté une chanson :

Je m'appelle Moustapha
et j'habite au Sahara
et je joue du tam-tam
sur les fesses de ma bonne femme*.

Elle la chante à table, elle y met tout son cœur. Une autre chanson me traverse l'esprit, une que nous chantions étant enfants et dont je ne comprendrais le sens que des années plus tard :

Au Sahara, entre deux chameaux
Kasavubu et Lumumba jouaient comme il faut
mais une dispute soudain éclata
et Kasavubu emprisonna Lumumba.

C'était certes une version très simpliste des luttes de pouvoir qui se sont déroulées au lendemain de l'indépendance dans ce que l'on appelait alors le Congo. Kasavubu était président à l'époque où Lumumba s'est fait assassiner. Comment cette chanson est-elle parvenue jusqu'à notre village ? Pour moi cela reste un mystère. Ou peut-être l'avons-nous apprise en colonie de vacances, au bord de la mer ? Il y venait des gens du pays entier.

Quand Lea a fini de prendre son bain, ses vêtements et sa serviette mouillée gisent sur le sol, comme les affaires de François ce matin. Quelles mauvaises habitudes ! A quinze ans, je m'étais occupée pendant plusieurs mois de deux garçons qui avaient grandi au Zaïre. Eux aussi avaient l'habitude de se faire servir par des bonnes d'enfants et laissaient tout traîner derrière eux.

18 juin. En dépit de l'agitation ambiante, nous nous parlons plus que jamais, François et moi. Il est né à Madagascar, où son père était vétérinaire. La famille vivait en *brousse**. Quand son père partait en mission, sa mère restait auprès des enfants pour leur faire cours elle-même. C'était un foyer bourgeois, régi par des règles strictes auxquelles François cherca vite à se soustraire. Ses parents pensaient qu'il ne ferait jamais rien de bien. Sur les photos de l'époque, sa mère remet toujours de l'ordre dans sa coiffure.

Après ses études de philosophie à Paris, il a travaillé dans une station d'essence où il a amassé une belle somme en trafiquant le compteur des pompes. Avec cet argent, il voulait aller à Katmandou, mais il n'était arrivé qu'en Grèce quand son père – devenu responsable de la coopération à l'ambassade au Tchad – lui annonça dans une lettre qu'il lui avait trouvé un poste de professeur de philosophie. François décida de lui signifier en personne son désintérêt. Quand il se présenta à l'ambassade de France au Tchad, il avait l'air si dépenaillé que le personnel lui refusa l'accès. On ne le laissa entrer que lorsque son père sortit pour voir de ses propres yeux qui était le jeune homme prétendant être son fils.

Il ne devait jamais atteindre Katmandou. Il se rendit au Yémen en traversant le Soudan et prit un *dhow* – un bateau à voile arabe – pour retourner à Djibouti. Il fut témoin de l'oppression qu'exerçait sur les paysans le régime marxiste-léniniste en Ethiopie et jeta au panier toutes les belles idées qu'il s'était faites sur le communisme pendant ses études universitaires. Il but du sang de vache en compagnie de Massaïs au Kenya et se retrouva en prison dans l'Ouganda d'Idi Amin.

En cours de route, il gagnait parfois un peu d'argent en donnant des conférences sur ses voyages, dans des Centres culturels français. Quand il apprit qu'une place d'*animateur** se libérait au CCF de Saint-Louis, au Sénégal, il posa sa candidature que l'on accepta aussitôt. Quatre ans plus tard, on le muta au Zaïre.

A l'époque, François fut le premier Blanc à me montrer qu'après le déploiement de force de l'époque coloniale, il existait une autre manière de se comporter envers les Noirs. Je lui suis reconnaissante de ce qu'il m'a appris – un lien s'est créé entre nous qui, même au bout de sept ans, s'est aussitôt renoué.

Aujourd'hui, j'en sais un peu plus sur l'Afrique et François a mûri. Il éprouve des sentiments partagés sur son travail à Dakar ; il regrette le cadre plus intime d'autrefois. A Saint-Louis, il prenait parfois sa Land Rover pour aller projeter un film dans la brousse ; à Lubumbashi, au sud du Zaïre, il avait lancé un *train culturel** qui s'arrêtait dans toutes les petites villes jalonnant la route jusqu'à Kalémié, dans l'Est.

C'est au *train culturel** qu'il repense avec le plus de nostalgie. Une troupe de théâtre et un orchestre faisaient partie du voyage. Le convoi comportait une bibliothèque et un wagon où l'on fournissait des informations sur le sida et distribuait des préservatifs. Quand François avait demandé au gouverneur de Lubumbashi de soutenir sa campagne sur la contraception, ce dernier l'avait regardé d'un air moqueur. "Vous, les Blancs, vous êtes bizarres, s'était-il exclamé, il vous arrive de manger des bonbons avec le papier ?" Cela dit, les acteurs et les musiciens avaient mené une vie si dissolue en cours de route que François en était arrivé à se demander si le *train culturel** ne contribuait pas plutôt à répandre le sida.

18

Après Lubumbashi, Dakar représente aussi un défi pour lui ; du point de vue de la France, c'est un poste important qui lui permet de monter des événements de grande envergure. A Paris, il ne pourrait jamais organiser un festival de musique avec si peu de moyens ; tout doit être réglé dans les moindres détails, couvert par une assurance et stipulé par contrat. Ici, ce sont les relations humaines qui priment, il fait tout verbalement, ne laisse presque aucune trace écrite, travaille sur la base d'échanges de services. Pour obtenir la protection de la police, de l'armée et des pompiers au cours du festival, il paie leur essence, leur fournit de la nourriture et leur distribue une centaine de tickets. "En Afrique, il n'y a pas de problèmes, dit-il, il n'y a que des solutions."

Pourtant, il est inquiet : qu'adviendra-t-il si, dans leur enthousiasme, les jeunes se bousculent et font céder une barrière devant eux ?

20 juin. Le concert était censé commencer à six heures, mais quand nous arrivons sur place, le stade est encore assez vide. Pendant les premières heures, François, nerveux, fait les cent pas ; il craint que son initiative ne tourne au fiasco. Lunettes noires branchées, chemise blanche, veste orange – il a des airs d'imprésario. Mais bientôt, en bras de chemise, il redevient François.

Etendue sur l'herbe, je vois les tribunes se remplir. Des groupes du Mali, de Guinée et des îles du Cap-Vert sont prévus en première partie. Vers neuf heures, François vient me dire que les queues à l'extérieur sont si longues que la police est obligée de retenir les foules. La télévision diffuse le concert en direct. Quand les projecteurs s'orientent vers le public, les gens se lèvent, commencent à hurler et à danser comme des fous. La plupart d'entre eux sont mineurs. Impressionnant, ce spectacle de milliers d'adolescents qui bougent comme un seul homme.

Je sors pour voir où en sont ceux qui attendent dehors. Il règne presque autant d'animation aux abords du stade qu'à l'intérieur. Toutes les boutiques sont ouvertes ; à la lumière de lampes à pétrole, on vend des noix de kola, des beignets et des limonades glacées.

Dans l'obscurité, je crois entendre mon nom. Je m'arrête, regarde autour de moi, surprise. Sûrement l'effet de mon imagination. Qui me connaît ici, en dehors de François et de Suska ? Puis j'entends qu'on m'appelle de nouveau. *"Lieve ! C'est Jacques* !"* Il s'agit d'un acteur que j'ai rencontré quelques jours plus tôt au CCF. En poursuivant ma promenade, je me sens réconciliée avec le monde entier, et non plus anonyme – un élément de la masse qui afflue ici.

Chez moi, on me demande parfois si je ne me sens pas seule ou si je n'ai pas peur au cours de mes voyages. Comment éprouver un sentiment de solitude ou de crainte dans un pays où, au bout de trois jours déjà, quelqu'un qui a pris la peine de se souvenir de votre nom vous repère dans la foule ? Les Africains doivent mal supporter la transition quand ils arrivent chez nous – dépourvus d'identité, privés de tout signe de reconnaissance. Rien d'étonnant s'ils se regroupent pour fuir les relents d'anonymat qui viennent à leur rencontre.

Un jeune garçon est venu marcher à mes côtés. Il tient à la main un de ces minuscules sacs en plastique qu'ont souvent les enfants ici. Les sacs coûtent vingt-cinq francs CFA – quarante-cinq centimes –, un prix abordable, pour la plupart d'entre eux. Je me suis déjà débarrassée de nombreux petits mendiants et lui demande d'un ton presque bourru : "Et toi, qu'est-ce que tu veux ?" L'enfant continue de marcher d'un pas décidé à côté de moi et dit : "Je veux entrer."

Je jette un regard sur lui. Short déchiré, grand T-shirt, un petit gars de rien du tout.

"Mais tu as quel âge !

— Quatorze ans." C'est un mensonge – il n'en a
sans doute pas plus de dix. Qui sait combien il a parcouru de kilomètres pour venir ici ! Sa mère a-t-elle
idée d'où il se trouve ? Sûrement pas.

"Tu es venu écouter qui ?"

Il me regarde, les yeux étincelants. "Youssou
N'Dour."

Je suis déjà conquise. "Combien coûte un billet ?
— Cinq cents francs CFA."

Il n'en a que deux cent cinquante. Je lui donne le
complément et il prend ses jambes à son cou. Je me
sens un peu ridicule, comme un scout qui vient de
faire une bonne action, mais contente aussi.

Dans le stade, les agents tentent de chasser les
resquilleurs et d'empêcher les fans d'approcher de
la scène, mais leur vigilance se relâche peu à peu et
des jeunes, toujours plus nombreux, parviennent à
escalader le podium pour exhiber leurs talents de
danseurs. Certains réalisent de véritables exploits
acrobatiques ! S'aidant de ses béquilles, un jeune
poliomyélitique fait tournoyer ses jambes autour de
l'axe de son corps comme un artiste de cirque. Une
des danses s'appelle *le chien qui pisse* : on lève la
jambe, on la fait pivoter d'un quart de tour et on l'agite
d'un mouvement saccadé – un spectacle hilarant.

Un groupe de soldats s'est installé près de moi. Ils
sont engoncés dans leurs uniformes, immobiles
comme si la musique les laissait froids. Mais quand,
en roulant des hanches, une jeune fille vient se poster
devant eux, un des militaires jette sa casquette en
l'air, saute sur ses pieds et se met à danser. Bientôt,
des dizaines de casquettes volent. Je regarde, fascinée : à l'instant, ils étaient assis là, prisonniers de la
discipline qui sied à leur uniforme. Il a suffi de quelques secondes pour mettre fin à cette mascarade. Ils
se révèlent aussi agiles que les autres danseurs – la
rigidité de leur tenue ne les gêne pas le moins du
monde.

J'essaie d'imaginer un peloton de soldats de l'armée
néerlandaise se joignant soudain au public. Non

seulement cela ne leur viendrait pas à l'esprit, mais le public ne l'accepterait peut-être pas non plus. Tandis qu'ici, personne ne s'en étonne, je suis la seule à les regarder. Leurs yeux brillent, ils projettent leurs jambes dans les airs, se précipitent dans les bras les uns des autres, rient.

C'est attendrissant, mais inquiétant aussi. Ils ont si vite oublié qu'ils faisaient partie de l'armée ! Avec désinvolture, ils ont jeté leurs fonctions par-dessus l'épaule. Cela me rappelle quelque chose, mais quoi ? Où ai-je déjà rencontré pareille attitude ? L'image de soldats zaïrois en pleine mutinerie me traverse l'esprit. Cette même extase, cette même lueur dans les yeux. Ce qui ici provoque la gaieté conduit ailleurs à des bains de sang.

La scène s'obscurcit. Youssou N'Dour fait son apparition, deux torches allumées dans les mains, et il entonne sa chanson sur Steve Biko. L'atmosphère dans les tribunes est électrique. Ces derniers jours, François a souvent parlé de la force qui émane des jeunes et de la pression qu'ils exercent, par la masse qu'ils représentent, sur les politiciens. Cette nuit, sous le ciel noir, dans ce stade, elle est soudain tangible. Je sens l'énergie des dizaines de milliers de spectateurs.

C'est impressionnant de voir jouer les musiciens sénégalais dans le cadre qui est le leur. Baaba Maal m'émeut tout particulièrement, un Toucouleur maigrichon du Fouta-Toro, la région à cheval sur le fleuve Sénégal. Vêtu de son ample boubou jaune vif, il chante d'une voix cristalline et dégage quelque chose d'angélique, de presque prophétique. Bien que je ne comprenne pas un mot de ses ballades, elles s'inspirent de toute évidence des traditions dont il est issu.

Evidemment, François préfère le citadin Youssou N'Dour, qui puise ses thèmes dans l'univers tout entier. Récemment, il l'a envoyé en tournée à travers l'Afrique. Banjul, Bangui, Ouagadougou, toutes ces capitales sans gratte-ciel – Youssou N'Dour était soulagé de rentrer à Dakar ; il a reconnu qu'il se sentait plus à l'aise à Paris que dans les contrées reculées d'Afrique.

J'engage la conversation avec un cinéaste tunisien, sans doute le seul Arabe de tout le stade ; les Libanais qui vivent ici ne s'intéressent pas à la culture africaine – certains affirment même avec conviction qu'elle n'existe pas. Mais mon interlocuteur est un grand amateur de musique africaine et il avoue que, dans l'ensemble, elle est plus moderne que celle des Arabes. "Les Arabes vivent dans un autre siècle, dit-il, ils écoutent la chanteuse égyptienne Oum Kalsoum, ils pleurent encore sur leur passé."

Omar Pene, qui conclut la soirée, a une sonorité plus crue, plus brutale que les autres. Il est la voix d'une génération désespérée, des enfants de la rue dans le quartier pauvre de Pikine. Tandis qu'il chante, l'aube point à l'horizon.

Pendant ces concerts, personne ne boit une goutte d'alcool. Même les musiciens sont totalement *clean*, d'après François.

21 juin. Adama est à Dakar ! Je l'ai découvert ce matin, en essayant de le joindre par téléphone en Casamance, dans le Sud du Sénégal. J'avais l'intention de lui rendre visite, François m'ayant brusquement annoncé qu'il partait samedi pour la France. Alors que je suis ici pour trois semaines ! C'est typique de François, de ne pas me l'avoir dit plus tôt.

Adama sort tout juste de l'hôpital. Je suis aussitôt allée le voir. De l'homme énergique qui en 1987 m'a servi de guide en Casamance, il ne reste plus grand-chose. Dans sa chambre, chez son frère, flotte une odeur d'hôpital. Un lit, une table couverte de vieux journaux où est posé un sac en plastique bourré de médicaments. Beaucoup d'antibiotiques, à ce que je vois. Ils en raffolent ici, certains font même régulièrement un traitement préventif.

Adama soulève sa chemise pour me montrer une entaille spectaculaire dans son dos. L'an dernier, il souffrait d'une hernie. Une opération anodine, disaient les spécialistes à Dakar. Au début, elle semblait avoir assez bien réussi, mais pendant les massages qu'on lui avait faits par la suite, la plaie s'était rouverte et mise à suppurer. Le chirurgien conseilla une autre opération. Cette fois-ci, il ne fut anesthésié que localement. Pendant qu'ils recousaient la plaie, il fut soudain traversé par une vive douleur : l'anesthésie ne faisait plus effet. Après la seconde opération, la douleur s'installa. Il fallut un certain temps avant d'en découvrir l'origine : une compresse avait été oubliée à l'intérieur.

Depuis la troisième opération, Adama se sent très faible. A chaque intervention, la plaie s'est agrandie, l'entaille s'est creusée. Il a une peur bleue qu'elle recommence à s'infecter. Il me raconte tout cela, étendu sur son lit ; il ne peut plus ni s'asseoir, ni se tenir debout. L'histoire de sa maladie domine toute sa vie. Je dois regarder ses radios, ses factures d'hôpital et le contenu du sac de médicaments.

L'odeur douceâtre dans la chambre me prend à la gorge, mais je me contiens : la vie que mène Adama depuis un an, je peux tout de même la partager quelques heures avec lui, non ? Cela me démoralise de le voir dans cet état. En Casamance, il vivait sur sa parcelle tel un roitelet, avec ses deux femmes et ses vingt-deux enfants. Il appartient au peuple diola qui, pendant longtemps, a su se protéger de l'influence des Français et observe bon nombre de traditions animistes. Les jeunes Diolas sont initiés dans le bois sacré. "Mais l'an dernier, c'est la salle d'opération qui est devenue mon bois sacré, dit Adama d'un ton amer, trois fois je m'y suis retiré et chaque fois j'en suis ressorti encore plus mal en point."

Il a l'air brisé tant sur le plan physique que psychologique. De sombres pensées le hantent sur la déchéance de toutes choses. Dans sa jeunesse, un grave accident l'avait paralysé et obligé à rester un an à l'hôpital. C'était en 1956, quatre ans avant l'indépendance. Les hôpitaux étaient confortables à l'époque ! Des amis lui apportaient du raisin et du chocolat, une robuste infirmière russe le portait dans ses bras d'une chambre à l'autre et lui réapprenait à marcher, pas à pas. A sa sortie de l'hôpital, il était redevenu le même. L'année passée, il a dû monnayer le moindre service auprès du personnel de l'hôpital et si sa famille ne lui avait pas préparé ses repas, il n'aurait pas même mangé.

Autrefois, Adama était très antifrançais. En 1958, quand le général de Gaulle était venu tenir un discours où il enjoignait aux Sénégalais de ne pas se couper de la France, Adama et ses amis se trouvaient au premier rang, brandissant des pancartes qui criaient *"Non* !"*. De Gaulle s'était tourné spécialement vers eux : "Vous, là, avec vos pancartes, vous pouvez avoir l'indépendance demain !"

"Tu sais que, parfois, quand j'y pense la nuit, je n'arrive pas à dormir ? dit Adama. J'aurais aimé que nous témoignions plus de respect à de Gaulle, que nous le laissions finir ce qu'il avait à dire." En 1980, le président Senghor était venu en Casamance. Un vieux monsieur lui avait demandé combien de temps l'indépendance allait encore durer. Senghor n'avait pas ri, se souvient Adama, il avait l'air préoccupé.

Pendant que nous conversons sur le lit, toutes sortes de gens viennent lui rendre visite. Un neveu lui raconte qu'au début de l'année, une explosion a eu lieu dans l'usine où il travaille. Quatre cents personnes sont mortes asphyxiées par des gaz ammoniacs. "Des ouvriers ?" lui dis-je. Pas seulement, répond-il, des curieux qui étaient accourus sur les lieux sont eux aussi tombés comme des mouches, ainsi que des femmes et des enfants qui vendaient de la nourriture à l'entrée de l'usine.

Une fois son neveu parti, Adama se lamente : certains de ses visiteurs croient lui remonter le moral en lui racontant les catastrophes qui leur sont arrivées.

On vient même lui décrire des maux au regard desquels sa maladie n'est rien.

Je me suis gardée de parler du festival de musique. Il ne m'a pas l'air d'être dans ce genre d'humeur. D'ailleurs, je me demande s'il connaît des musiciens comme Youssou N'Dour ; il appartient à une autre génération, préfère la musique traditionnelle.

Pensées contradictoires dans le taxi du retour. Comment relier le monde trépidant de François à la triste histoire d'Adama ? Autrefois, cette confusion me désespérait toujours, maintenant je sais qu'un jour je découvrirai une certaine cohésion. Si je reste assez longtemps !

22 juin. Avec François à moto vers la plage. En route, nous sommes arrêtés par la police. *"Putain de merde*"*, jure François. Ni l'un ni l'autre, nous ne portons de casque. François montre sa carte du *corps diplomatique**. L'agent y jette un coup d'œil nonchalant et sort son carnet. Il veut six mille francs. Je suis curieuse de voir comment François va s'en sortir. Il parle plutôt bien le wolof et commence à dire toutes sortes de choses qui font rire l'agent. Tout d'un coup, l'homme range son carnet dans sa poche, donne à François une tape sur l'épaule et nous laisse partir !

"Comment tu as fait ?

— Oh, ce n'était pas difficile. Il existe certaines expressions en wolof, quand on les connaît, les gens sont tellement impressionnés qu'on arrive à se sortir de n'importe quelle situation."

Plus tard, il m'en traduit quelques-unes : la vie n'est pas facile ; nous sommes tous dans le même bateau ; le singe ne cultive pas sa terre pour que le gorille en récolte les fruits.

23 juin. A l'inauguration d'un nouveau club, le *Waw*. Une sorte de *grand café**, décoré sobrement de petites tables et de chaises en fer, un long bar, des lampes high-tech. Une clientèle hétérogène, de nombreux gilets aux motifs africains, conçus par des créateurs locaux. J'entends au passage une quantité de mots d'argot ; *boy* et *nice* résistent bien. *"Comment ça va ? En forme* ? Nice, boy."*

Toute la soirée, ce sentiment que quelque chose ne va pas du tout. Ils font comme s'ils étaient en France ! Le mot mimétisme me traverse une nouvelle fois l'esprit. L'opiniâtreté des Zaïrois me manque. En tout cas, les Belges ne sont pas parvenus à leur voler leur âme. Mais je me méfie aussi de mon propre scepticisme. Pourquoi n'auraient-ils pas le droit d'avoir ici des cafés comme en Europe ? Qu'est-ce que je veux alors ? Les Zaïrois sont certes opiniâtres, mais ils sont dans une situation bien pire. Pourtant... ce que cette soirée a de faux ne cesse de me tarauder.

Un des serveurs est un fils de Mamadou, le domestique de François. Il se lance dans une conversation compliquée, demande s'il est vrai qu'il y a tant de racisme en France. Ici, lorsqu'on croise un Blanc, on croit qu'il est français. Quand je dis que j'habite à Amsterdam, il veut savoir si l'on y vit mieux, tâte le terrain au cas où je pourrais lui trouver du travail. Je m'empresse de le débarrasser de ses fantasmes. Je m'étonne de constater que je n'ai aucune patience vis-à-vis de ceux qui connaissent mal la situation chez nous.

J'en ai peut-être tout simplement assez de Dakar. Et désire voir ce qui se passe derrière cette façade française.

Saint-Louis, 25 juin. Ce matin, à cinq heures et demie, à moto sur la plage en direction de Saint-Louis. Cela représente combien de kilomètres à vol d'oiseau, deux cents ? Nous mettons à peu près trois heures. Il fait frais, nous portons des casques et des coupe-vent. Des bagages à l'arrière, car lorsque François retournera à Dakar, je poursuivrai mon voyage vers Podor, un village au bord du fleuve Sénégal.

A la lumière du phare, nous voyons des centaines de crabes courir pour échapper à la mort. Un spectacle répugnant. Cela me rappelle la première scène du film de Werner Herzog sur Bokassa, où une légion de crabes roses traverse une voie de chemin de fer, éclairée par la lumière brumeuse d'un train sur le point de les écraser. Nous aussi, nous en pulvérisons une quantité.

Nous passons à côté de dauphins et de tortues géantes, échoués sur le rivage. D'après François, ce sont des victimes des bateaux de pêche coréens et japonais qui naviguent le long de la côte sénégalaise : les tortues s'empêtrent dans les filets et sont jetées par-dessus bord. Chaque fois que François en voit une, il s'arrête pour l'examiner en détail. Je trouve cela lugubre, refuse d'abord de regarder, mais il se moque de ma sensiblerie.

Les dauphins ont des dents tranchantes comme des lames de rasoir et sont gonflés sous l'effet de la chaleur. Autour des cadavres, cela grouille de crabes, qui creusent des trous pour s'attaquer à la chair aussi par en dessous. Quand une tortue géante échoue sur le sable, les villageois se précipitent pour la défaire de sa carapace. "Tu vois, dit François, même sur la plage, il y a de la vie. Pas comme en France, où on se dépêche de retirer le poisson rejeté par la mer et de ratisser le sable."

En approchant des villages de pêcheurs, nous devons nous montrer prudents ; les cordes des filets, tendues à hauteur des yeux depuis la côte, sont invisibles. Parfois, les pêcheurs les baissent en nous voyant arriver, parfois nous nous courbons pour passer en dessous.

Impressionnante, cette mobilisation de tous les habitants du village pour lutter contre la mer. A la lumière du soleil levant, de longues files de jeunes hommes tirent les lourds filets pour les sortir de l'eau. Ils ont les pieds nus, leurs vêtements sont déchirés. Des charrettes attelées sont prêtes à recevoir les poissons, des femmes vont et viennent, un panier sous le bras. Des vieillards se promènent tout autour, l'œil vigilant et un transistor à la main.

Chaque fois que nous nous arrêtons, nous sommes entourés d'un essaim de curieux. Deux Blancs sur une moto ! François ressort son wolof, fait rire tout le monde. A la fin du voyage, nous voyons au loin la petite pointe de la langue de Barbarie, peuplée de flamants roses.

A l'hôtel, je m'aperçois que mon jeans et mes tennis sont couverts de taches d'huile. "Elles ne partiront jamais", dit François d'un ton taquin. Mais mon humeur est au beau fixe.

Je suis déjà venue à Saint-Louis. Bâtie sur une île, cette ville est la première implantation française en Afrique. De l'autre côté du pont Faidherbe, des maisons de commerce de couleur ocre se dressent au bord de l'eau. Certaines scènes de *Coup de torchon*, un de mes films préférés, se déroulent ici. Philippe Noiret dans le rôle du policier colonial qui part à la dérive et décide de faire sa justice lui-même. Le vieux thème du Blanc confronté au continent noir. A l'époque du tournage, François travaillait au CCF de Saint-Louis et joua un petit rôle de policier français.

Le bar climatisé de l'hôtel de la Poste a gardé quelque chose de l'atmosphère d'antan, mais la ville tout autour respire une profonde tristesse postcoloniale : de nombreuses maisons sont totalement délabrées et les rues ne sont guère animées.

François s'en réjouit. Dire qu'un concessionnaire Renault était installé ici autrefois et que les Sénégalais vivent à même le sol dans ce qui était sa salle d'exposition. Quelle ironie du sort ! Il est très attaché à Saint-Louis, rêve d'y acheter une maison pour s'y retirer plus tard, car il ne veut pas entendre parler de passer ses vieux jours en France.

Saint-Louis est aussi la ville de son grand ami Cheikh, qui travaillait dans le garage où François garait sa Land Rover, sa moto et sa Méhari en plastique. Au bout d'un certain temps, François avait proposé à Cheikh d'utiliser son propre garage, où il put installer un petit atelier. Tous les après-midi, quand François rentrait du travail, il passait des heures en compagnie de Cheikh et de ses apprentis. Leur amitié devint celle d'une vie. Des années plus tard, François quitta le Zaïre à moto pour se rendre à Saint-Louis, où il apprit que Cheikh travaillait dans une manufacture. Quand il arriva sur le terrain de l'usine, Cheikh courut dans sa direction et ils tombèrent dans les bras l'un de l'autre en pleurant, sous le regard stupéfait des ouvriers.

Depuis qu'il a recommencé à travailler au Sénégal, François laisse sa moto chez Cheikh quand il passe ses vacances en France. S'il achète une maison ici, il aimerait que Cheikh et sa famille viennent habiter au rez-de-chaussée.

A Podor, situé à deux cents kilomètres à l'est sur le fleuve Sénégal, vit un deuxième personnage qui compte dans la vie de François : le vieux Demba, qu'il appelle son père spirituel. Demba a passé une grande partie de son existence à travailler pour les Blancs à Podor. A huit ans déjà, il était *panca* : il éventait les Blancs en tirant sur une corde qui balançait une marquise de tissu au-dessus de leur tête. Plus tard, il devint cuisinier du *commandant de cercle**, puis chauffeur des Services de santé et pilote du bateau à moteur destiné au transport des malades par voie fluviale. Quand François l'avait rencontré, c'était un *notable** à la retraite.

L'après-midi, nous allons nous baigner. La mer est agitée, le courant si fort que je pars à la dérive. Chaque fois que j'essaie de revenir à la nage, de hautes vagues m'entraînent vers le large. Je me mets à paniquer – j'ai toutes les peines du monde à retourner sur le rivage. Au loin, je vois François s'éloigner de moi par de puissants mouvements de crawl.

Une demi-heure plus tard, il se tient debout devant moi, dégoulinant. "Tu as eu peur, non ?" Il aime nager quand la mer se déchaîne. En France, on n'en a jamais l'occasion, ils hissent aussitôt le drapeau rouge. L'Europe est une immense maison de retraite, il s'y sent materné, le moindre risque est banni de la vie. C'est à lui de décider si la mer est trop dangereuse pour s'y baigner.

"Tiens, attrape." Il fouille dans les poches de son maillot de bain et me jette une poignée de coquillages. "Mange, c'est ton déjeuner." Il en ouvre un et me le tend. Le mollusque est agité de mouvements convulsifs. Je fais la grimace. "Non merci !

— Allez, ne fais pas tant de chichis. Si on te les servait sur un plateau dans de la glace, accompagnés d'un verre de vin blanc, tu serais ravie."

Il a raison, bien sûr. Je ne veux pas me dégonfler, ouvre un coquillage, hésitante. Brr… C'est salé. Du sable crisse entre mes dents.

"Où les as-tu trouvés ?

— Dans le sable, en profondeur." Il tâte à nouveau ses poches. "J'en ai encore plein." Il tend le doigt en direction de la mer. "Et là-bas, il y en a bien plus !" Mais je crois que je préfère voir François se moquer de moi plutôt que de remettre dans ma bouche une de ces bestioles vivantes et sableuses.

26 juin. Pour nos adieux, François m'emmène dans le quartier des pêcheurs à Saint-Louis, sur la langue de Barbarie, entre un bras du fleuve Sénégal et la mer. Seule, je n'aurais jamais osé emprunter ces petites ruelles. Les Blancs n'y sont pas à leur place, ils savent qu'ils n'ont rien à y chercher. Mais François n'éprouve pas ce genre de crainte, il fonce.

L'air est empli d'une odeur de poisson séché et tout s'anime au rythme de la pêche. Les hommes, assis devant la porte de leur maison, réparent des filets, derrière des palissades en bois on fabrique des bateaux. Nous essayons de jeter un coup d'œil à travers les fentes, mais un gardien nous chasse. Les pirogues sont destinées à une compétition ; les dimensions et le modèle sont tenus jalousement secrets pour la partie adverse.

Sur la plage, des dizaines de jeunes hommes poussent vers la mer des pirogues peintes. Cela demande de gros efforts, mais bientôt, les petites embarcations dansent au sommet des vagues. Les pêcheurs se tiennent debout et une force titanesque émane d'eux.

Le long du rivage, des hommes se reposent sous des auvents en bois. Ils jouent aux dames, boivent du thé ou bien dorment. Des enfants font des bulles de savon en soufflant à travers un bout de bois fendu. François reçoit une pierre dans le cou. *"Eh !"* Alarmé, il se retourne, mais le responsable a déjà disparu.

Quand il travaillait à Saint-Louis, François avait une fois projeté dans ce quartier un film sur la vie aquatique. "Les pêcheurs sont très superstitieux, ils pensent que des tas de mauvais esprits vivent dans les profondeurs de la mer. Tu aurais dû les voir, ils n'en croyaient pas leurs yeux !"

Après son départ, ce type d'animations s'était poursuivi pendant un temps, mais le projecteur était sans doute tombé en panne un jour et personne n'avait pris la peine de le réparer. C'est souvent ce qui se passe, soupira-t-il.

"A ton avis, qu'as-tu laissé derrière toi au Zaïre ?" C'est une question qui me trotte dans la tête depuis plusieurs jours déjà. Quatre ans à Kinshasa, quatre ans à Lubumbashi – tant d'enthousiasme, tant de projets, tant d'amitiés, et qu'en est-il resté ? Tous les CCF du Zaïre ont entre-temps fermé. Les voies ferrées sur lesquelles circulait le *train culturel** sont devenues les chemins par lesquels ont fui des milliers de Balubas, terrorisés par les émeutes ethniques dans le Shaba. Le cœur de ce continent a pris feu et nous a chassés vers la périphérie.

"Je n'en sais rien. Ce n'est pas vraiment le genre de questions qu'on se pose, quand on a le nez dans son travail." Toutes les affaires personnelles qu'il a laissées à son départ de Lubumbashi : des œuvres d'art traditionnel qu'on lui avait offertes à l'occasion de ses voyages dans le *train culturel**, des livres, une collection de cassettes vidéo de documentaires que son père lui avait envoyées au fil des ans. Il voulait qu'elles restent là-bas, que les gens avec qui il avait travaillé en fassent usage. Il avait emporté un seul souvenir : un *train culturel** miniature en bois qu'un Zaïrois avait sculpté pour lui, peint de couleurs vives et décoré de petites poupées noires qui, pleines d'espoir, regardaient au-dehors.

Quelques mois après son départ, des soldats mutinés firent irruption dans le CCF de Lubumbashi. Non seulement ils volèrent les livres et le matériel, mais ils démolirent l'ensemble du bâtiment, des portes aux cuvettes des toilettes en passant par les interrupteurs. Le *train culturel** fut détruit lui aussi. "Pourtant, si je pouvais y retourner demain, je le ferais." Il me regarde. "Si on y allait ensemble ?" Là-dessus, nous nous serrons la main.

Comme d'habitude, François part dans un nuage de précipitation et de chaos. Cheikh l'amène à la station d'où part le *taxi-brousse** pour Dakar. Il est déjà si tard que François est obligé de louer tout le taxi pour lui seul. Ce soir, il s'envole pour Paris et il n'a pas encore fait ses bagages.

Après son départ, je me rends compte tout d'un coup que je suis seule maintenant. Mais je n'ai pas trop le temps d'y penser ; je dois trouver une voiture qui m'amènera à Podor. J'ai de la chance. A l'hôtel de la Poste, je rencontre le docteur Diack, qui travaille au Centre médical de Podor et s'y rend demain matin à six heures.

Podor, 27 juin. Le docteur Diack a une Renault 12 qui parle ! Nous allons vers des contrées reculées de l'Afrique, guidés par une voix métallique : *"Lumières allumées. Votre ceinture n'est pas attachée**." Il a racheté le véhicule à un Européen, ce qui est d'après lui la meilleure chose à faire, car les Européens entretiennent bien mieux leurs voitures que les Africains.

Le docteur Diack a grandi à Dakar. Au début, il craignait de ne jamais s'habituer à Podor, mais à son grand étonnement, il s'y est fait plus vite qu'il ne l'avait imaginé. Ses amis ne comprennent pas comment il peut supporter d'y vivre, trouver des gens à qui parler. Mais il se moque d'eux : comme si à Dakar, la vie était tellement plus intéressante qu'à Podor !

Autrefois, le fleuve Sénégal débordait chaque année largement de son lit et la végétation de la région était luxuriante, mais ces dix dernières années, le désert gagne du terrain au nord. Ici c'est le Sahel, la saison des pluies a déjà commencé, mais pas une goutte d'eau n'est encore tombée. Depuis la sécheresse, la population s'est déplacée massivement vers la France. Pour enrayer l'émigration, les organisations d'aide au développement du monde entier se sont penchées sur le Fouta-Toro.

La route vers Podor est asphaltée. Elle est en bien meilleur état que les routes auxquelles je suis habituée en Afrique. Çà et là j'aperçois des rizières et des champs de mil. Mais le plus frappant, ce sont les tracteurs et d'autres engins plantés dans le décor sans personne aux commandes, parfois tout un cimetière. N'avons-nous donc toujours rien appris ?

Le spécialiste du développement de l'ambassade des Pays-Bas à Dakar m'a parlé d'un projet dans la presqu'île de Kaskas, située au-delà de Podor. Quand les Néerlandais ont proposé d'installer un bac qui permettrait d'aller d'une rive à l'autre en tirant sur des câbles, les Sénégalais se sont indignés : qu'est-ce qu'on croyait, qu'ils étaient des esclaves ! Mais les Néerlandais ont tenu bon. En période de crue, il faut bien une vingtaine de minutes pour passer de l'autre côté, mais tout vaut mieux que les petits bateaux à moteur qui, à d'autres endroits, font l'aller-retour et tombent en panne d'essence ou pour le moindre problème mécanique.

Podor est parcourue de quelques rues asphaltées qui aboutissent à un labyrinthe de ruelles poussiéreuses. La parcelle de Demba est située dans une de ces ruelles : une maison en terre, construite autour d'une cour où se mêlent bœufs, chèvres et poules. Au beau milieu trône, comme un trophée, une vieille 2 CV.

Nous trouvons Demba dans son salon, un grand homme mince vêtu d'un boubou bleu pâle et coiffé d'une calotte brodée. Il a une barbe blanche et des yeux doux et vifs. Il m'attend – François l'a prévenu par téléphone de mon arrivée. Sa femme est au lit, en proie à une crise d'asthme, et le docteur Diack s'est aussitôt mis au travail.

Je regarde furtivement autour de moi. Derrière Demba s'élève une impressionnante collection de photos de famille et des portraits de marabouts. L'intérieur de sa maison forme un pauvre contraste à côté des personnages de belle prestance sur le mur. Dans un coin de la pièce se dresse un grand réfrigérateur, sous le lit s'entasse un fatras de pots et de casseroles, de sacs en plastique et de vieilles boîtes de Nescafé.

François m'a avertie que Demba essaierait de me traiter comme une invitée étrangère. Quand il vient le voir, il s'y refuse toujours ; il dort sous l'auvent en paille dans la cour et mange avec les autres dans le grand plat commun. Mais quand Demba me dit que je peux passer la nuit dans la mission du père belge, je ne proteste pas. François se moquerait de moi, mais cela m'est bien égal !

Demba me fait accompagner par son petit-fils Kao. Il est environ onze heures et un vent redoutable souffle à travers les rues. La mission est installée dans une vieille maison de commerce le long des quais. Un magnifique bâtiment, des portes bleues sur une façade jaune, une cour plantée d'arbres.

Ma chambre donne sur le fleuve. Autrefois, les Toucouleurs cultivaient la terre sur les deux rives et les Peuls y faisaient paître leurs bêtes. Depuis que le fleuve est devenu la frontière entre le Sénégal et la Mauritanie, il marque une plaie béante dans le paysage.

Le boutiquier mauritanien de Suska, dont la tête a été portée au bout d'une pique à travers les rues de Dakar – comme cette histoire m'a paru abstraite quand Suska me l'a racontée. Ici, elle prend soudain son sens. Le conflit entre le Sénégal et la Mauritanie a éclaté il y a quatre ans, à la suite d'un incident à Diawara, un village en amont. Deux paysans sénégalais qui cultivaient leur terre du côté mauritanien ont été tués par des nomades maures menant paître leurs bêtes sur les mêmes terres.

Le père belge est sur le point de partir pour Dakar. Il me familiarise avec la petite cuisine. De la bière dans le réfrigérateur, du Nescafé, du lait en poudre et du sucre dans le placard bleu sous l'évier. Toutes les missions en Afrique se ressemblent : des draps propres sur le lit, un lavabo, une table et une chaise – une sobriété qui me rappelle mes années de pensionnat et qui, dans un tel cadre, devient un luxe.

Je regarde par la fenêtre et pense à Kisangani, autre ville au bord d'un fleuve. Cette tendance à tout comparer avec le Zaïre va-t-elle me passer un jour ? C'est maladif, dit François – il a le même problème. Mais en attendant, il semble s'être tout de même réconcilié avec le Sénégal. Dans combien de pays africains dois-je me rendre pour effacer l'image du Zaïre ?

En retournant chez Demba, je passe près d'un point d'eau où nagent des enfants. Ces frétillements, ces rires clairs ! Dakar est soudain loin derrière moi. L'effet bienfaisant de l'arrière-pays se fait déjà sentir.

Demba m'attend pour le déjeuner. Une jeune fille pose une nappe en plastique par terre et met le couvert pour deux. Un panier rempli de tranches de baguette, des serviettes en papier. "Fais gaffe, il va te faire manger à la française !" ; la voix de François résonne encore à mon oreille. Mais un mélange de

lâcheté et de curiosité m'empêche de dire quoi que
ce soit. Nous mangeons de la salade à la vinaigrette,
un steak-frites. Quand la jeune fille sort du Coca-
Cola du réfrigérateur, je m'apprête à protester, mais
je me tais – ils l'ont sûrement acheté tout spécialement pour moi.

Pendant le repas, Demba parle en détail de Podor
du temps de sa jeunesse, une ville prospère et
animée. A la saison des pluies, le courant du fleuve
était si puissant qu'il arrachait les arbres poussant au
bord de l'eau. On pagayait dans des pirogues à des
endroits où, aujourd'hui, on conduit à cent kilomètres à l'heure. Quand l'eau se retirait, on semait
du mil qui poussait tout seul. Podor était un centre
de formation de *tirailleurs**, les fantassins africains
au service de l'armée coloniale. Avec les fonctionnaires français et les marchands, ils donnaient à la
ville un cachet international.

Le souvenir de la colonisation suscite chez Demba
un enthousiasme mitigé, mais il ne peut pas s'empêcher de dire que la vie était mieux organisée à
l'époque. "Au moins, on faisait carrière, si on voulait. Quand on travaillait quelque part pendant deux
ans et qu'on y mettait du cœur, on obtenait une promotion, mais de nos jours… On ne monte en grade
que si l'on est de la famille d'un ministre. Voilà pourquoi tout le monde veut faire de la politique dans ce
pays : c'est le meilleur moyen de se remplir les
poches."

A sa retraite, il est devenu volontaire de la Croix-
Rouge. La 2 CV garée dans sa cour tenait lieu d'ambulance. Autrefois, la Croix-Rouge était au service des
pauvres, dit-il, mais la dernière fois qu'un avion transportant des médicaments a atterri à Saint-Louis, la
cargaison a été détournée par une des responsables
de l'organisation, au profit d'un village des environs
où son mari était une personnalité politique.

Dans la pièce voisine, des jeunes filles écoutent
de la musique. Parfois, l'une d'elles se lève pour danser. Je vois que *le chien qui pisse* a fait son chemin

37

jusqu'à Podor. Demba suit mon regard. "Ce sont mes petits-enfants, dit-il. Ma fille qui habite Dakar les a laissés ici pour m'embêter." Il fronce le nez d'un air dédaigneux. "Les jeunes d'aujourd'hui – ils ne pensent à rien d'autre qu'à la musique. Tous les enfants qui sont nés après l'indépendance sont bêtes à manger du foin."

Une fois le plat principal desservi, il me lance un regard optimiste. *"Fromage* ?"* Du fromage ! Où a-t-il bien pu en dénicher ? Le missionnaire lui en donne de temps en temps un morceau, dit-il, et en retour, il lui prépare parfois une tarte.

Je peux imaginer que l'indolence de ses petits-enfants l'insupporte, lui qui a commencé à travailler à l'âge de huit ans, mais je me dis que de leur côté, ils n'ont que faire de ses histoires sur la glorieuse époque où des marchands venus de Grenoble et de Marseille jouaient un rôle prédominant.

Après le repas, dans la chambre que m'indique Demba, je m'endors aux sons de la musique et des bruits de la rue. Quand je me réveille, mon corps est couvert de gouttelettes de transpiration. Dehors, il fait nuit. Des gens regardent la télévision dans la cour. Le poste est installé sur une petite table à l'extérieur. Assis sur un tapis de paille, Demba prie, dos au rassemblement.

Soudain, une protestation s'élève parmi les spectateurs. L'image a disparu ! Amadou, le fils de Demba, se lève, tourne l'antenne plantée dans le sol à côté du téléviseur, mais la neige continue d'envahir l'écran. Ils restent encore quelques instants ensemble, puis battent en retraite l'un après l'autre, découragés. Amadou regarde dans ma direction. "Voilà une soirée télé typique, à Podor."

Kao me raccompagne à la mission. Il a environ seize ans et je n'arrive pas toujours à comprendre ce qu'il dit. Le français qui se parle ici depuis la décolonisation connaît ses propres règles. Je progresse dans l'obscurité à pas hésitants, mais Kao marche à bonne allure, saluant des gens qui ne sont pour moi que des ombres. La rue est plus animée que dans la journée. A la lumière d'un lampadaire, des enfants jouent dans le sable. Ils crient *"Toubab !* Blanche !" et courent vers moi pour me serrer la main. Je sens tout un tas de petites mains sableuses dans la mienne.

"Heureusement que le vent s'est calmé, dis-je avec soulagement.

— A vrai dire, nous n'avons rien contre le vent, dit Kao, surtout quand il vient de l'ouest. Parce que c'est le vent de l'ouest qui nous envoie les images télé."

J'éclate de rire, pensant qu'il plaisante, mais il est sérieux. Quand le vent vient du bon côté, ils ont les meilleures chances de recevoir des images pendant toute la soirée.

A la mission, le silence est total. La bière dans le réfrigérateur est tiède. J'ouvre la fenêtre, j'entends les arbres bruire le long du quai, puis, derrière les arbres, de l'autre côté de la rivière, une femme qui chante. Un air triste, ou est-ce que je me fais des idées ?

28 juin. Hier, juste avant le départ du père, une jeune fille avait nettoyé la table sur la terrasse abritée. Ce matin, la surface est recouverte d'une épaisse couche de poussière. Une fine pellicule de sable s'est aussi déposée sur la table et la chaise dans ma chambre. Quelle plaie. Impossible de s'en débarrasser.

Mais le ciel est bleu d'azur et l'air est dégagé de ce sable qui hier assombrissait les étoiles. Je me promène le long du quai. Au-dessus de l'entrée principale de la mission est suspendu un écriteau avec l'inscription *Maison de l'amitié** ; à droite, une petite porte donne accès à la *Bibliothèque**, à gauche se trouve la *Salle de lecture**. La plupart des Sénégalais sont musulmans – les missions ne sont probablement tolérées que lorsqu'elles déploient des activités culturelles et humanitaires. A côté, la mission des sœurs est fermée ; les deux religieuses néerlandaises sont en vacances.

Les maisons de commerce le long du quai sont bordées de vieux cailcedrats, aux branches tels des bras écartés et au tronc noueux couvert de cicatrices, car l'écorce du cailcedrat a des vertus curatives. Avec un peu d'imagination, je reconstitue l'endroit tel qu'il était quand le petit Demba travaillait comme panca et que les marchands abritaient leurs chameaux et leurs ânes à l'ombre des cailcedrats tandis que les bateaux accostaient, chargés de montagnes de marchandises.

Mais les maisons de commerce ont connu des temps meilleurs, le stuc est tombé des façades par grandes plaques irrégulières et à travers l'embrasure des portes je vois, noircies par le temps, des cours intérieures où farfouillent des animaux. Un bateau rouillé est amarré au quai. Des enfants jouent à cache-cache dans la cale, plongent dans l'eau du haut du bastingage. Naturellement, François trouverait tout cela *génial**.

Je m'engage dans une rue transversale et passe devant une affiche du fan-club de Baaba Maal, qui est né ici. Hier, mon penchant intuitif pour lui s'est trouvé conforté par un petit incident chez Demba. En maugréant, Demba écoutait la musique provenant de la chambre de ses petits-enfants, quand soudain ses yeux se sont illuminés et un sourire est apparu sur ses lèvres : cette chanson, il la connaissait depuis son enfance, a-t-il dit d'un ton ému. C'était Baaba Maal qui chantait.

A la pharmacie, le docteur Diack, penché au-dessus du comptoir, parle avec l'employée. Il a sa voiture de service et propose de me raccompagner chez Demba, mais je préfère y aller à pied.

Des hommes, leurs boubous flottant au vent, marchent dans les rues en tenant des parapluies noirs pour se protéger du soleil. A l'abri d'un arbre, une bande d'enfants bêlent comme des chèvres, sous la direction d'un barbu qui, une baguette à la main,

40

distribue énergiquement des coups. L'enseignement coranique, tant redouté, du marabout.

Une femme passe, enveloppée d'un nuage de parfum. D'où vient cette odeur familière ? Probablement de Casamance. C'est une substance collante, un mélange de parfum et de racines de plantes qui poussent au bord du fleuve. Le *thiouraye*. On le fait brûler comme de l'encens dans des braises, à l'intérieur d'un petit récipient.

Demba revient tout juste de la mosquée. Je ne l'aurais pas reconnu dans la rue : il porte des lunettes de soleil et, coiffé d'un chapeau de paille pointu, il ressemble à un Chinois. Il a mis de côté pour moi un peu du lait de la vache qui vient de vêler et il a sorti deux albums de photos que nous passons toute la matinée à feuilleter.

Il était très apprécié de ses employeurs, qui voulaient tous l'emmener en Europe quand ils partaient en vacances. Au début, il avait hésité : il craignait de s'y plaire tellement qu'il aurait envie d'y rester et il ne voulait pas faire cela à sa vieille mère. En 1961, il avait fini par se laisser convaincre : il avait eu entre-temps neuf enfants, le danger de ne plus rentrer au pays s'était dissipé.

En compagnie de son dernier employeur français, il avait pris le bateau pour Marseille. Accoudé au bastingage, il vit des poissons volants bondir hors de l'eau. Si le bateau coule, se dit-il, ils me dévoreront. Il aurait préféré prendre l'avion, il n'aurait pas eu à voir qui le mangerait s'il s'écrasait.

Il fit le voyage de Paris à Vienne pour rendre visite à son précédent employeur, un médecin tchèque. Dans le train, il avait aperçu un seul Noir, qui lui avait fait un clin d'œil. A Vienne, tout le monde pensait qu'il avait fui la guerre civile au Congo. Les gens s'arrêtaient dans la rue à son passage. Je comprends pourquoi ; il a une allure imposante dans son boubou bleu foncé, la tête enturbannée d'un tissu blanc de plusieurs mètres de long. Ici, on le voit dans un téléphérique au-dessus de montagnes autrichiennes, là au bord d'une piscine, flanqué d'une dame en bikini.

Quand il était retourné en Europe, dix ans plus tard, il avait remarqué que le climat avait changé. En 1961, tout le monde le traitait avec égards, à présent il était confronté pour la première fois au racisme. "Je ne donnais pas complètement tort aux Français, dit-il, parce qu'au début, les Peuls, les Toucouleurs et les Soninkés étaient les seuls à venir en France, mais quand les Wolofs sont arrivés, les problèmes ont commencé, parce qu'ils ne pensent qu'à gagner de l'argent et, pour eux, tous les moyens sont bons." Je ris. Lui, c'est un Toucouleur, traditionnellement un peuple de cultivateurs. Vis-à-vis des Peuls, qui sont éleveurs, ils éprouvent une certaine affinité, mais leur animosité à l'égard des Wolofs, plus urbanisés, est connue ; les Wolofs sont majoritaires dans le pays et ils essaient depuis Dakar de dicter leur loi et d'imposer leur langue.

Beaucoup de photos ont été prises dans cette cour. Ici on voit un François bien plus jeune, assis sur sa moto, les cheveux au vent. Et là, Philippe Noiret, étendu sur le dos ; il paresse sous l'auvent, entouré de toute l'équipe de *Coup de torchon*. François a certainement dû arranger cette visite.

Dans les albums, la vieille tortue géante qui depuis mon arrivée dort, immobile, près du pigeonnier, était encore en pleine gloire. Je reconnais le petit Kao, assis sur son dos et coiffé d'une casquette jaune. Demba a trouvé la tortue en 1962, pendant un voyage dans le désert qu'il effectuait pour son travail. Depuis, elle a connu toutes sortes d'aventures : un jour, elle est tombée dans un trou de six mètres et s'est ouvert le ventre, mais la blessure a cicatrisé toute seule. Il a aussi fallu l'amputer d'une patte ; elle avait été attachée à un arbre si longtemps que la corde s'était soudée au membre.

Tandis que nous feuilletons les albums, la cour est le théâtre d'incessantes allées et venues. Demba se montre parfois irrespectueux, mais sans malice. Quand une vieille dame vient me serrer la main avec enthousiasme et me tenir un grand discours en poular, Demba fait un geste en direction de sa tête. "Ne fais pas attention à elle, elle est sonnée." Puis il parle d'une sœur blanche, qui a récemment séjourné à Podor, en l'appelant *grosse patapouf**.

Cet après-midi, nous mangeons des pigeons garnis de spaghettis. Les restes de notre repas sont aussitôt débarrassés par la petite-fille de Demba, qui les emporte dans la galerie, où sa femme veille à ce que tout le monde mange. Je commence à reconnaître certains visages, à retenir des noms, à relier des histoires entre elles. Kao, Mammie et Marie-Thérèse sont les enfants de la fille de Demba qui vit à Dakar. Ils sont tous trois de pères différents. Leur mère a épousé un quatrième homme ; c'est probablement pour cette raison qu'elle les laisse ici. Aminata est la seule fille de Demba qui vit à Podor. Elle a épousé un divorcé, qui entre-temps s'est remarié avec sa première femme, mais vit le plus souvent chez Aminata. Pour une raison ou une autre, sa fille Rams a aussi emménagé chez Demba.

Devant ces liens familiaux complexes, je comprends ce que Demba a de singulier, lui qui a toujours vécu avec une seule femme et a élevé ses neuf enfants lui-même.

Un de ses fils, Amadou, vit encore à la maison. Il a trente-quatre ans, je ne vois pas de femme ou d'enfants dans son entourage et, en dehors de quelques petits travaux à la mission, il n'a pas l'air très occupé. Demba dit qu'il est intelligent, bien qu'il ait quitté l'école à quinze ans.

Ce sont les amis d'Amadou qui viennent chaque soir regarder la télé. Juste avant la tombée de la nuit, la table du téléviseur est renversée et dépoussiérée dans la cour, puis Amadou se fait aider pour transporter le poste dehors. Les chaises sont alors déjà disposées en rangs. Les retardataires doivent chercher un tabouret en bois ou prendre place sur le sol en ciment sous l'auvent. Les plus petits s'assoient tout simplement sur le sable.

Ce soir, voilà que ça recommence. Tout se passe bien pendant une demi-heure quand, au milieu d'une série télévisée, survient une panne d'électricité. Amadou reste assis, mais d'autres se lèvent d'un bond et remontent la rue à toutes jambes.

Etonnée, je demande : "Où vont-ils ?

— Dans un autre quartier, où on n'a pas coupé le courant." La centrale de Podor est parfois surchargée ; l'électricité est coupée tantôt dans un quartier, tantôt dans un autre. "Ne t'en fais pas, ils vont bientôt revenir, prédit Amadou, *ils suivent le courant en courant**." Et en effet, à peine le poste s'est-il rallumé qu'ils sont de retour.

Plus tard ce soir-là, de la neige réapparaît sur l'écran. Selon Amadou, cela s'explique par un dysfonctionnement du réémetteur de Podor. Les détenteurs d'un poste de télévision qui ont une antenne sur le toit, mais n'ont plus d'image quand Podor ne reçoit plus, viennent voir la suite du programme chez lui, car, pour Amadou, les possibilités sont encore loin d'être épuisées. Après quelques manipulations de son antenne, il parvient – grâce au vent favorable – à intercepter des images qui viennent de Louga, à l'ouest de Podor. Et si Louga ne reçoit plus non plus, il vise Thiès, où se trouve l'émetteur principal.

"Ce n'est pas la technologie, mais la nature qui nous envoie les images !" dit-il. Le vent d'ouest apporte des images de Mauritanie, des îles du Cap-Vert et même du Maroc et de la Guinée, mais le vent d'est les arrête, c'est ce qu'il a constaté. Les habitants de Podor ne cherchent pas à approfondir la question, ils allument leur poste et attendent. Certains paysans ont économisé pendant des années pour s'acheter un téléviseur et ils ne s'en servent ensuite que comme meuble. Quelques-uns prétendent qu'Amadou possède un appareil capable d'attirer les images. Sinon, comment se fait-il que certains jours, il soit le seul dans tout Podor à en capter ?

Depuis 1987, Amadou tient des statistiques sur la réception des images télévisuelles dans la ville. Il distingue trois catégories : bonnes, mauvaises ou aucune, et signale également si les images viennent du Sénégal ou de Mauritanie. "Parfois, je me demande pourquoi on parle de la Radio Télévision Sénégalaise ?! Vu la fréquence des images que l'on reçoit de Mauritanie, on pourrait croire qu'on est mauritaniens !"

Quand on lui demande comment il trouve le temps de tenir ses statistiques, il répond : "Tant qu'il n'y a pas d'images, j'ai tout mon temps !" Comme son père et sa mère, il est asthmatique : la télé est pour lui un moyen de l'oublier.

Il rêve d'un *décodeur** qui lui permettrait de recevoir Canal+. Une collecte a déjà commencé parmi ses amis : à côté de leur nom est inscrit le montant qu'ils versent chaque mois. En haut de la liste, Amadou a écrit en lettres ouvragées CPRP : *Cotise Pas, Regarde Pas**.

Des histoires que j'ai entendues ces derniers mois sur le regain de combativité des Africains me trottent dans la tête. C'est à cela qu'elles faisaient allusion ? Demba croit encore que Dieu a porté les politiciens au pouvoir et qu'on ne peut par conséquent rien entreprendre contre eux, mais Amadou est partisan de l'opposition, il sait que les gens doivent s'organiser, que personne ne fera rien pour eux s'ils ne se battent pas eux-mêmes.

Les Sénégalais ont une mentalité de mendiant, dit-il. Il s'en rend compte à la mission. Parfois, certains lui parlent avec entrain, mais dès qu'ils voient le père, ils prennent un air pleurnichard et commencent à se plaindre de la récolte, de leur santé et de leurs enfants, dans l'espoir que le père prendra pitié et leur donnera quelque chose. De son côté, il ne demande jamais rien, à personne, même quand il est en difficulté.

Kao n'étant pas là pour m'emmener à la mission, Amadou m'accompagne. Après les énergiques récriminations télévisuelles proférées dans la cour, il se tait et je ne sais trop quoi dire, moi non plus. J'aimerais savoir pourquoi il vit encore à la maison, pourquoi il n'y a pas de femme dans sa vie. Mais comment aborder le sujet ?

Nous passons devant un groupe de femmes qui saluent Amadou et je lui demande, comme si de rien n'était, si les jeunes de Podor ont coutume de se marier entre eux. "Ça dépend, dit Amadou, ma femme, par exemple, venait de Podor.

— Et où est-elle maintenant ?

— Morte."

Je frissonne. Si jeune et déjà veuf.

J'hésite à lui poser d'autres questions, mais il commence à raconter de lui-même. Ils venaient de se marier, sa femme était enceinte de six mois quand, un matin, elle s'était mise à saigner. Il l'avait emmenée à la maternité de Podor, d'où on l'avait transférée à l'hôpital de Ndioum, à quarante kilomètres de là. Sur place, on avait décidé de pratiquer une césarienne.

Entre-temps, elle avait perdu beaucoup de sang, mais il n'y avait pas moyen de la transfuser ; le directeur de l'hôpital s'était approprié le réfrigérateur destiné à la conservation des produits sanguins, ainsi que la voiture censée servir d'ambulance, si bien qu'un infirmier avait dû se rendre en taxi à Saint-Louis pour y chercher du sang. Mais au lieu de rentrer le soir même, il avait passé la nuit là-bas. Quand il était enfin arrivé, la femme d'Amadou était déjà dans le coma. Le lendemain, elle mourait.

"J'ai voulu porter plainte contre le directeur, dit Amadou, mais tout le monde me l'a déconseillé. Qu'est-ce que tu crois, m'a-t-on dit, que nous vivons dans une démocratie où toi, un petit citoyen, tu peux gagner contre un directeur d'hôpital ?"

Il est déjà tard, nous sommes seuls dans la rue. Nous poursuivons notre chemin en silence. Je pense à la clientèle du café *Waw* et je sais soudain pourquoi tout me paraissait faux : dans ce pays, quand on descend d'une seule marche, on tombe dans un trou d'une profondeur étourdissante. Comment peuvent-ils faire à Dakar comme s'ils étaient en France, alors que quatre cents kilomètres plus loin, une jeune femme meurt faute de pouvoir être transfusée ? Jusqu'à ce soir, le tableau était encore assez flou, mais les premiers morceaux du puzzle commencent à s'assembler.

"Ça s'est passé quand ?

— En 1989." Il émet un rire bref. "Mes parents voulaient que j'épouse une de ses sœurs cadettes, mais j'ai refusé. C'est avec elle que j'avais été marié, je n'avais pas besoin de sa sœur !" Ici, beaucoup de jeunes quittent la région, dit-il. On se moque souvent de ceux qui restent, mais elle ne se moquait pas de lui. C'est pour cela qu'il l'aimait.

"Tout le monde se demande pourquoi je ne me remarie pas. Tu travailles à la mission, mais ce n'est pas pour ça que tu dois mener une vie de moine ! me lancent-ils. Ou bien : tu as peur, maintenant ? Tu n'es plus un homme ?" Récemment, il a dit à son père qu'il voulait un magnétoscope. Celui-ci s'y est opposé bec et ongles : s'il faisait entrer ce genre de chose à la maison, il ne se préoccuperait plus jamais de trouver une épouse.

Nous sommes arrivés à la mission. Comment dire au revoir à quelqu'un qui vient de raconter une telle histoire ? Nous traînons un peu, puis Amadou me dit d'un ton réconfortant : "Mais la mort de ma femme ne m'a pas empêché de tenir ce soir-là mes statistiques télé, tu sais !"

29 juin. Je viens d'emménager chez Demba, après avoir bien observé les lieux au cours des derniers jours. La chambre où je faisais ma sieste était impeccable, je voyais tout le monde sortir continuellement de la douche située dans la cour intérieure, les toilettes étaient propres – aucune raison donc de rester à la mission.

A mon arrivée, je découvre dans ma chambre toutes sortes de petites attentions : Demba y a disposé une table et un siège, du thiouraye brûle dans un récipient, le drap du lit a été changé. Marie-Thérèse, la cadette des petits-enfants, un véritable ressort qui doit avoir onze ans, m'apporte un pagne dont je peux me servir quand je sors de la douche.

Amadou s'est replongé dans son laconisme habituel. Il répare les volets en bois de ma chambre et peste contre le petit voisin asthmatique qui respire bruyamment devant la fenêtre. Mais un instant plus tard, je le vois tendre à l'enfant un comprimé. "Il connaît mon point faible, dit-il, un asthmatique ne peut pas supporter d'en voir un autre en pleine crise, il se sent obligé de l'aider."

A Podor, Amadou est l'homme à tout faire. Une conduite de gaz bouchée, un interrupteur cassé – on s'adresse toujours à lui. Quand les sœurs ont fait installer la télévision, elles lui ont demandé de venir : tout embarrassées, plantées devant le poste, elles n'osaient pas le toucher.

Comme j'ai déménagé, j'ai mis un certain temps à m'apercevoir que c'est un jour férié : *tamkharit*, le début de l'année islamique. Les filles repassent des vêtements sur la table de la terrasse. Un fer métallique rempli de braises – cela faisait longtemps que je n'en avais pas vu. Ce sont les gigantesques boubous bleu ciel qui prennent le plus de temps.

Demba est toujours habillé d'un boubou parfaitement repassé, mais Amadou et Kao portent des jeans, sauf pour aller à la mosquée ; dans ce cas, ils se changent. C'est toute une affaire, surtout quand, un jour comme aujourd'hui, ils vont prier plusieurs fois.

Avec six autres familles du voisinage, ils ont acheté un taureau noir pour la fête de ce soir. Le taureau sera tué sur le terrain derrière la maison de Demba. Quand Kao m'y emmène, la bête gît déjà par terre et Aminata, la fille de Demba, la découpe en morceaux. Rien n'est perdu : Amadou nettoie l'estomac à l'aide d'un tuyau d'arrosage, les filles creusent des trous autour des arbres où elles déversent le contenu de la panse, qui sert d'engrais. La viande est répartie soigneusement dans sept plats.

Assise sur une baignoire rouillée retournée, je regarde, fascinée. Le naturel avec lequel ils accomplissent ce rituel m'étonne. Moi qui croyais que ces jeunes ne savaient que danser, jouer au scrabble et regarder la télé.

Marie-Thérèse est la seule qui, momentanément, interrompt la magie ; à moitié cachée derrière la baignoire, elle fait une démonstration de la danse du chat, qui consiste à gratter le sol du pied, comme pour projeter des mottes de terre vers l'arrière. Mais quand, plus tard, je la vois marcher, mince et digne, vers le fleuve, un plateau couvert de lessive posé sur la tête, je me rends compte que sous son envie de jouer se cachent un savoir et une habileté dont je n'avais pas idée jusque-là.

Derrière le terrain où le taureau a été abattu s'étend le cimetière de Podor. Il n'y a pas de pierre tombale, car le terrain n'appartient à personne, d'après Demba. Certains parents ont tout de même laissé un signe de reconnaissance : un morceau de bois, une vieille machine à coudre, une batterie de voiture morte.

A la tombée de la nuit, la fête bat son plein dans les rues de Podor. Partout on entend des tam-tams et des enfants passent en chantant, munis de calebasses dans lesquelles la femme de Demba dépose une petite quantité de couscous. Assis sur la chaise de jardin rafistolée que son employeur tchèque lui a donnée en 1956, Demba secoue la tête, d'un air contrarié : de son temps, pour tamkharit, les enfants chantaient des chansons islamiques, à présent ils chantent n'importe quoi, ils mélangent le poular et le wolof, et puis cette musique de tam-tam !

Au début, la cour est remplie d'*abonnés à la télé*, comme les appelle Amadou, mais soudain tous les sièges sont vides et Amadou a lui aussi disparu. Je demande à Kao où ils sont.

"Ils font une promenade nocturne, dit-il avec le sourire de celui qui en sait long.

— Tous ensemble ? Pour aller où ?

— A la préfecture, je crois.

— Pour quoi faire ?

— Protester parce qu'ils ne reçoivent pas d'images."

Cet Amadou ! Nous sortons, Kao et moi, et tombons sur une bande d'amis qui discutent à la lumière d'un lampadaire. Ils libèrent aussitôt un siège pour moi et, quelques instants plus tard, nous sommes lancés dans une discussion passionnée sur la conférence de Berlin – où les nations occidentales ont commencé à se partager l'Afrique –, sur la question de la culpabilité au regard de la colonisation, sur les politiciens corrompus dans le pays.

Ils paraissent bien informés, ils citent sans peine des écrivains locaux comme Senghor, Sembène Ousmane et Cheikh Hamidou Kane, mais à quoi leur servent ces références littéraires dans un environnement pareil ? Je pense à ce qu'Adama disait : "Senghor a veillé à ce que son peuple soit cultivé, mais on ne vit pas de culture."

"Avant, on était un pays sous-développé, maintenant on est un pays en voie de développement, dit un jeune.

— Tu veux dire en voie de sous-développement, rétorque un autre.

— Tout ça, c'est la faute des Français, soupire quelqu'un, ils nous ont exploités. Ils disaient toujours : *«Ventre plein, nègre content*.»*

Assis à côté de moi sur le sable, Kao s'emporte : "Non, c'est notre propre faute !" La discussion s'anime au point que l'un d'eux s'exclame qu'il faut structurer le débat. Dans le feu de l'action, et à la grande hilarité générale, Kao lève le doigt comme s'il était en classe et crie : *"Monsieur, monsieur*!"*

Ce sont les jeunes dont François m'a parlé. Privés des lumières de la grande ville, ils sont d'autant plus douloureusement conscients de leur situation. Ils craignent de n'avoir aucun avenir à Podor, mais savent en même temps qu'ils ne peuvent plus se rendre en France comme les générations précédentes. Ils devront s'en sortir ici. "Mais pas avec un gouvernement comme celui que nous avons aujourd'hui, dit Kao, qui parle de démocratie mais paie des parlementaires pour l'applaudir."

Un groupe de personnes s'approchent de nous en silence. C'est Amadou et ses abonnés à la télé, qui reviennent de leur marche sur la préfecture. Amadou porte une casquette et se lance dans une tirade contre les feignants, restés plantés ici, au coin de la rue : pourquoi ne sont-ils pas venus avec eux ? Ils n'ont pas envie de recevoir d'images ? Révoltés, les protestataires poursuivent leur chemin, pénétrés de l'importance de leur mission. Je les suis du regard, avec le sentiment de me trouver loin du centre du monde, tout en étant en plein milieu.

30 juin. Je suis sortie de la douche depuis cinq minutes quand Demba, muni de sa chaise pliante, entre dans ma chambre et s'installe, pontifical. Comment lui faire comprendre que, le matin, j'ai besoin d'un peu de temps pour moi ? Il est réveillé depuis six heures déjà et a attendu le moment où la porte de ma chambre s'est ouverte. J'ai beau trouver cette maisonnée accueillante, cela dépasse un peu les bornes. Mal à l'aise, je reste assise sur mon lit, dans un T-shirt froissé, un pagne noué autour de la taille. Mais Demba ne se rend compte de rien.

Mammie m'apporte le petit déjeuner. De l'eau glacée, du jus de fruit, du Nescafé, on me sert à la demande et je me laisse faire de manière éhontée. C'est comme ça qu'on devient cossarde ! Demba veille à ce que je mange suffisamment et parle avec entrain.

Puis il se lève – il est temps d'aller à la mosquée, on n'arrête pas de prier ici ! Amadou entre et me dit, un sourire énigmatique aux lèvres : "Tu sais que cette nuit, j'ai presque touché ta main ?" Nous dormons dans des chambres contiguës ; je suis donc déroutée. Qu'a-t-il bien pu se passer ? Les volets en bois de ma chambre claquaient si fort, la nuit dernière, qu'Amadou est sorti pour les fixer. Au moment où il s'apprêtait à enfoncer un clou à l'aide de son marteau, j'ai mis la main dehors pour les fermer !

"Tu as dû avoir peur, dis-je.

— Moi pas tellement, parce que je savais que c'était ta main, mais imagine que tu aies senti la mienne !"

J'aime son humour. Il me fait penser aux Zaïrois. "Le Zaïre ou le Sénégal, quand on creuse un peu, on s'aperçoit que tout cela c'est l'Afrique", m'a dit François. Je croyais que c'était pour me consoler, mais peut-être a-t-il raison, tout compte fait.

Un Peul vient chercher les chèvres, enfermées la nuit dans une cabane. Une conversation mélodieuse s'engage entre lui et Demba. Quand l'homme est parti, je lui demande de quoi ils parlaient. Demba essaie de traduire. "Comment ça va ? Et la famille ? Et les bêtes ?" A un Toucouleur, il aurait plutôt demandé comment s'annonçait la récolte. On me pose aussi des questions : *"Ça va ? Et le voyage, pas trop fatigant ? Et la chaleur à Podor ? Et la poussière ?"*

L'air est terriblement chaud et poussiéreux et je remarque que les autres se sentent incommodés, eux aussi. Pendant la journée, tout le monde s'abrite sous l'auvent dans la cour intérieure. La femme de Demba déchire des boîtes en carton et fait tremper les petits morceaux dans une bassine d'eau. De la nourriture pour les chèvres. D'après Kao, ça contient des vitamines : en Mauritanie, les animaux ne mangent rien d'autre et ils sont très bien nourris.

Je comprends que, dans le temps, François ait été attiré par Demba, le *pater familias* qui essaie de transmettre à ses enfants ses valeurs morales, mais mon regard se porte irrésistiblement sur les jeunes.

Marie-Thérèse entre à tout propos dans ma chambre, fouille dans mes affaires, me demande si elle peut me peigner les cheveux. De toutes les filles, elle est la seule qui va encore à l'école, je crois, les deux autres ne suivent que des cours de travaux manuels chez les sœurs. Elles tricotent de petites brassières en laine qui me semblent plutôt adaptées à notre climat. Ce sont des modèles internationaux de bonnes sœurs, j'ai vu les mêmes au Zaïre.

Amadou revient de la poste avec le dernier numéro du *Cafard libéré* – la variante sénégalaise du *Canard enchaîné* – auquel il est abonné. Plus tard, je le vois partir à bicyclette, le journal coincé sous son tendeur. Il l'apporte au prochain lecteur. *Le Cafard libéré* est son contact avec le monde, il a souvent réussi à faire publier, dans le courrier des lecteurs, des lettres sur la réception des images télévisuelles à Podor.

Il a constitué des archives sur sa lutte. Comme il se propose de me les montrer, je le suis dans sa chambre. Arrivée sur le seuil de la porte, j'hésite un instant. C'est son domaine privé ; il y cache peut-être des éléments du drame dont il m'a parlé l'autre soir. Mais il me dit d'entrer. Un lit à l'abri d'une moustiquaire, une table couverte de papiers, la photo d'une jeune femme.

"C'est… ?"

Il sourit, décroche la photo du mur et me la remet. Une jeune femme timide, emmaillotée comme une momie – la photo a été prise le jour de leur mariage. "Tout le monde trouve bizarre que je garde cette photo au mur, dit-il, mais je ne vois pas pourquoi je m'en débarrasserais."

Mon regard tombe sur un poster de Thomas Sankara, le président du Burkina Faso assassiné en 1987 par des officiers rebelles. Sankara est un grand héros aux yeux des jeunes Africains : il prêchait la sobriété, il obligeait ses ministres à voyager en seconde classe, il encourageait l'usage du vélo comme moyen de transport.

"Voilà le genre d'homme politique que j'aime, dit Amadou, il a donné le bon exemple. Pas comme les politiciens ici, qui disent que nous devons consommer sénégalais, mais font leurs courses à Paris." Combien d'Africains vivent dans des maisons en terre et rêvent de posséder une voiture ! A Podor, on se moque de lui parce qu'il circule à vélo, mais il ne peut rien se permettre de mieux.

Ses archives ne contiennent pas que des lettres adressées au *Cafard libéré*. Chaque année, il adresse ses vœux à la Radio Télévision Sénégalaise, dans une missive où il assaille les responsables de questions du type : comment se fait-il que pendant le mois de juin, Podor ait la meilleure réception télé ? ; pourquoi parle-t-on d'une deuxième chaîne sénégalaise alors que la première n'est même pas diffusée à l'échelle nationale ? Il est allé jusqu'à écrire au président Abdou Diouf. Il y a des années, quand ce dernier est venu à Podor, Amadou et ses amis occupaient les premiers rangs en brandissant une pancarte *: RTS, Radio Télévision Sénégalaise : Rien Tous les Soirs* !*

Amadou feuillette dans ses archives. "Je n'ai pas de quoi voyager, comme les autres, dit-il, la télé est mon seul moyen de voir le monde."

Ce soir, le vent est favorable et, pour une fois, je décide de m'installer devant le poste. Je ne tiens pas longtemps. Quel méli-mélo on vous sert ici ! D'abord une demi-heure de chants islamiques, puis une série B américaine avec gratte-ciel et pneus qui crissent, suivie d'un soap brésilien. Je regarde furtivement les enfants, pieds nus sur le sable : ils sont rivés au poste ; avides de rêves, ils se laissent emporter loin de cette cour poussiéreuse.

Je demande à Amadou : "Que penserait Sankara de tout ça ?"

Il rit. "Tant que nous recevons l'image, nous ne nous plaignons pas. On fait avec ce qu'on a."

Je remarque que dans l'assistance, on ne cesse de tousser, de renifler et de respirer bruyamment – la poussière de Podor joue des tours à tout le monde. Plus tard dans la soirée, quand le son est coupé, Amadou s'écrie : "Pour un asthmatique, ça va encore, mais imagine pour un cardiaque !"

3 juillet. Malgré une chaleur inouïe, j'ai réussi à attraper un rhume. Maintenant, je passe mon temps à renifler, comme tout le monde. Aminata a consulté un marabout pour se débarrasser de son asthme. Il lui a donné une prescription : elle doit pulvériser des noix de kola puis faire bouillir la poudre, mélangée à du mil, sur un feu de feuilles. En l'apprenant, Amadou grimace pour marquer sa désapprobation. Il ne veut rien avoir à faire avec les marabouts. A son avis, ce sont des charlatans.

Demain, je retourne à Dakar. Je passe mon dernier jour à Podor en compagnie d'Amadou. Cet après-midi, il est de service à la bibliothèque de la mission, ouverte trois fois par semaine. C'est un antre poussiéreux, où les ouvrages sur les étagères sont sens dessus dessous, mais Amadou y trône comme un roi. Les livres sont dans un état si lamentable – *fatigués* comme dit Amadou – qu'il est obligé de coller et scotcher chaque exemplaire emprunté, ce qu'il fait consciencieusement. Beaucoup de classiques français, mais aussi de la littérature africaine. Les livres viennent de l'ambassade de France à Dakar, mais depuis 1989, la mission n'a pas reçu de nouveaux exemplaires.

Les portes grandes ouvertes, une brise légère en provenance du fleuve – Amadou est dans son élément. Il réprimande un garçon qui a gardé deux exemplaires du *Cafard libéré* lui appartenant, il feuillette de vieux numéros de *Jeune Afrique* et mobilise les passants pour une prochaine manifestation sur la place devant la préfecture.

Après son travail, il verse de l'eau dans les abreuvoirs disposés pour les oiseaux dans la cour de la mission, il ferme toutes les portes à clé et se dirige vers la maison des religieuses, qu'il surveille en leur absence. Il arrose les orangers à l'aide du tuyau de jardinage, donne à manger au chat, note la température sur un calendrier accroché au mur. Curieuse, j'inspecte les lieux. La table dans la pièce principale est couverte de paquets. Sûrement des pelotes de laine envoyées des Pays-Bas. Des barquettes de margarine nettoyées, posées sur le rebord de l'évier, au mur, des posters sur l'hygiène dentaire.

Quand nous nous retrouvons dehors, la nuit est déjà tombée. Une lumière singulière émane des maisons en terre et se mélange au sable jaune dans les rues. Des ampoules vertes et rouges s'allument dans les boutiques sur la place du marché. Des affiches publicitaires sont placardées partout : Coca-Cola offre des bourses d'études, Nescafé et Schweppes proposent de gagner des voyages.

Avant, la plupart des commerçants étaient mauritaniens, dit Amadou, mais depuis les événements de 1989, ils se sont enfuis et des Sénégalais ont pris leur place. La transition n'a pas toujours été facile. Les Mauritaniens vivaient dans leurs boutiques, économisaient tant qu'ils pouvaient et ne possédaient qu'un seul boubou. Beaucoup de commerçants sénégalais ont fait faillite ; en un rien de temps, ils ont dilapidé tout leur argent.

Dakar, 4 juillet. Dans le taxi-brousse pour Dakar, je vois que Marie-Thérèse a écrit dans mon carnet de notes : *Je sais que tu rentres, mais si tu rentres je vais être triste**.

Quand j'arrive le soir, l'appartement de François est vide. Son personnel a pris un mois de congé. Je furète dans sa bibliothèque, regarde une série télévisée lamentable, un *Dallas* sénégalais avec des acteurs en carton pâte, et je pense à Amadou. Regarde-t-il, lui aussi ?

Adama a pris le bateau pour la Casamance. Cela veut dire que son dos va bien.

François appelle de Paris. Il est dans l'appartement de ses parents, qui ne sont pas là. A son arrivée, il a dormi trois jours de suite. D'après lui, le festival de musique l'a épuisé, mais je me dis qu'il doit y avoir autre chose. Après Dakar, il ne me paraît pas si évident de marcher dans les rues de Paris.

7 juillet. Ma dernière soirée à Dakar. En compagnie de Frédérique, une connaissance de François, je vais au café libanais, en face. A la lumière artificielle, nous buvons de la bière, assises à une table en formica. Je raconte le film *Coup de torchon* à Frédérique, lui décris la scène du début, quand Philippe Noiret, assis sous un arbre, voit s'envoler des vautours noirs de mauvais augure. Un Sénégalais coiffé à la rasta et portant un T-shirt Malcolm X entend le mot *vautours*, donne un coup de coude à son ami et crie à tue-tête que j'ai prétendu qu'au Sénégal, on voit des vautours se promener dans la rue.

Je ne me laisse pas faire. Une violente dispute éclate entre nous. "Tu ne vas pas m'apprendre à connaître les Européens, dit-il en grimaçant de mépris, Amsterdam, Paris, Milan, je suis allé partout, je sais ce qui se passe dans vos têtes." Je me sens blessée, impuissante, furieuse : la vie dans la cour à Podor est encore si proche, comment ose-t-il me dénier toute compréhension de ce monde, seulement parce qu'il est noir et moi blanche ?

Irritée, je quitte le restaurant. Tout à fait le genre de conflit qu'on peut avoir dans une ville comme Dakar. Frédérique m'apaise, me prend par le bras, pousse un ricanement : "A quoi crois-tu qu'il a passé son temps, en Occident ? C'était sûrement un trafiquant de drogue."

En faisant ma valise, je pense aux derniers moments passés à Podor. Demba, Aminata, Amadou, Marie-Thérèse, ils se tenaient tous autour de moi. C'est une façon tellement agréable de se dire au revoir. Ils le font aussi pour les malades ; ils s'assoient autour d'eux. Aminata m'a confié qu'après mon départ, tout le monde serait mélancolique.

Amadou était plutôt silencieux. Quand nous nous sommes retrouvés devant la voiture, il a dit : "Le plus merveilleux, ce serait évidemment que le vent soit si puissant que tu puisses nous envoyer des images de Hollande." C'était sa façon à lui de dire au revoir. Je voulais le faire à ma manière, en le prenant dans mes bras, mais tout le monde était autour de nous et je n'ai pas osé.

SIDI BOÎTE

Sass jette un coup d'œil à mes bagages. "C'est tout ?"
Son regard exprime un soupçon de pitié en tombant sur le jerrycan en plastique que j'ai acheté la veille dans un magasin libanais. "Je ne crois pas que nous en aurons besoin. J'ai un énorme réservoir d'eau."

L'obscurité et le silence règnent autour de nous. La ville dort, le matin est encore imprégné du froid du désert. En silence, Sass grimpe sur le toit de son quatre-quatre Toyota et y attache ma valise. Il a rabattu autour de son cou un *hawli*, une bande d'étoffe bleu ciel que les nomades s'enroulent autour du visage et dont on voit parfois affublés les touristes parcourant le désert. En dehors du hawli, Sass porte un jeans, des sandales et un blouson – aucune trace de l'élégance exubérante que déploient les Maures de son rang, vêtus de leurs larges boubous. Ses yeux brun foncé, sa barbe, ses cheveux ondulés et mi-longs lui donnent plutôt l'air d'un Indien.

Dès notre première rencontre, j'ai changé mes plans. Mes amis m'ont dit que j'étais folle. Qu'allais-je donc chercher à l'est, moi qui avais l'intention d'aller dans le Sud, n'avais-je pas déjà trouvé quelqu'un qui acceptait de m'emmener, obtenu des lettres de recommandation, n'étais-je pas attendue là-bas ? Jusqu'à ce qu'ils apprennent le nom de celui qui allait m'accompagner.

De son vivant, Sass a traversé des siècles. Il est né sous une tente, de parents nomades, il a fait ses

61

études à Paris et, une fois devenu sociologue, il est revenu à Nouakchott, la capitale de la Mauritanie, une ville qui existait à peine il y a trente ans, mais compte aujourd'hui plus de cinq cent mille habitants. Ce type d'odyssée donne des complexes et suscite des sentiments contradictoires chez beaucoup d'intellectuels de ce pays, à la frontière entre le monde arabe et l'Afrique noire. Mais comme j'ai pu le constater, Sass a un regard ironique et un sens de l'autodérision – il n'estime pas nécessaire de se justifier de quoi que ce soit.

Tous ces nomades qui, en compensation de leur existence passée de chiens errants, s'installaient dans d'immenses villas remplies de meubles monstrueux, prétendaient appartenir à l'aristocratie et descendre du Prophète et croyaient dur comme fer que leur dialecte, le hassaniyya, était à quatre-vingts pour cent de l'arabe classique – ils le faisaient bien rire. "Ici, nous vivons encore au néolithique, m'avait-il dit, tout le reste n'est que du vernis, tu peux me croire."

Il concevait parfaitement de vivre dans une démocratie occidentale, avait-il ajouté, mais telles que les choses se présentaient pour l'instant, il se trouvait là. Il vivait avec sa femme, une Française, dans une maison entourée de murs. Le monde dont il provenait était au pas de sa porte et pourtant il n'en faisait pas partie ; ce monde lui paraissait aussi étrange qu'à moi, disait-il. Il préférait encore rester chez lui, en compagnie de ses livres et de ses pensées, mais son travail l'obligeait à sortir de temps en temps. Dans l'est du pays, il faisait des recherches sur des écoles de village en partie financées par une organisation internationale. Il s'égarait parfois à bonne distance du monde habité et passait la nuit dans des endroits sans grand confort. Bien sûr que je pouvais l'accompagner. Si cela ne me dérangeait pas. Il n'eut pas besoin de me convaincre.

Dans un bidonville, nous allons chercher un petit homme vêtu d'un boubou sale, qui tiendra lieu de chauffeur quand Sass sera fatigué et nous indiquera le chemin une fois que nous aurons laissé l'asphalte derrière nous. Je veux lui céder ma place, mais Sass me retient. "Abdallah s'assiéra à l'arrière", dit-il. En riant, Abdallah découvre une dentition chaotique, glisse à l'intérieur du véhicule son fusil de chasse, puis une couverture, un oreiller, un sac déchiré contenant quelques effets, et enfin se hisse sur la banquette arrière.

Cette route de l'Espoir, qui part de Nouakchott en direction de l'est et relie entre elles comme autant de perles toutes les villes qu'elle rencontre en chemin, les Mauritaniens me l'ont chantée sur tous les tons. Personne ne m'avait dit qu'elle présentait d'énormes trous et que le sable du désert en ronge le revêtement, si bien que, parfois, on ne voit plus qu'un mince ruban d'asphalte. Sass louvoie entre des dunes hautes de plusieurs mètres de haut tout en racontant comment un Danois a eu l'idée géniale d'élever un mur de sable le long de la route. A présent, ce mur a atteint une hauteur effrayante et prend des proportions telles que tout le monde s'en inquiète.

"*Route** de l'Espoir ! s'écrie Sass avec un rire narquois. Il faudrait plutôt parler de *piste** de l'Espoir !"

Nous approchons de Boutilimit, la première perle de ce cordon. Des maisons en terre se dressent, pêle-mêle, dans le paysage ; de petits ânes vont et viennent en trottinant. Dans n'importe quel autre pays, on parlerait d'un village. Pourtant, tout a changé depuis le temps où Sass est né ici. L'ancienne rue principale, qui allait de la maison du préfet, juchée sur la colline, au marché aux chameaux dans la vallée, est brutalement coupée en deux par la route d'asphalte, qui a déplacé l'axe de Boutilimit de quatre-vingt-dix degrés.

La mère de Sass habite ici, de même que son frère aîné, Ahmed, un athée déclaré devenu mystique, qui s'est retiré sous une tente. C'est une histoire que l'on entend souvent en Mauritanie : des Maures, qui semblaient parfaitement adaptés à la vie urbaine moderne, retournent sans difficulté à une vie sous la tente et deviennent des personnalités respectées, parce qu'au cours de leurs pérégrinations, ils ont accumulé de la sagesse, ce qui suscite la considération des nomades.

Sass hausse les épaules quand je lui demande des nouvelles de sa famille. Il n'a plus rendu visite à sa mère depuis des années.

"Pourquoi pas ?

— C'est trop compliqué." Il hésite un instant, puis me dit : "J'y suis allé une seule fois, avec ma femme et mon fils aîné. A l'époque, mon père était encore en vie. Tout est allé de travers. Une femme ne peut être présentée à son beau-père par son mari, quelqu'un d'autre doit s'en charger. En plus, elle aurait dû être complètement voilée. Mon petit garçon s'est dirigé vers mon père pour l'embrasser et s'est fait gronder : dans la société maure, les enfants ne prennent pas une telle initiative." Son fils ne parle pas le hassaniyya et n'a pas été élevé dans la religion ; ses cousins lui ont fait peur, ils lui ont dit qu'il brûlerait en enfer et ses parents aussi. Sass me regarde. "Et il ne s'agit là que de quelques-uns des malentendus."

Sa mère lui fait savoir qu'elle aimerait le voir, lui et les enfants, mais s'il acceptait, il devrait reprendre contact avec d'autres membres de la famille, qui à leur tour viendraient chez lui. Pour sa part, il n'y verrait pas vraiment d'inconvénient, mais sa femme appréhende ces visites. Quand il venait à peine de s'installer à Nouakchott, sa sœur est soudain venue chez eux, avec son mari et son enfant, et ils sont restés pendant des semaines. Sa femme était débordée.

Les frères de Sass ont tous étudié à l'étranger, eux aussi. "Nous avons mis de côté les vieux rituels familiaux et, depuis, nous ne savons plus comment nous comporter quand nous nous retrouvons, dit-il. Nous avons donc cessé de nous voir, comme ça c'est beaucoup plus simple." Ses frères et lui ont appris le français dans différentes écoles et ne se sont jamais fréquentés pendant leur "vie française". Mais quand il les entend parler le français, il est stupéfait : ils emploient la même syntaxe et le même vocabulaire que lui. La ressemblance entre eux est angoissante.

A l'arrière de la voiture, Abdallah dit dans un hassaniyya volubile que nous devons acheter du pain. Nous faisons une halte à la gare routière où s'arrêtent les cars et les taxis-brousse et où les voyageurs passent la nuit dans des tentes. Sur de petites tables en bois, des cigarettes, des piles, des pommades et tout un bric-à-brac cuisent au soleil. Des garçons vont et viennent, des planches couvertes de petits pains frais sur la tête. Abdallah en achète cinq et les pose avec satisfaction à côté de lui, sur la couverture sale.

Il y a une station d'essence un peu plus loin. Sass a retiré son blouson et, vêtu de sa chemise en batik bleu, il ressemble à un touriste. Le pompiste, un vieil homme dans un boubou poussiéreux, lui lance un regard distrait et marmonne un *"Bonjour, monsieur*"*. Puis il le regarde d'un air inquisiteur et s'engage dans une discussion animée. Sass disparaît dans la cabane en terre pour payer et en ressort, un sourire mystérieux aux lèvres.

"Tu as manqué quelque chose !" Dans un coin de la pièce étaient entassées de ces tablettes sur lesquelles les enfants écrivent les versets du Coran à apprendre. Le pompiste était donc un marabout local dont une partie de la maison servait d'école coranique. Un chamelier était en visite. Quelques jours plus tôt, il avait perdu un chamelon. Apparemment, le marabout-pompiste lui avait confectionné un *grisgris* – une amulette –, car l'homme était venu le remercier de lui avoir permis de retrouver l'animal.

"Il essayait de marchander sur le montant qu'il lui devait, dit Sass avec finesse, parce qu'il s'était blessé en le cherchant."

La lumière vibre au-dessus de l'asphalte. Les cases de terre sont déjà derrière nous, ici et là des tentes font de nouveau leur apparition. "C'est une catastrophe quand un chamelon se perd, explique Sass, parce que lorsqu'on essaie de traire la mère, elle se met à ruer. Elle ne donne du lait que lorsque son nouveau-né est près d'elle."

Je le regarde et pense à son bureau dans sa maison de Nouakchott, où les livres s'élevaient jusqu'au plafond. La plupart étaient en arabe et, d'après lui, indigestes pour le profane. Il essayait de se plonger dans la biographie, épaisse comme le poing, qu'un membre défunt de la famille avait écrite sur son arrière-grand-père – un marabout de renom. C'était un travail minutieux et assez inutile, disait-il pour rire, qui l'éloignait de plus en plus de la vie autour de lui.

Les marabouts d'aujourd'hui le passionnent tout autant. "Borges a dit un jour que la théologie est une branche de la littérature fantastique. Je suis tout à fait d'accord avec lui." Depuis peu, un marabout "free-lance" se manifeste dans l'Adrar, au centre du pays. Sass aimerait écrire sur lui. L'homme est devenu célèbre en trouvant, dans une contrée inhospitalière, une source autour de laquelle il a fondé un village. Il a baptisé les villages voisins La Mecque et Médine. "Il a créé un monde à part entière, il a même construit un barrage ! Pure spéculation optimiste, bien sûr – une abstraction."

Beaucoup d'hommes de la région travaillaient dans la ville industrielle de Zouérat, au nord, si bien que bon nombre de femmes n'avaient pas de mari. Le marabout avait fait apparaître comme par enchantement une déclaration du Prophète permettant aux femmes d'épouser sans honte leurs esclaves. "Depuis, il est devenu un sénateur très respecté." Et avec un peu de chance, estime Sass, le pompiste de Boutilimit ira loin, lui aussi.

"Il te regardait comme s'il te connaissait, lui dis-je.

— Il m'a pris pour Ahmed. Mon frère et moi, nous nous ressemblons beaucoup, même s'il a vingt-cinq ans de plus." Avant de devenir mystique, son frère a été ministre – tout le monde le connaît. "J'ai beau faire de mon mieux pour échapper à ma famille, dit Sass d'un ton soucieux, je n'y arrive pas, ils continuent de me poursuivre."

Il vient d'une famille noble. Ses ancêtres étaient lettrés et écrivaient en arabe classique. Il appartient à la première génération qui a appris le français. Au début, un sentiment de révolte et de fierté empêchait les Maures d'envoyer leurs enfants dans des écoles françaises. Ils luttaient pour préserver leur passé ; ils craignaient que leurs descendants n'en viennent à mieux connaître l'histoire de France que celle de leurs propres ancêtres. Mais l'arrière-grand-père de Sass était un homme intelligent, il comprit que les Maures finiraient par perdre leur combat contre les Français.

Sass est le dixième de douze enfants. Dès son plus jeune âge, il a eu le sentiment d'être de trop à la maison. Au sein de la société maure, l'homme ne s'occupe pas des enfants, c'est le rôle de la femme, mais sa mère en avait déjà tant – elle donnait l'impression que sa présence à lui ne faisait pas grande différence. Dès qu'il commença à fréquenter l'école, il ne rentra presque plus chez lui.

Les premiers élèves maures affluèrent vers les rares internats à travers le pays et rendirent la vie impossible aux professeurs français. Ils étaient indisciplinés, impétueux. Des cailloux dans le riz ? Il ne leur en fallait pas plus pour déclencher une grève générale. Sass n'a jamais oublié une des exclamations que répétait un professeur : "Vous êtes faméliques, arrogants et nuls."

Après l'école secondaire, il partit étudier à l'université de Dakar. Là aussi, il participa à des grèves étudiantes. Renvoyé de l'université, il décida de faire le tour du monde. En 1969, il prit le bateau à destination de Marseille. Au début, il voulait déguerpir en profitant de la bourse d'études que son frère avait pu lui obtenir, mais la ville de Saint-Etienne, où il avait atterri, lui plaisait tant qu'il interrompit là son tour du monde.

Il poursuivit ses études à Paris, devint maoïste et althussérien comme tout le monde, porta des chaussures Clarks et une parka verte trouée et couverte de taches d'encre et oublia qu'il venait d'une illustre famille de nomades qui avait possédé des esclaves. Mais quand il partit camper avec sa femme en Norvège et qu'ils approchèrent du Grand Nord, il fut pris à la gorge ; c'était un habitant du désert, il avait l'habitude des vastes horizons.

"Cela fait déjà trente ans que je lutte contre mes origines nomades, dit-il, mais plus je vieillis, plus elles m'aspirent. Je suis un nomade *malgré moi**. En fait, les nomades n'ont aucune envie d'être nomades. Ce qui peut leur arriver de mieux, c'est de trouver une oasis avec de l'eau et des arbres où ils peuvent faire paître leurs bêtes et par conséquent rester. Chaque fois qu'ils quittent un tel lieu, ils sont remplis d'angoisse."

Abdallah l'interrompt. Nous allons bientôt passer devant un endroit où nous pourrons prendre du thé et le petit déjeuner. "Les chauffeurs ont leurs habitudes", dit Sass d'un ton résigné. Il préférerait continuer, mais il s'arrête, docile, devant la tente entrouverte que lui indique Abdallah.

Nous retirons nos chaussures, nous nous installons sur de fines nattes sous la toile de tente, buvons du thé et regardons Abdallah, qui fait passer à grandes gorgées les petits pains qu'il vient d'acheter. Abdallah est chauffeur à l'institut où Sass mène ses recherches. Sass est plutôt mécontent qu'Abdallah se soit présenté en boubou : la conduite n'est pas pratique dans des vêtements aussi amples. Mais il le comprend aussi ; en étant assis à l'arrière de la voiture, s'il portait un pantalon et une chemise, on pourrait le prendre pour un apprenti.

Sass offre ses services de sociologue en incluant ses déplacements en voiture. "Cela me permet de garder mon indépendance." Sur ses lèvres point le sourire moqueur que je commence à reconnaître. "Mais à vrai dire, j'ai horreur de voyager. Et encore plus de poser des questions. La sociologie des dunes m'intéresserait bien plus. Je préfère des paysages sans êtres humains !"

Appuyé sur un coude, les jambes légèrement repliées, il est étendu en tournant le dos aux autres. Abdallah et le restaurateur nous épient du coin de l'œil. Un Maure et une Occidentale qui rient et parlent ensemble, c'est un spectacle inhabituel, peut-être même dérangeant.

"Quand on vient d'un pays comme celui-ci, on n'a en fin de compte qu'une alternative, dit Sass, émigrer ou se replier complètement sur soi. Ma femme craint que je choisisse la deuxième solution. Devenir un moine saharien, ça me plairait bien. Il y a déjà l'exemple de mon frère." C'est un pôle qui l'attire, une possibilité, un extrême. Même si sa femme a juré qu'elle ne le suivrait jamais dans cette voie.

Le meilleur ami de son frère vit également sous une tente, non loin de chez lui. Tous deux semblent indifférents au reste du monde, bien qu'ils ne possèdent rien. L'ami passe pour un grand écrivain et philosophe, une réputation qu'il doit à un seul article que personne n'a lu, ainsi qu'à la rumeur selon laquelle il serait en train d'écrire un livre. C'est lui qui a dit que les nomades maures sont généralement monogames, parce que leurs femmes sont si grosses qu'ils ne peuvent en emmener qu'une seule lors de leurs déplacements. L'ami de son frère fait peu de cas des intellectuels de la région ; ils ont appris à lire et à écrire et, depuis, ils se croient permis d'exprimer les opinions les plus confuses. Il les appelle les *victimes de l'alphabétisation*.

"Je rêve de devenir comme lui, dit Sass, et je commence à en prendre sérieusement le chemin ; ma thèse est célèbre, même si personne ne l'a parcourue.

Je soupçonne mon directeur de recherches, un Français, de l'avoir passée dans la machine à laver pour faire croire qu'il l'avait lue !" La thèse présente tous les défauts des vieux livres maures dans lesquels Sass aime tant se perdre ; il s'en dégage un monde de connaissances qui tourne en rond sans mener à rien. "Je n'en étais qu'à l'introduction quand je me suis aperçu, à ma grande frayeur, que j'avais déjà écrit mille pages ! A ce moment-là, je me suis arrêté."

En 1969, au début de son tour du monde, il avait traversé le fleuve entre la Mauritanie et le Sénégal et s'était fait arrêter par la police sénégalaise des frontières ; ils avaient l'habitude de petits trafiquants vêtus de boubous sales, faisant la navette entre les deux pays, mais qui était cet hurluberlu aux cheveux longs ? Au cours de la nuit qu'il fut contraint de passer en leur compagnie, ils devinrent amis. Dès que les gendarmes comprirent qu'il n'était pas un trafiquant, ils commencèrent à lui poser des questions sur la musique moderne. Quelqu'un qui portait les cheveux aussi longs savait forcément tout sur le sujet. "C'est là que le malentendu sur ma personne a commencé, dit Sass, et depuis, il n'a fait que s'amplifier."

Notre compagnie doit être exaspérante pour Abdallah, qui aime tant bavarder et ne comprend pas un mot de français. Parfois, depuis le siège arrière, il se met à parler, sans aucun préambule, au beau milieu de notre conversation. Le paysage du désert qui défile sous nos yeux me paraît assez monotone, mais pour Abdallah, il est rempli de vie. Il cite les noms anciens que les nomades donnaient aux lieux que nous traversons, rappelle une bataille entre deux tribus rivales dans un lointain passé, cite un poète qui chantait la beauté d'une oasis de palmiers et la qualité de l'eau.

Par la tradition orale des nomades, ce savoir s'est transmis de génération en génération, mais ces dix dernières années, il a rapidement perdu son sens.

Pendant la grande sécheresse de 1968, tout le bétail appartenant aux parents de Sass est mort. Depuis, ils ont cessé leur vie de nomades. La moitié de la population mauritanienne habite maintenant les villes.

Parfois, nous devons nous arrêter devant un poste de contrôle militaire et des soldats armés s'approchent, d'un pas indolent. Sass leur tend une lettre du ministère de l'Enseignement. Ils y jettent un coup d'œil, puis nous regardent à notre tour. Que cherchent-ils : des armes, des marchandises de contrebande ? Rien ne permet de le savoir. Le Sénégal hostile n'est pas loin, au sud. A l'est, près de la frontière avec le Mali, se trouve une région où personne n'ose s'aventurer ces temps-ci ; les voyageurs s'y font attaquer ou disparaissent. Des rebelles touaregs ou tout simplement des bandits, personne n'est vraiment capable de dire qui y sème la terreur.

Le soleil est maintenant haut dans le ciel. Sass préférerait poursuivre sa route jusqu'à Kiffa, mais Abdallah parle d'un petit village où nous pouvons déjeuner et Sass se soumet une fois de plus à sa volonté. Nous nous arrêtons près d'une tente. Suspendus au-dessus de l'entrée, des quartiers de viande de mouton et de chèvre dégoulinent de sang. Le propriétaire en découpe des morceaux à la demande. A l'intérieur de la tente, des gens nous observent à travers un nuage de mouches.

Hésitante, je penche la tête pour entrer, mais Sass me retient. "Attends, Abdallah va nous trouver un autre endroit." On déroule un tapis dans un espace frais – à première vue une boutique à l'abandon. Abdallah se charge de nous installer des coussins dans le dos, il m'apporte un éventail en paille pour chasser les mouches et se met en quête d'un bon morceau de chèvre à rôtir.

"Cet Abdallah a la ferme intention de nous faire perdre beaucoup de temps, soupire Sass.

— Il y a des toilettes ici ?

— Bien sûr, mais je crains le pire."

Abdallah m'accompagne jusqu'à un trou entouré de murs. Une portière de voiture rouillée sert d'accès au réduit.

"Rien à redire", dis-je à mon retour à Sass, quand je le vois me regarder d'un air pincé.

Mais il n'a pas l'air convaincu. "Ce n'est pas toi qui vas m'apprendre à quoi ressemblent des toilettes mauritaniennes !"

Après le repas, Sass s'étend sur la banquette arrière du quatre-quatre pour se reposer et Abdallah se faufile à l'avant. Les mains cramponnées au volant, la tête presque appuyée contre le pare-brise, il est assis sur sa couverture qu'il a pliée pour en faire un coussin. Comme je le fais remarquer à Sass et n'obtiens aucune réaction, je me retourne et j'ai un sursaut : il est allongé là, on dirait une momie, la tête entortillée dans son hawli – une larve dans un cocon. Comment parvient-il à respirer à travers les bandelettes d'étoffe ? Gênée, je détourne le regard et me sens seule pour la première fois de la journée.

Nous passons près d'un taxi-brousse à l'arrêt. Tous les passagers sont sortis. Agenouillés sur le sable, leurs boubous claquant au vent, les hommes sont tournés vers La Mecque, les femmes prient à bonne distance.

Au moment où nous entrons dans Kiffa, Sass a repris place derrière le volant. Il trouve qu'Abdallah conduit trop lentement. A Kiffa, les rues sont goudronnées et les maisons construites en pierre. Sur un panneau publicitaire ravagé par les intempéries, l'hôtel de l'Amitié vante ses vastes chambres avec vue splendide. Nous déposons Abdallah dans le quartier où il va passer la nuit. Muni de son fusil de chasse, il disparaît au-delà d'une barrière derrière laquelle se dresse une tente – le même type de tentes pour voyageurs que nous avons vues en chemin.

"A quoi lui sert son fusil ?"

Sass le suit du regard. "Il va chasser, dit-il. Il espère tuer une gazelle."

L'hôtel de l'Amitié est une caserne, construite autour d'une cour plantée d'arbustes chétifs. Les chambres aux portes métalliques grises sont des cellules sans fenêtres. Sass examine le tout d'un air combatif. "Sur le panneau publicitaire, il n'était pas question d'une vue ?"

Les deux jeunes hommes qui, à notre arrivée, profitaient des derniers rayons du soleil, assis sur l'escalier en face de l'hôtel, ont pris leurs quartiers dans la cour et suivent nos mouvements avec une curiosité non dissimulée. Sont-ils clients de l'hôtel ou membres du personnel ? Après notre douche, ils sont toujours là. Ils ont dans les yeux l'expression éteinte de personnes épuisées par la solitude et l'ennui. "On dirait des prisonniers", chuchote Sass. Tandis qu'il se renseigne à la cuisine pour savoir si l'on peut nous servir à manger, je me dirige vers eux.

Ce sont des professeurs tunisiens qui enseignent dans une école technique à Kiffa. Ils séjournent à l'hôtel pour un prix forfaitaire et se chargent en échange d'effectuer de menus travaux. L'un donne des cours d'électricité, l'autre de plomberie. "Mais à Kiffa, il n'y a pas plus d'électricité que de canalisations !" soupirent-ils. L'hôtel possède un groupe électrogène qui se met en marche tous les soirs pendant quelques heures.

Leur récit trahit leur désespoir. Ces dernières semaines, les écoles mauritaniennes sont restées fermées en raison des élections municipales. Les cours auraient déjà dû reprendre, mais les élèves ne se sont pas présentés. Quant à eux, ils attendent et ne peuvent aller nulle part. Ai-je bien regardé Kiffa ? Les seuls bâtiments de valeur, ici, datent du temps des Français. "Qu'est-ce qui les empêche de les entretenir ? se plaignent-ils. C'est tout ce qu'ils possèdent de beau." Je pense à la Tunisie – comme si là-bas, ils traitaient avec égards les bâtiments de l'époque coloniale ! Mais je conçois que, vu d'ici, leur pays d'origine leur semble un paradis. Au début, ils ne comprenaient rien au hassaniyya. Non, le tunisien vaut bien mieux – il contient quatre-vingts pour cent d'arabe classique !

Dans la cuisine, on tue un poulet pour nous. En attendant le dîner, Sass demande où se trouve le *quartier chaud** de Kiffa. Les Tunisiens pointent sans enthousiasme vers le quartier derrière l'hôtel. Nous allons à la rencontre du soir. "Ils n'ont pas dit qu'ils faisaient toutes sortes de petits travaux dans l'hôtel ? demande Sass. Dans ce cas, ils feraient bien de réparer les robinets de douche qui fuient et les conduites d'eau fissurées."

Toute animation a pratiquement disparu des ruelles sableuses du marché. Au coin de l'une d'elles, un jeune garçon essaie de vendre ses derniers petits pains. "Les *Champs-Elysées** de Kiffa", dit Sass. Nous poursuivons avec obstination notre chemin, en citadins qui n'ont pas encore su renoncer à leur rythme. Quand il est seul, Sass dort rarement à l'hôtel. Il s'enfonce dans le désert, gare sa voiture au pied d'une dune, mange un peu de muesli et se glisse dans son sac de couchage jusqu'aux premières lueurs de l'aube. Ce scénario me semble bien plus attrayant, mais comment le lui faire comprendre ?

Abdallah est d'excellente humeur quand nous venons le chercher le matin. Il n'a pas tué de gazelle, mais il a rencontré un membre de sa tribu, avec qui il a passé la soirée. Le monde a explosé, dit-il, les tribus sont disséminées à travers le pays.

"Il trouve ça dommage ?"

Sass sourit. "Je ne crois pas, non, au contraire, sa généalogie est sa carte de visite, son mot de passe quand il voyage." La société maure est une société de castes ; Abdallah appartient à la caste des tributaires, traditionnellement au service des familles nobles. Il vient des environs de Boutilimit, mais sa famille a déménagé dans la région où nous allons. Sass pense que le père d'Abdallah a commis une faute, qu'il a été rejeté par sa tribu et a dû chercher son salut ailleurs – cela arrive souvent.

Nous nous sommes écartés de la route de l'Espoir et nous nous dirigeons vers le nord en empruntant une piste à peine visible à travers le désert. Non loin d'ici, au-delà de la ville de Tamchekket, commence le domaine d'étude de Sass. Abdallah connaît bien cette région et il apporte, là encore, ses touches de couleur au paysage : dans cet oued coule une magnifique rivière pendant l'hiver, un des auteurs du coup d'Etat de 1978 est originaire de ce village.

Soudain, un homme surgit de nulle part au beau milieu de la route, en agitant les bras. Ses bagages, des affaires ficelées en un ballot, sont glissés sous un buisson. Sass fait mine de ne pas le voir, comme hier, quand des automobilistes en panne de voiture essayaient d'attirer notre attention. Il ne s'arrête jamais, sauf en cas d'accident. Mais quand un quatre-quatre arrive en sens opposé, il finit tout de même par immobiliser la voiture pour demander dans quel état est la route plus loin. Pendant ce temps, Abdallah scrute les visages des occupants, au cas où il connaîtrait quelqu'un.

"Tu sens les acacias ?" Nous nous sommes arrêtés sous un arbre couvert de petites fleurs jaunes. Je mets le nez dehors et secoue la tête. Sass sort, attire une branche vers lui et me tend quelques fleurs. Elles ont une odeur sucrée à peine perceptible. Je m'aperçois seulement maintenant que ce parfum flotte dans l'air depuis déjà un certain temps. "Pardon, dit Sass, j'avais oublié ; tu es habituée à des odeurs plus fortes. Le désert ne se livre pas si facilement." Il se souvient de l'odeur des acacias de son enfance comme d'un parfum très prononcé.

Abdallah me donne une poignée de jujubes orange ramassés sous un arbre. L'écorce est dure, la chair âpre. "On s'y fait, dit Sass, on n'arrêtait pas d'en mâcher quand on était gosses."

La femme et les enfants d'Abdallah habitent dans la région. Sass essaie d'éviter une visite, mais Abdallah insiste. J'ai peine à imaginer que des gens vivent dans ces contrées, mais Abdallah nous montre obstinément le chemin jusqu'à ce que nous apercevions au loin une tente.

"Ils vont avoir un choc, prévient Sass.

— Parce que je suis là ?

— Non, à cause de moi !" Nous attendons qu'Abdallah ait salué sa famille. Un vieil homme s'avance vers nous en faisant des gestes engageants. Les Maures ont coutume de se confondre en salutations, mais Sass s'en tire par quelques formules de politesse.

A l'intérieur de la tente, des femmes et des enfants sont étendus sur des nattes de paille. Enchantés, ils me font de la place. Sass s'assoit par terre, du côté des hommes, et je constate que tout son corps est tendu. Je commence à comprendre ce qu'il voulait dire quand il m'a confié qu'il lui était impossible d'échapper à ses origines. Voilà un sociologue assis en compagnie de son chauffeur, mais aussi un personnage issu d'une illustre famille avec un homme d'une caste inférieure. Sass a beau essayer de faire des recherches comme on le lui a appris en France, son entourage le ramène toujours à son ancien rôle.

Son père était le type même de l'aristocrate maure ; il ne pensait pas à l'avenir et ne s'intéressait pas le moins du monde aux choses matérielles. Un jour, il donna sa dernière chèvre à une *griotte** – une femme de la caste des *griots**, qui content les hauts faits des familles nobles. Il essayait de faire le bien et acquit ainsi un certain prestige, mais il n'hésitait pas non plus à mendier, auprès de tributaires, des bêtes qu'il pourrait traire.

Les esclaves de son père furent libérés quand Sass était encore enfant, mais ils continuèrent de solliciter la famille. Les frères de Sass emploient certains d'entre eux comme chauffeurs et d'autres viennent parfois le voir pour lui demander du travail. Il les tient à l'écart ; il n'aimerait pas qu'on soit témoin de son mode de vie et que tout le monde sache qu'il prend ses distances avec les lois de sa tribu. De temps à autre, il leur glisse un peu d'argent pour se débarrasser d'eux.

Un vieil oncle d'Abdallah a déplié un papier jauni sur lequel un membre défunt de la famille a écrit un poème dédié au Prophète. Tandis qu'il le lit à haute voix devant Sass, les femmes regardent mes mains et mes pieds et me proposent de les teindre au henné. Abdallah se met en quête d'une chèvre pour l'abattre.

Mais Sass n'a pas envie de manger ici. Quand l'homme a fini de lire et que les trois verres de thé rituels ont été bus, il se lève d'un air décidé. Abdallah se libère à contrecœur. Il passe tout le trajet jusqu'à Tamchekket à bouder.

Je pensais qu'à Kiffa, nous avions laissé derrière nous le monde habité, mais Tamchekket est une charmante petite ville dans la montagne, aux cases de couleur ocre qui, coiffées de petites coupoles et tout en rondeurs, ressemblent à des châteaux de sable. Le vent souffle fort ; ici et là, le jaune s'interrompt, marqué par une silhouette recourbée, vêtue d'un boubou bleu, qui se dépêche d'avancer au ras des maisons. Sur les façades, des fanions blancs et jaunes claquent au vent.

D'où me vient cette impression d'entrer dans un décor de film ? Sass regarde autour de lui, tout aussi surpris. "Dis donc, c'est drôlement mort ici !" Nous passons devant une voiture à l'arrêt, un quatre-quatre solidement ficelé dans une bâche couleur camouflage. "Regarde, dit Sass en souriant, Christo est passé par ici."

Dans le marché, seuls quelques stands en bois sont occupés. Les marchandes nous lancent des regards curieux. Abdallah connaît beaucoup de gens à Tamchekket ; il s'est fait *naturaliser*, comme dit Sass, et appartient désormais à une tribu locale. Cela veut dire, soupire-t-il, que le cirque des échanges de services va bientôt commencer.

Nous nous arrêtons devant une maison entourée d'une enceinte dont la porte de bois claque au vent. La cour est déserte, mais Abdallah part à la recherche du propriétaire et, un instant plus tard, on balaie la pièce où le maître de maison reçoit, on déroule des tapis, on apporte des coussins et, dans un coin, un jeune homme attise le feu de charbon de bois pour le thé.

Notre hôte est le secrétaire de mairie local. Il parle couramment le français et papillonne autour de nous en faisant de grands gestes théâtraux. Sass l'observe du coin de l'œil en grommelant : "Tout ça c'est du pipeau."

"Assalamu aleikum !
— Wa aleikum assalam !"

Un homme de haute taille pénètre dans la cour. "Le maire de Tamchekket", chuchote notre hôte. L'homme retire ses babouches et entre dans la pièce. *"Ayak labass ?*
— Labass…"

Cette fois-ci, Sass n'échappe pas aux salutations rituelles, qui emplissent l'espace d'un bourdonnement agréable. *"La paix soit avec vous. Et avec vous. Rien de grave ? Rien. Tout va bien ? Tout va très bien. Qu'Allah soit remercié. Quelles nouvelles ? Tout va très bien. Qu'Allah soit remercié. Comment allez-vous ? Pas mal."*

L'habitude aidant, ils scannent systématiquement leurs passés respectifs à la recherche de connaissances communes. Un malaise survient quand il s'avère qu'un cousin du maire a été exécuté trente ans plus tôt sur ordre d'Ahmed, le frère de Sass, mais la gêne est de courte durée, grâce à l'arrivée d'autres notables de Tamchekket. Ces derniers s'assoient à côté de l'invité venu de la capitale, boivent du thé en l'aspirant bruyamment, tripotent leurs orteils et se retrouvent bientôt enchevêtrés, s'utilisant mutuellement comme coussin, sans éprouver la moindre gêne.

Notre hôte raconte l'histoire de Boudjedraa et du dragon, un récit diffus où des rois et des femmes jouent le rôle d'affreux traîtres. Sass écoute d'une oreille distraite – d'après lui, l'homme tisse ensemble plusieurs légendes.

Bercée par la chaleur, les voix chantantes et la magie du lieu, je regarde au-dehors par l'entrebâillement de la porte. Au-dessus des maisons ocre, le ciel est d'un bleu éclatant. La porte de bois au fond de la cour s'ouvre en grinçant. Un homme vêtu d'un boubou bleu, qui craque tant il est amidonné, se dirige vers nous et rabat jusqu'aux épaules les manches de son ample vêtement. Soudain, je comprends pourquoi les nomades aiment tant s'habiller d'un bleu si franc – c'est le reflet du ciel dans la monotonie du sable.

Les hommes nous expliquent ce qui fait que Tamchekket ressemble à une ville fantôme. Les élections municipales ont eu lieu quelques jours plus tôt, les deux partis qui se sont présentés en sont venus aux mains et les perdants ont bombardé de braises les vainqueurs. Depuis, l'atmosphère est si tendue que la plupart des habitants ont fui vers les oasis des environs. Certains se risquent à revenir en ville pendant la journée, mais à la tombée de la nuit, tout le monde déguerpit.

Nos visiteurs appartiennent au camp des vainqueurs et font de leur mieux pour rallier Sass à leur cause. J'aime la transformation qui s'opère en lui quand il est en présence de Maures. Il écoute, pose des questions, exprime parfois un *"aha"* et produit au fond de la gorge un claquement pour les inciter à poursuivre leur récit.

De temps en temps, il me lance des regards complices, traduit une phrase ou oriente mes yeux vers le jeune homme qui prépare le thé et porte un pistolet glissé dans sa ceinture. Sass a chaussé ses lunettes demi-lune – ses lunettes de vieillard, comme il dit –

et prend quelques notes dans un grand cahier. Ces querelles politiques sont sans grand rapport avec ses recherches sur les écoles de village mais, dans ces contrées, tout est lié.

Quand on pose un grand plat de viande par terre, tout le monde s'en approche. Sass mange à peine, même si Abdallah découpe les meilleurs morceaux et les jette dans le plat, de notre côté. Un aristocrate maure se doit d'être détaché – on choisit pour lui la plus belle viande, mais il évite de s'y intéresser.

Assis à l'arrière du quatre-quatre, Abdallah est de mauvaise humeur. Ce matin, nous lui avons fait quitter sa femme et ses enfants et, juste au moment où il avait l'intention de régler quelques affaires à Tamchekket, Sass a décidé qu'il était grand temps de visiter les premières écoles des environs !

Nous nous sommes enfoncés plus avant dans le désert. Les voitures viennent rarement jusqu'ici, il n'existe pratiquement pas de routes, mais voilà qu'un petit peuplement surgit. Le bruit du quatre-quatre incite un vieil homme à sortir de chez lui. Dans un coin de l'unique pièce de son humble demeure, un coran est posé à côté d'une paire de lunettes, un peu plus loin un transistor, un sac à moitié ouvert, rempli de vêtements, et une pile de livres déchirés. En dehors de ces quelques effets, la case est vide. Mais cela ne dure pas longtemps ; des vieillards dépenaillés, traînant des pieds, viennent de toute part pour nous voir.

Je me suis parfois demandé comment Ahmed, le frère de Sass, ancien ministre, a pu recommencer à vivre sous une tente. La réponse est contenue dans cette case, le vieil homme en face de nous a lui aussi été ministre. A présent, en tant que maire, il est chargé de gérer le budget municipal qui cette année a bénéficié d'un financement international pour la construction d'une école.

Sass chausse ses lunettes et sort son grand cahier. Il interroge le maire à partir d'un questionnaire et note soigneusement les réponses. Il écrit au stylo-plume. Un stylo à bille ne lui servirait à rien ; le papier se couvre vite d'une fine pellicule de sable.

Les vieux messieurs assistent à l'entretien et scandent sa prise de notes en marmonnant des mots sans cesse entrecoupés par des "*Alhamdu lillah*, qu'Allah soit remercié". Les réponses du maire ne lui ont pas apporté grand-chose, me dira Sass plus tard, mais il n'a pas osé insister ; il aurait été particulièrement inconvenant de demander à ce respectable vieillard : faites-moi donc voir les factures dont vous parlez.

Maintenant, tout le monde se lève et sort de la case. Plusieurs hommes tombent à genoux sur le sable et se mettent à prier. Les autres attendent patiemment. Une partie des villageois appartient à un mouvement musulman qui croit à d'autres heures de prière. Dix minutes d'écart – une telle différence est susceptible de provoquer un schisme dans un endroit reculé comme celui-ci. Sass sourit d'un air mystérieux. Nous voilà arrivés sur son terrain favori : l'hérésie.

Lors de ses premiers voyages en tant que sociologue, il redoutait les moments de prière. Il pouvait éviter une fois, deux fois, mais à la troisième, on commençait à s'en apercevoir. La Mauritanie est exclusivement musulmane. Les athées, ils ne savent pas ce que c'est ici. La première fois qu'il s'est senti obligé de prier avec les autres, il a eu l'impression d'être un affreux hypocrite, la deuxième fois s'est mieux passée et, depuis, il s'aplatit à terre comme les autres et ne se pose plus de questions. Il comprend son frère qui est passé du fervent athéisme au mysticisme : quand on veut vivre avec ces gens, il faut s'adapter à leurs coutumes, sinon, on devient un excentrique. Il se demande combien de temps il lui faudra pour se sentir exactement comme eux. Cela lui permettra de résoudre d'innombrables problèmes.

Les hommes se sont levés. A l'aide de leur hawli, ils essuient le sable sur leur front. Puis le cortège se déplace en direction d'une petite bâtisse rectangulaire aux volets de bois, en bordure du village : la nouvelle école. Le directeur de l'établissement, un barbu au regard passionné, marche en tête. C'est le chef du mouvement musulman aux heures de prière particulières, me dit Sass à voix basse.

On nous ouvre une des deux salles de l'école. A l'avant de la classe, une table est couverte d'une épaisse couche de poussière. Les cours n'ont donc pas repris ici non plus. De petits tapis sales, des morceaux de carton et de papier sont éparpillés partout sur le sol – visiblement, les enfants s'assoient par terre. Un bâton est posé contre le mur. Dans la semi-obscurité, mon regard croise celui du directeur. Ses yeux lancent des éclairs de méchanceté. Oui, oui, dit-il à Sass en riant, elle a bien compris à quoi sert le bâton.

Une fois dehors, Sass ferme son cahier, serre la main de tout le monde et monte dans le quatre-quatre. En nous dépêchant, nous aurons encore le temps de visiter une autre école. Nous partons en trombe, sous les yeux de la moitié du village.

Environ un kilomètre plus loin, Sass tend l'oreille. "Tu entends ?" J'écoute, mais n'entends rien de particulier. Il essaie de passer une autre vitesse et fronce les sourcils. La mécanique coince, un peu trop à son goût. Le système de traction à quatre roues motrices lui a déjà donné bien du souci. Avant même de m'en apercevoir, nous avons fait demi-tour.

"Que fait-on ?

— On retourne à Tamchekket – je ne peux pas me permettre de tomber en panne sur une piste aussi déserte."

Abdallah s'est penché en avant et une conversation animée s'engage entre Sass et lui.

"Il ne peut pas jeter un coup d'œil ?"

Sass éclate de rire. "Lui ? Il s'y connaît encore moins que moi en mécanique !"

Abdallah parle sans discontinuer. Soudain, le nom *Sidi Boîte* surgit dans son flot ininterrompu de paroles. Sidi Boîte est un mécanicien de Tamchekket qui doit son nom à sa connaissance phénoménale des *boîtes de vitesses**. Il nous sortira d'affaire en un rien de temps, nous assure Abdallah.

Quand nous arrivons à Tamchekket, notre hôte est sur le point de partir vers son abri dans l'oasis. Généreusement, il fait un geste circulaire : sa maison est à nous. Sass s'enquiert de Sidi Boîte. Bien sûr qu'il le connaît, mais il croit savoir qu'il n'est pas en ville en ce moment. Un messager est parti à sa recherche ; quelqu'un d'autre, qui est aussi en panne, a besoin de lui. Je pense au quatre-quatre enveloppé d'une bâche que nous avons vu à notre arrivée. Serait-ce le véhicule auquel il fait allusion ?

Sass grimpe sur le toit de la voiture et commence à décharger nos affaires. Nous étendons dans l'immense cour deux petits matelas en les disposant en équerre, créant ainsi un coin salon. Dattes, oranges, lait, eau potable – nous ne mourrons pas de faim dans l'immédiat.

"Où est Abdallah ?"

Sass fait un geste vague. "Il doit dormir dans l'oasis, avec les autres."

La nuit commence à tomber et un vent frais souffle sur la cour. Pris de frissons, nous enfilons nos blousons. "J'espère que Sidi Boîte existe bel et bien, et qu'il s'y connaît vraiment en mécanique", dit Sass. Sa voix trahit une certaine inquiétude. La Toyota doit être en excellent état, car dans les prochains jours, la région va devenir de plus en plus hostile.

Nous sommes seuls pour la première fois et nous éprouvons un certain malaise. Pour moi, il n'y aurait rien de catastrophique à rester coincés ici, mais de toute évidence, Sass n'est pas du même avis. "Enfin, de toute façon, ce soir nous ne pouvons plus rien faire." Il s'allonge sur le dos et croise les mains derrière sa tête. Son hawli est le seul point de lumière dans l'obscurité qui se fait.

"Tu sais que sur le chemin du retour, Abdallah a recommencé à parler de notre visite chez sa femme et ses enfants ? Il ne l'a pas dit explicitement, mais je sais ce qu'il pense : comme nous n'avons pas respecté leur hospitalité, nous nous sommes attiré un mauvais sort.

— Tu ne parles pas sérieusement.

— Je t'avais dit que nous vivions ici au néolithique !"

Le ciel est rempli d'étoiles étincelantes. J'ai tout de suite repéré la Grande Ourse, mais ça s'arrête là. Je pense à mon déjeuner à la rédaction du *Nouvel Observateur* à Paris, juste avant mon départ pour l'Afrique. Quelqu'un parlait d'étoiles et avait demandé à un autre convive quelle était sa *constellation préférée*. Je n'ai pu m'empêcher de rire intérieurement, mais maintenant qu'étendue ici, je vois le ciel s'ouvrir au-dessus de moi comme un livre rempli de signes que je ne parviens pas à déchiffrer, je regrette mon ignorance.

"*Le Nouvel Observateur*, c'est ce que nous appelions le *Club Méditerranée* de la culture française", dit Sass d'un ton sec.

Comme cela m'arrive souvent depuis quelques jours, je suis étonnée. De toute évidence, il n'était pas un étranger quand il vivait en France. Il semble ne pas avoir eu trop de difficulté à abattre les barrières culturelles auxquelles il s'est certainement heurté. Quand je le lui dis, il rit. "J'avais lu Racine et Corneille, je n'étais pas du tout dépaysé quand je suis arrivé là-bas. Au contraire, j'avais l'impression de tout savoir et de ne rien avoir à découvrir. J'étais désespéré que tout me soit aussi familier !"

A Saint-Etienne, il était devenu le chouchou des notables et, après son déménagement à Paris, il n'avait pas tardé à rencontrer sa future femme. Ils vivaient dans un immeuble rempli de vieilles dames qui se plaignaient souvent auprès de lui des étrangers du quartier. "Comme si je n'étais pas un étranger ! Mais elles paraissaient l'oublier. Je ne comprends d'ailleurs toujours pas pourquoi. Peut-être que comme je parlais très bien le français, elles ressentaient moins de distance."

L'an dernier, quand il est retourné en France après une longue absence, il a entendu un Français injurier un Arabe dans le métro. "Je ne lui donnais pas vraiment tort, dit-il d'un ton hésitant.

— Pourquoi ?

— Je comprends parfaitement ce qu'un Français peut éprouver contre un Arabe." Un silence se fait, puis Sass dit : "Au fond, les gens ici sont dix fois plus racistes que le Français moyen. A l'égard des Occidentaux, mais aussi entre eux. Regarde un peu autour de toi, les préjugés pullulent contre les chrétiens, les esclaves, les Noirs."

Au départ, il voulait consacrer sa thèse à l'image des Maures dans la littérature française, mais il craignait que son projet ne tournât à l'autojustification. Finalement, il décida de faire des recherches sur la Mauritanie précoloniale entre le XIe et le XIXe siècle. Au cours de ses travaux, il s'était aperçu que si peu de choses avaient changé depuis lors, que les traces laissées sur le terrain par le colonisateur français étaient à peine visibles.

Autrefois, il était persuadé qu'il ne faudrait pas longtemps à la Mauritanie pour se transformer en un pays moderne. A l'époque de sa scolarité, on se moquait du professeur d'arabe, le français était la langue de l'avenir. Mais pendant la grande sécheresse, les nomades ont commencé à se sédentariser et, pour la première fois, ils sont entrés massivement en contact avec l'enseignement. Les élèves qui se présentaient n'avaient fréquenté que l'école coranique, la langue française leur était étrangère. Il était, en un sens, logique que les cours soient dispensés en arabe. La démocratisation de l'enseignement a fini par renforcer le rôle de l'islam et ramener l'ensemble de la société à une époque où l'Occident était considéré comme une menace.

Au-dessus de nous, tout là-haut, une étoile plus grosse que les autres part en flèche vers la droite.

Serait-ce un satellite ? Sass l'a vue, lui aussi. "Ils nous regardent, de là-haut, dit-il. Ils nous surveillent.

— Tu y connais quelque chose, aux étoiles ?

— Rien, pas plus qu'en mécanique." Il rit. "Comme tu vois, je n'ai absolument pas les qualités requises pour être un sociologue des dunes ; il faudrait au moins que je connaisse par cœur la mécanique d'une Toyota à quatre roues motrices, comme Sidi Boîte, et que j'aie quelques notions sur les étoiles pour des soirées comme celles-ci !"

Il est de ceux qui ne terminent jamais rien, reconnaît-il. "Je creuse un puits dans le sable, je me lasse et je recommence un peu plus loin. Chez moi, tout finit toujours comme un oued dans le désert. Je suis un dilettante-né, un parasite ; je ne peux rien concevoir par moi-même, je m'enroule comme une plante grimpante autour de structures existantes."

Quand il se décrit, le regard subversif qu'il porte sur lui-même suit un schéma, me dis-je. Je le crois sincère, et pourtant – venant de lui, ces propos tiennent presque de la coquetterie.

Il fait maintenant nuit noire. L'arbre sous lequel on a rôti une chèvre cet après-midi s'est transformé en un gigantesque oiseau de mauvais augure, aux ailes déployées. J'entends Sass rouspéter. Il essaie d'allumer une bougie, mais le vent éteint la flamme. "Quelle heure est-il, au juste ?" Il allume sa lampe de poche. "A peine huit heures. Si on allait se promener ?"

Nous nous glissons dans la petite ville silencieuse. Tout le monde n'est pas parti, ici et là quelques lumières dansent. Serait-ce la milice villageoise dont les hommes parlaient cet après-midi ? Sass n'ose pas allumer sa lampe de poche, ils pourraient nous tirer dessus.

Nous avançons en rasant les murs d'enceinte des habitations. Lorsque nous nous arrêtons un instant, j'ai l'impression de voir le toit d'une maison onduler dans un sens puis dans l'autre et d'entendre un léger claquement. "On dirait que les maisons bougent, ici.

— Mais c'est le cas."

Certains nomades vivent dans des constructions qui sont un croisement entre une tente et une case ; entre les murs latéraux, au lieu de construire un toit, ils ont tendu une toile qu'ils ouvrent ou ferment à leur gré.

A la périphérie de la ville, le sol amorce une descente. Hésitante, je pose un pied devant l'autre. J'envie Sass, qui est capable de voir dans le noir. J'aimerais prendre sa main, mais n'ose pas. Nous marchons jusqu'à ce que nous ayons dépassé la dernière maison et que le vent nous souffle librement sur le visage. Dans les profondeurs s'étend l'oasis de Tamchekket. Entre les palmiers sont allumés des feux autour desquels les habitants inquiets se sont réunis. Là-bas, notre hôte débite certainement sa énième histoire.

Dans la maison derrière nous, on entend chuchoter. Un homme et une femme, ils sont peut-être déjà couchés sous la toile de tente qui leur sert de toit. Pourquoi sont-ils restés, n'ont-ils pas peur ? Et de quoi parlent-ils par une nuit pareille ?

"Tu arrives à entendre ce qu'ils disent ?"

Sass tend l'oreille. "Ils parlent du bétail." Sa voix trahit son désintérêt.

"Hé, écoute encore un peu."

Il essaie d'ajuster son oreille à leur causerie intime. "Il lui demande si elle se souvient de la nuit où ils ont perdu une chèvre noire."

J'aimerais rester ici des heures pour écouter cette conversation nocturne, mais les voix sont de plus en plus faibles – Sass a beau se donner du mal, il ne distingue plus rien d'intelligible.

Nous retrouvons sans peine notre maison ; aucune autre n'a de Toyota blanche garée à l'extérieur. Une fois rentrés, nous nous préparons pour la nuit. Quand je me glisse dans mon sac de couchage, je m'aperçois que Sass a enfilé un boubou bleu.

"Alors finalement, tu es bien un vrai Maure.

— Je le porte pour faire des rêves sahariens, dit-il d'une voix théâtrale. (C'est la voix éraillée, ironique, d'un acteur dans un film français en noir et blanc, qui parfois se substitue à sa voix habituelle.)

— Tu te moques de tout.

— C'est la seule manière d'empêcher que les autres s'en moquent avant moi !"

Le lendemain matin, assis le dos bien droit dans son sac de couchage, Sass lit, ses lunettes demi-lune sur le nez. L'eau est déjà sur le feu. A peine avons-nous rangé que notre hôte entre d'un bon pas dans la cour.

"Tiens, voilà notre tisserand de légendes ! dit Sass penché sur son café fumant. Voyons un peu ce qu'il vient nous annoncer aujourd'hui."

Les bras grands ouverts, notre hôte se plante dans l'encadrement de la porte et crie à tue-tête : "Vous savez que c'est moi qui mesure la pluviométrie à Tamchekket ?" Je m'étais préparée à tout, mais pas à une nouvelle de ce genre. Il me regarde, rayonnant. "Viens avec moi !" Il me conduit dans la cour, où est installé un pluviomètre rudimentaire : une barre dans un seau.

Avec précaution, il soulève le couvercle troué du seau, qui permet à la pluie de ruisseler à l'intérieur. "Tu vois, quand il a plu, il faut que je mesure le niveau de l'eau. Je donne cette information au siège à Nouakchott." Il hésite un instant. "Du moins, quand la liaison radio fonctionne." Il ne pleut pas souvent ici, mais quand cela arrive, il est prêt. Pour ce travail, il est payé mille ouguiyas – quarante francs français – par mois. "Tous les mois, tu sais ! Même quand il ne pleut pas !" dit-il d'un ton triomphant. *Même quand il ne pleut pas !* Elle est bonne celle-là, il faut que je la raconte à Sass – ça va lui remonter le moral.

Voilà Abdallah. Visiblement, il a passé une nuit mouvementée. Son boubou est chiffonné, ses cheveux sont en bataille, mais il garde sa bonne humeur. Cela lui fait visiblement du bien de se retrouver parmi les siens.

Dans le salon de notre hôte, l'agitation règne. Tout le monde est assis autour de Sass et le nom de Sidi Boîte fuse de toute part. Après le jeune homme qui préparait le thé, la femme qui rôtissait la viande de chèvre fait aussi son apparition. Décidément, nous commençons à prendre nos habitudes ici.

Sass croise mon regard et sourit d'un air las. "Les scénarios deviennent de plus en plus fantasmagoriques." Sidi Boîte n'a pas réapparu, pas plus que le messager parti à sa recherche. Il faudrait envoyer une voiture pour le ramener. La voiture est là, mais le réservoir d'essence est vide. Sass serait peut-être prêt à céder une partie de ses réserves… ? "Je veux bien mais, maintenant, personne ne sait où se trouve le conducteur du véhicule !" Sass s'est levé. "Si nous allions nous promener ? De toute façon, nous ne pouvons qu'attendre pour l'instant."

Dès que nous sommes dehors, il commence à ronchonner. Cela fait déjà une demi-heure qu'Abdallah chante les louanges de la tribu qui l'a naturalisé. Pour les élections, sa famille est venue du désert avec douze chameaux, afin de soutenir le parti vainqueur à Tamchekket. Pendant trois jours, on leur a fait la fête et regardez un peu l'accueil qu'ils nous réservent à notre tour. "Comme si nous étions venus pour ça ! J'aimerais qu'ils nous aident à partir !" Chaussé de ses sandales, Sass donne des coups de pied dans le sable. "C'est *mektoub*, la fatalité qui s'abat sur nous, tu ne crois pas ? Je crains qu'il n'y ait rien à faire."

Les fanions blancs et jaunes, qui claquent au vent sur les façades, ont perdu leur innocence : ils indiquent le camp auquel appartient chaque foyer. Dans tout le pays, les traces de la propagande électorale ont disparu, mais ici elles sont restées, comme pour signifier que la lutte n'est pas terminée.

Nous passons devant la voiture enveloppée d'une bâche qui, après une inspection plus poussée, paraît tellement figée qu'on peut difficilement imaginer qu'elle se remette à rouler un jour. Notre Toyota commence elle aussi, comme je viens de m'en apercevoir, à avoir l'air particulièrement statique.

A l'intérieur d'une petite boutique, un homme allongé sur un tapis regarde au-dehors. Il lève la main.

"Qui est-ce ?

— Tu ne le reconnais pas ? Le maire. C'est son poste de guet."

Nous avons emprunté le même chemin qu'hier soir et bientôt l'oasis s'étend à nos pieds, dans tout son enchantement. Des nomades approchent d'une petite étendue d'eau pour faire boire leurs chameaux, leurs vaches et leurs chèvres – un tableau biblique.

"Si nous y allions ?"

Sass acquiesce d'un signe de tête. Quand nous sommes plus près, il prend une profonde inspiration. "De la pisse de chameaux." Il aime cette odeur, elle le ramène à son enfance. Dès l'âge de cinq ans, il gardait le bétail de ses parents et, plus tard, pendant les vacances scolaires, il partait plusieurs jours dans le désert pour faire paître les bêtes. Le soir, il devait entraver les chameaux pour les empêcher de s'enfuir. Un matin, au réveil, il s'était aperçu qu'il en manquait un. C'était à la saison où le désert commence à fleurir, une période où les chameaux flairent de très loin les points d'eau et de végétation, et sont capables de s'y rendre d'une traite. "Je n'ai jamais retrouvé le chameau. Cette histoire m'a traumatisé pendant des années."

Nous sommes arrivés près des chameaux qui boivent et j'essaie de déceler l'odeur dont Sass me parlait, mais je n'y parviens pas – pour moi, le tout a l'odeur diffuse d'un zoo.

"Cette histoire de chameau disparu est vraie, mais tu as certainement compris que j'en ai un peu rajouté au fil des ans, dit Sass sur le chemin du retour. Avec moi dans le rôle du chamelier, ça fait exotique, bien sûr.

— A mon avis, tu n'as pas besoin de te rendre plus exotique que tu ne l'es, tu ne crois pas ?

— C'est un problème d'accoutumance, je le crains. Je sais quel effet produit mon histoire, quand je la raconte. J'en suis conscient." En réalité, cette époque est si loin derrière lui, garder les chameaux appartient à une vie tellement différente, qu'il a l'impression de parler de quelqu'un d'autre.

Ces deux personnes qui l'habitent commencent à m'être familières. C'est comme cette voix de commentateur qui se plaque sur sa voix habituelle ; au début, elle m'étonnait, me blessait presque, mais maintenant je sais qu'elle fait partie de lui et parfois, secrètement, je l'attends.

A notre retour, le chauffeur n'a toujours pas été trouvé. Au fil de la matinée, le nom de Sidi Boîte prend une dimension de plus en plus mythique. En fait, personne ne sait où il est et le chauffeur accomplirait un véritable tour de force s'il parvenait à le retrouver. Plus nous parlons de lui, plus il me semble improbable que ce faiseur de miracles ambulant ait le temps, dans sa vie bien remplie, de s'arrêter dans un endroit insignifiant, perdu au bout du monde, comme celui-ci.

Soudain, Abdallah fait une proposition. Pourquoi ne pas retourner à Kiffa ? On y a bien plus de chances de trouver un Sidi Boîte. En partant cet après-midi, nous pouvons passer la nuit dans sa famille et reprendre la route demain matin.

Sass hésite. Ne vaudrait-il pas mieux attendre ici ? Sidi Boîte va peut-être pointer le bout de son nez. Mais après le déjeuner, au moment où tout le monde se prépare pour la sieste et où les heures à venir s'étirent devant nous dans toute leur longueur, il se lève et dit : "Prenons le risque. Tout vaut mieux que de dépérir ici."

C'est fabuleux de reprendre la route, de foncer par-dessus les dunes et de voir défiler des paysages changeants. Sass roule à bonne allure. "Nous pourrions facilement continuer jusqu'à Kiffa, dis-je. A cette vitesse, nous y serions avant la nuit." Les deux Tunisiens de l'hôtel de l'Amitié, après l'excentricité de notre hôte de Tamchekket, me paraissent on ne peut plus citadins.

"Oui, ce serait possible." Sass fait un signe de tête discret en direction de la banquette arrière. "Mais je crains de ne pouvoir rejeter sa requête, parce que, pour le coup, nous serions vraiment *maraboutisés*!

— Ça m'étonne de toi.

— Quoi donc ?

— Que tu te laisses faire à ce point. Que tu acceptes qu'il prenne les décisions."

Sass hausse les épaules. "C'est cette culpabilité de classe qui me poursuit."

Je n'ai pas trop envie de passer la nuit dans la tente surpeuplée de la famille d'Abdallah, mais il s'avère que Sass n'en a pas l'intention.

"Je voudrais te proposer de dormir dans le désert, dit-il. Du moins, si tu n'y vois pas d'inconvénient."

Il dépose Abdallah non loin de la tente familiale et lui indique où il peut nous trouver le lendemain matin. Déconcerté, Abdallah reste planté devant la vitre baissée. Doit-il envoyer sa femme nous apporter de quoi manger ? Sass secoue la tête. "Non, non, nous n'avons besoin de rien." Soulagés, nous regardons Abdallah, muni de son fusil de chasse, disparaître derrière la dune.

Sass roule un peu plus loin, dans la direction opposée, et se gare au pied d'une dune. Je me débarrasse de mes chaussures d'un coup de pied et grimpe jusqu'en haut. A perte de vue, on ne voit pas âme qui vive. Je suis heureuse qu'il m'ait conduite ici et, en même temps, je me sens, comme hier dans la cour à Tamchekket, décontenancée. D'habitude, il est seul dans ce genre d'endroit. Plus que jamais, je me trouve sur son terrain.

Il est monté sur le toit du quatre-quatre et a jeté les matelas par terre. Le ciel est bien moins clair qu'hier. Nous devons chercher un endroit abrité pour dormir, une tempête de sable risque de se lever cette nuit.

"Ce ne sont pas encore les dunes comme je les aime, dit Sass en lançant autour de lui un regard critique, il passe trop de chameaux ici, le monde habité est encore trop près.

— C'est le citadin qui parle.

— Tu as raison, dit-il pour s'excuser, j'aimerais être sédentaire, mais je ne le suis pas. Je suis fondamentalement en désaccord avec moi-même."

Il se blottit dans son sac de couchage pour se protéger du froid et scrute les dunes. "Je me sens un peu comme le personnage principal dans *L'Education sentimentale* de Flaubert, dit-il, qui va voir les barricades, observe ce qui se passe, mais ne sait pas très bien à quoi tout cela peut bien rimer."

Récemment, un institut de recherche américain lui a proposé d'effectuer une étude sur l'esclavage. Les conditions du contrat ne lui convenaient pas ; il a eu l'impression qu'ils voulaient l'acheter en bloc et sa personnalité ne s'y prête pas. "Je préfère me vendre *en détail**, comme un boutiquier."

D'ailleurs, il se demande s'il aurait de la valeur en se vendant d'un seul bloc.

A Nouakchott, beaucoup de gens accordent à tort de l'importance à son jugement sur toutes sortes de choses. Combien de fois ne lui a-t-on pas demandé de siéger dans des comités consultatifs ! Selon lui, il n'a rien à apprendre à personne. Même à ses enfants, il pense qu'il n'a presque rien apporté, parce qu'il ne sait pas lui-même ce qu'il doit penser de quoi que ce soit.

"Je ne veux rien construire, je ne veux pas prendre de dispositions pour mes vieux jours, je ne veux pas penser à l'avenir de mes enfants." De son doigt, il trace distraitement des dessins dans le sable. "Mais mon envie de laisser derrière moi les voitures, les ordinateurs et les machines, et de recommencer à vivre sous une tente est encore moins réaliste ; je suis trop coupé de mon ancien milieu pour y donner suite. Ma soif de connaissances m'a fait perdre tout contact spontané avec ceux qui en font partie. J'ai l'impression d'être un espion quand je me retrouve parmi eux, mon rôle a quelque chose de décadent."

Les Maures qui l'entendent parler le français pensent qu'il est étranger et sont étonnés de constater qu'il parle le hassaniyya et que, de surcroît, il a étudié les textes anciens. Il peut donc aborder des sujets qui font chez eux l'objet de débats sans fin : le sexe des anges, les heures de prière, le vrai début du ramadan. "C'est un mode de discussion aristotélicien, très raffiné et compliqué." Il soupire. "Mais que représente Aristote aujourd'hui !"

Et pourtant… il aurait aimé naître rentier, passer sa vie à lire des livres et des textes anciens portant sur des questions totalement inutiles.

"Que ferais-tu de ce savoir ?

— C'est le seul moyen de garder le contact avec les gens ici. J'aimerais devenir un puits de science, pour que les gens tombent dedans ! Même s'il y avait un risque, bien entendu, que j'y tombe moi-même." Je l'entends rire. "La prochaine fois que tu viendras à Nouakchott, une plaque sera fixée au-dessus de ma porte. *Sass : prophète.*"

La nuit est tombée brusquement ; au-dessus de nous flotte une couche jaunâtre de sable fin à travers laquelle les étoiles paraissent ternes et à une distance infinie. Je suis étonnée de la franchise et de la lucidité de Sass. Dans cette région du monde, les intellectuels ayant fait leurs études à l'étranger sont généralement désorientés et mettent tout en œuvre pour masquer leur déracinement. Sass ne craint pas de regarder au fond du gouffre. Il rit quand je le lui dis. Même son éloquence est une pose, prévient-il. "Tu as vu comme le ciel est brumeux ce soir ? Il est plein de cette poudre que j'essaie de te jeter aux yeux."

Nous venons à peine de nous lever quand nous voyons Abdallah venir au loin, enveloppé dans sa couverture. En silence, il nous regarde enrouler nos sacs de couchage et nos matelas. Ses yeux expriment la désapprobation. Sass a mis de l'eau à bouillir, mais soudain, le réchaud s'éteint. Sass a beau tout essayer, il ne parvient pas à le rallumer.

Après avoir chargé toutes les affaires sur le toit, Sass s'installe derrière le volant et tourne la clé de contact. Un léger crachotement, rien de plus. "Oh non !" Il fait une nouvelle tentative. La Toyota ne produit qu'un faible gémissement, presque enfantin.

Un instant plus tard, penchés tous les trois sous le capot, nous regardons un impénétrable réseau de fils. Sass pince à un endroit, tire à un autre, mais son intervention ne semble obéir à aucune logique. Il me lance un regard interrogateur. "Tu y connais quelque chose, toi, au moteur de ce véhicule ?"

Nous essayons de le pousser, mais à trois nous n'arrivons à rien. Sass se maudit d'avoir écouté Abdallah hier. Nous serions déjà à Kiffa, mais nous voilà coincés ici, plus loin que jamais du monde habité !

Abdallah propose d'aller chercher du renfort. Avec l'aide de cinq à six hommes, la voiture devrait pouvoir redémarrer, non ? Sass s'empare du manuel d'instructions de la Toyota, rangé dans la boîte à gants. "Voyons un peu ce qu'on trouve ici." Sans grande conviction, il se met à le feuilleter. Il sourit en croisant mon regard. "Mon premier cours de sidi-boîtisme !" Il n'est pas plus avancé.

Il saisit sa caisse à outils et, l'espace d'un instant, j'espère que son ignorance technique est un de ces airs qu'il se donne. Mais la caisse contient un bric-à-brac de clés, de vis et de boulons – il la referme, dégoûté.

Les premiers sauveteurs arrivent. Un vieil homme et un jeune, ils nous disent timidement bonjour, s'assoient sur le sable, nous épient du coin de l'œil, s'enroulent dans leur boubou et s'endorment. "Visiblement pas des Sidi Boîte, dit Sass, plutôt des Sidi Chameaux."

Abdallah arrive enfin, accompagné d'une importante délégation. Des femmes en font aussi partie. Dans leurs *melahfas* – des voiles transparents –, elles se posent, semblables à des oiseaux, en haut de la dune et commentent à grand bruit tout ce qu'elles voient.

Un des jeunes qui accompagnent Abdallah porte un grand sac. S'il nous aide, pourra-t-il venir avec nous à Kiffa ? Songeur, Sass tire sur sa barbe. "Nous faisons de gros progrès, nous avons déjà un auto-stoppeur ! On ne peut tout de même pas lui refuser ce service hypothétique, pas vrai ?"

Pousser ne nous mène à rien. Le soleil tape impitoyablement et Sass et moi, nous nous regardons ; que faire ? Abdallah parle d'une ancienne boutique non loin de là, qui sert de remise. Nous pourrions nous reposer là-bas pendant qu'il part à la recherche de… oui, de quoi au juste ? "Nous aviserons une fois sur place, dit Sass. Tu vois que je n'arrive pas à être indépendant !" Sa remarque est presque triomphante. "Je suis le roi de la panne de voiture !"

Nous fourrons quelques affaires de première nécessité dans un sac et suivons Abdallah et ses assistants. Je m'étonne de ces petites constructions qui surgissent de nulle part et où règne, pour les gens de passage, un assez bon confort. A notre arrivée, deux petits hommes s'activent déjà, tapotant les coussins à fleurs rouges d'un divan poussiéreux.

Sass prend une profonde inspiration et regarde autour de lui. Des selles de chameaux, des tapis, des sacs en toile de jute remplis de haricots et de riz, sont entassés jusqu'au plafond. "Hmmm… un grenier. Il y a sûrement une quantité d'animaux nuisibles, ici. Heureusement, la sœur de ma femme, qui est écologiste, m'a envoyé une pierre noire contre le venin de serpent.

— Il y a des serpents, ici ?

— Evidemment !"

Je pense à ma pierre noire, posée depuis des années au fond d'un panier sur le rebord de ma cheminée. "Comment on l'utilise cette pierre, au juste ?

— Avec ton couteau, tu fais une entaille en forme de croix là où tu as été mordue et tu appuies la pierre sur la blessure jusqu'à ce que…" Il semble sérieux, mais à ses yeux, je vois qu'il exagère.

La femme d'Abdallah arrive en apportant de quoi préparer le thé. Elle sourit, ravie – il lui a fallu attendre longtemps, mais son heure est enfin arrivée. Abdallah a l'air satisfait, lui aussi ; tout à l'heure, il abattra une chèvre et peut-être me laisserai-je enfin teindre les mains et les pieds au henné.

Sass lui fait subtilement remarquer que nous sommes arrivés ici en dehors de notre volonté, que nous étions en route pour Kiffa et que ce serait peut-être une bonne idée d'essayer de… Abdallah se souvient alors d'un homme de Tamchekket qui possède une grande quantité de clés de voitures et qui, en toute modestie, s'y connaît plutôt bien en mécanique. Tamchekket n'est qu'à quinze kilomètres d'ici, il pourrait s'y rendre à dos de chameau.

Sass a sorti son cahier de travail, où il commence à écrire une lettre. "Dans une ville aussi petite que Tamchekket, il existe plus de mécaniciens qu'on pourrait s'y attendre, dit-il en maugréant. Ils y ont organisé un colloque, ou quoi ?" Il déchire la page de son cahier et la plie en quatre. "Et maintenant, il n'y a plus qu'à espérer que ce mécanicien de second ordre ne soit pas analphabète !"

Une fois Abdallah parti, Sass redevient pessimiste. Il parle de rester coincé deux semaines, il a des visions de dépanneuse devant venir de Kiffa, il passe mentalement en revue nos réserves de nourriture.

La femme et les enfants d'Abdallah attendent, eux aussi, une voiture pour aller à Nouakchott. L'école a commencé depuis une semaine, mais le véhicule est en panne à Tamchekket. Un messager est parti pour Kiffa, mais elle ne sait pas s'il est déjà revenu.

Sass lui demande s'il passe souvent des voitures par ici. Au moins deux fois par jour ? "Je vois que c'est une route très fréquentée", dit-il d'un ton sarcastique. "Tu as encore une chance d'arriver à Kiffa aujourd'hui. De toute façon, cette expédition n'a rien donné. Avec moi, tu ne fais que perdre ton temps."

J'ai un sursaut. J'avais tout envisagé, sauf la fin de ce voyage. Nous avions pourtant prévu d'aller vers l'est…

"Mais tu avais bien l'intention d'aller plus loin, jusqu'au Mali ?

— Oui, lui dis-je, déconcertée.

— Eh bien alors, qu'est-ce qui t'en empêche ? Tu vas voir, ici tu sombreras bientôt dans le plus profond ennui."

Je pense à l'hôtel de l'Amitié. Arriver là-bas toute seule, retomber sur les deux Tunisiens dans la cour – l'idée me paraît soudain bien moins séduisante.

"Ça ne me dérange pas de rester ici à ne rien faire pendant quelques jours, dis-je sur un ton de protestation, après tout, ce n'est pas si mal ici." Sass est allongé sur le divan à fleurs rouges, son cahier ouvert posé à côté de lui. Il se prépare à affronter des journées entières, peut-être même des semaines, d'apathie, dit-il. Ce n'est pas grave, il a l'habitude. Mais moi, je viens d'un autre monde, il n'a pas le droit de m'imposer ça.

Je pense à toutes les fois où il m'a parlé de sa crainte d'être aspiré à nouveau par le passé. Si je partais, sa voiture serait la seule chose qui le distingue des autres personnes autour de lui – même si une voiture dans un tel état est une séparation assez abstraite. Je ne vais tout de même pas l'abandonner dans un moment pareil !

La précipitation avec laquelle il tient à me renvoyer dans cet autre monde me blesse. N'étions-nous pas de bons compagnons de voyage, n'est-ce pas plus agréable de passer ensemble ces jours perdus ? Mais tandis qu'il me conjure de partir, je commence à me douter de ce qui se cache derrière ce flot de paroles. Il ne veut pas que je le voie s'embourber dans cette inertie.

"Une voiture ! Vite !" Sass s'est levé d'un bond. Je n'ai rien entendu, mais quand nous sortons en courant, je vois effectivement un point blanc dans le lointain. Je n'ai pas de chaussures, en un rien de temps mes plantes de pied sont couvertes de piquants. Sass retire ses sandales : "Tiens, attrape.

— Et toi alors ?

— J'ai de la corne aux pieds." Il rit : "Allez, dépêche-toi ! S'il voit une Occidentale, il s'arrêtera. Tu es notre carte de visite !"

Le conducteur de la rutilante Toyota porte un boubou amidonné, un chèche blanc comme neige et des Ray-Ban. Un court instant, l'ordre semble rétabli. Nous lui parlons de notre panne. Sass lui demande si je peux monter dans la voiture jusqu'à Kiffa, où je chercherai de l'aide. L'homme nous examine avec indifférence. Il doit emmener à Nouakchott une femme malade qui vit un peu plus loin, dit-il, il ne peut prendre personne.

Sass lui demande s'il connaît Sidi Boîte. L'homme fronce le nez d'un air méprisant. "Sidi Boîte ! Un peu que je le connais ! Quand il répare une voiture, elle s'arrête une bonne fois pour toutes au bout de deux kilomètres. C'est garanti !"

Il lève la main et repart. Découragés, nous battons en retraite vers notre grenier, où nous attendent souris, serpents et insectes.

La femme d'Abdallah a assisté à la scène dans l'embrasure de la porte. "C'était un homme de l'opposition, dit-elle avec dédain. Il vous a sûrement reconnus, il sait que vous avez été les invités du maire. C'est pour ça qu'il ne veut pas vous emmener."

"Comme tu vois, c'est l'endroit idéal pour étudier l'altruisme des Mauritaniens dont on fait tant l'éloge", dit Sass en souriant.

A l'intérieur flotte une odeur de *lebkhur* – de l'encens local – que la femme d'Abdallah a jeté sur des braises dans un brûle-parfum. Les femmes qui tout à l'heure nous regardaient du haut de la dune sont là, elles aussi. Tandis que Sass, le visage grimaçant de douleur, retire les piquants de ses pieds, l'une d'elles lui adresse la parole. N'a-t-il pas un frère médecin qui s'appelle Hassan ? Des années auparavant, quand elle vivait dans le nord du pays, il l'a soignée. "Même ici", dit Sass légèrement étonné. Ses frères Hassan et Ahmed se font concurrence ; en dehors des questions mystiques, Ahmed s'intéresse à la médecine et soigne ses patients en prescrivant des traitements non pas traditionnels mais modernes. Hassan se demande s'il ne faudrait pas traîner son frère devant les tribunaux pour exercice illégal d'une profession réglementée.

Nous partons en pèlerinage vers la voiture. Comme elle est silencieuse et distante, là, au pied de la dune. Sass monte derrière le volant et essaie de la faire démarrer, mais elle ne produit même plus le gémissement enfantin de ce matin.

Deux chameaux se dirigent vers nous au galop. Les nomades, vêtus de boubous flottant au vent, sont fièrement assis sur leur monture. Cette scène, me dis-je, je ne l'aurais jamais vue si nous n'avions pas été bloqués ici. Et j'ai raison : un des cavaliers est notre Abdallah, de retour de sa mission à Tamchekket. Il me faut un certain temps avant de le reconnaître, tant il montre d'assurance et de grâce, assis sur sa couverture sale. Quel contraste avec sa balourdise quand il est au volant de la Toyota ! Il nous sourit du haut de son trône et annonce que le mécanicien viendra demain matin. Il apporte d'autres nouvelles : le frère de Sass qui s'est présenté en tête de liste aux élections municipales dans une ville du Nord n'a pas été élu. Sass demeure impassible en l'apprenant.

Nous dormons dans notre grenier, Sass ayant attrapé froid la veille. Derrière son hawli, il ne cesse de se retourner nerveusement. Quant à moi, je reste éveillée pendant des heures. Je ne m'inquiète pas des serpents, mais j'ai la forte impression qu'une souris se gratte l'oreille dans un coin de la pièce.

Ils sont quatre, quatre hommes aux visages rayonnants et coiffés de chèches sales. Notre batterie est à plat, ils l'ont aussitôt deviné quand Abdallah leur a raconté l'histoire. Ils s'affairent pendant quelques minutes, des mots tels que *réducteur** et *fusible** se distinguent dans le hassaniyya, puis la voiture démarre. C'est un plaisir inattendu d'entendre ce bruit et de voir la voiture décrire de grands cercles sur le sable.

Ils se sont déjà entendus avec Abdallah sur le prix : vingt litres d'essence et cinq mille ouguiyas – une note salée que Sass est trop heureux de payer. Soudain ils sont repartis, car ils sont débordés. Nous chargeons nos affaires dans le véhicule et l'autostoppeur d'hier réapparaît, reconnaissant de pouvoir hisser son sac dans le quatre-quatre.

Sass fonce par-dessus les dunes de sable comme s'il avait le diable aux trousses. Loin de cet endroit maudit de thé, de henné et d'inertie. Maintenant que nous avons donné l'occasion à Abdallah de rester deux nuits auprès de sa femme, nous avons racheté notre âme pour au moins trois semaines.

"Le monde des Sidi Chameaux est derrière nous, nous voici arrivés au royaume des Sidi Boîtes, s'écrie Sass soulagé en voyant apparaître la route de l'Espoir. *La civilisation, c'est le goudron** ! "

Nous nous rendons directement au marché, où tout le monde nous renvoie à Baaba Sow. Sass jubile. "Un Sénégalais, il a la mécanique dans les gènes !"

Nous trouvons Baaba Sow dans son atelier, où de jeunes garçons gonflent des pneus de voiture à l'aide d'une pompe à vélo. Il est couvert de crasse, un bon signe d'après Sass. Il prend place dans la voiture, fait jouer les vitesses et ressort d'un bond. Une nouvelle boîte de vitesses, voilà ce qu'il nous faut. Impossible d'en trouver une dans tout Kiffa. Nous devons donc retourner à la capitale. En conduisant avec précaution, Sass parviendra peut-être à atteindre Nouakchott en vitesse normale.

Comme la dernière fois, les Tunisiens sont assis sur l'escalier en face de l'hôtel de l'Amitié, à la lumière du soleil couchant. Ils font de grands gestes enthousiastes. L'école a enfin repris, lancent-ils.

Nous trions nos affaires, qui se sont mélangées au cours des derniers jours. Le choc que j'ai éprouvé hier à l'idée que notre voyage était terminé ne s'est pas reproduit quand Baaba Sow a expliqué la situation. L'élan est brisé ; soudain, tout semble avoir été pensé et dit. Les Tunisiens m'emmènent au marché de Kiffa, chez un commerçant qui sait quel chemin prendre pour se faufiler au Mali et se montre prêt à m'y envoyer avec le premier chargement de sucre qui va de ce côté-là.

Le matin, à cinq heures, Sass frappe à ma porte. Il tient une lampe de poche à la main, le groupe électrogène de l'hôtel ne fonctionnant pas à cette heure. Il pose une petite pile d'affaires sur mon lit. "Ça te sera utile." Je l'accompagne jusqu'à la voiture, fais un signe de la main à Abdallah. Il est rayonnant ; pour la première fois, il a le droit de s'asseoir à l'avant.

Quand je me réveille à nouveau, il fait jour. J'examine les affaires que Sass a laissées. Des conserves françaises de salade de fruits, une boîte de muesli Kellogg's, du lait en briques. De précieux objets, issus d'un monde qui s'éloigne de moi à vive allure.

Je prends le hawli bleu de Sass et me dirige vers la salle de bains au bout du couloir. Je me regarde dans le miroir en m'enroulant le tissu autour de la tête, avec précaution, comme j'ai vu Sass le faire. L'étoffe est si fine qu'on peut respirer et voir au travers. Sass l'a fait laver hier soir, mais derrière le parfum du savon, je sens l'odeur de ces derniers jours.

L'après-midi même, je voyage à l'arrière d'un pick-up transportant deux tonnes de sucre vers le Mali, le hawli de Sass enroulé autour de la tête. À côté des deux Maures, dans la cabine à l'avant, il y a de la place pour une troisième personne, mais les hommes ne tiennent pas à une compagnie féminine. A travers les vitres baissées me parvient une musique maure monotone, qui rappelle les chants islamiques, et une odeur de thé, que l'assistant du camionneur prépare sur un réchaud à gaz.

Mon compagnon de voyage est étendu à côté de moi. Il ne parle que le hassaniyya et m'a à peine regardée avant de s'enrouler dans son boubou et de devenir invisible. Je mets le nez au vent, fixe au loin la route de l'Espoir et pense à Sass. Je retourne au néolithique.

L'HOMME
DE SOKOLO

Juste avant la frontière entre la Mauritanie et le Mali, nous traversons un camp de nomades. Les gens accourent de toute part pour voir le pick-up dans lequel voyage une femme blanche. *"Nasraniyye !"* crient-ils – ce qui signifie "habitante de Nazareth". Seulement en s'approchant, ils constatent que je porte un pantalon. *"Bantalon, bantalon*"*, chuchotent-ils. Les femmes rient et montrent le hawli bleu que je me suis enroulé autour de la tête.

C'est alors que je vois le jeune garçon. Il a environ onze ans, ses pieds sont nus, son visage mince émerge d'un boubou sale. Quelque chose dans son regard fait que je l'observe plus longtemps que les autres. Il ne se détourne pas en riant, comme le feraient d'autres enfants africains, mais me fixe d'un air franc. Le camion se met en marche et je m'apprête à lui sourire quand il renverse la tête en arrière, pointe les lèvres et souffle avec mépris dans ma direction.

Quelle arrogance ! Je suis étonnée et en même temps ravie. Soudain une image me vient à l'esprit, celle d'Abderrahmane Sissako, assis bien droit sur sa bicyclette à l'ancienne, parcourant les rues d'Amsterdam sans l'intention de se laisser intimider par qui que ce soit. Les jambes raides, le dos droit, et sur la tête un béret africain décoré de motifs jaunes – mon réparateur de vélo m'a lancé un regard lourd de sens en nous voyant passer. "On voit qu'ils n'en ont pas l'habitude."

Après la frontière, le paysage se remplit de couleur et de vie. Les cases en terre sont peintes, des femmes vêtues de pagnes somptueux marchent d'un pas chaloupé, l'air vibre de gaieté et de cascades de rires argentins. Voilà l'Afrique bigarrée que je connais de mes précédents voyages. Derrière moi, une porte s'est refermée à clé.

L'Afrique des calebasses et des huttes en paille ne l'intéresse pas, m'a dit un jour Abderrahmane. Il est plutôt attiré par la sobriété, la spiritualité de la vie dans le désert. La Mauritanie, c'est selon lui la culture du non-dit. Elle l'a plus influencé qu'il ne l'avait soupçonné au départ. Et pourtant, les deux cultures l'ont certainement marqué, me dis-je, et c'est probablement ce mélange qui fait de lui un être si exceptionnel.

*

J'ai rencontré Abderrahmane dans la cohue d'un festival cinématographique à Amsterdam. Une apparition longiligne, énigmatique. Il avait la peau claire, les traits plus arabes qu'africains. Un Mauritanien, chuchotait-on dans les couloirs. Quand nous avons commencé à parler, j'ai découvert qu'il était effectivement d'origine maure, mais qu'il avait passé sa jeunesse à Bamako, la capitale du Mali.

Son film en noir et blanc, *Octobre*, se déroule à Moscou, où il a fait ses études. Des paysages panoramiques, un rythme lent – la griffe de la vieille école cinématographique russe se faisait sentir, mais l'histoire, l'amour entre une Russe et un Africain, était contemporaine. Un amour impossible, étouffé par des voisins qui les épiaient dans un grand ensemble sinistre.

C'était un message venu d'un monde inconnu, qui étonna par son authenticité. Les Russes étaient des personnes bien réelles, leur vie était filmée de l'intérieur – ils n'avaient rien de ces pseudo-Blancs que l'on voyait dans tant d'autres films africains. On sentait que le metteur en scène n'était pas un quelconque Africain qui avait étudié à Moscou, mais un homme sensible qui s'était efforcé de comprendre où il avait atterri et pourquoi, toutes ces années, il était resté un étranger. Le film parlait un langage métaphorique où un mot tel que *racisme** n'avait pas sa place.

Lorsque, dans le foyer du cinéma, les collègues d'Abderrahmane avaient tenu des discours véhéments sur le néocolonialisme occidental, soutenu par la complicité d'Africains corrompus, il avait gardé le silence. Comme s'il s'était trouvé par hasard en cette compagnie et ne se sentait pas vraiment à sa place. Il s'était plaint du public du festival, plus africanophile que cinéphile.

Son assurance m'intrigua. Qu'est-ce qui l'avait rendu si différent ? La question ne parut pas le surprendre. "Cela vient de mon père, je crois." Un météorologiste, qui avait beaucoup voyagé, non seulement en Afrique, mais aussi en Europe. Il avait appris à ses enfants à être indépendants. La piscine de leur maison à Bamako restait à sec et personne ne les accompagnait en voiture à l'école ; la piscine et la voiture étaient liées à sa fonction et n'étaient par conséquent que temporaires, leur expliquait leur père. Il ne voulait pas que ses enfants s'habituent à ce confort aléatoire.

Abderrahmane n'avait jamais eu de bicyclette, en dépit de ses incessantes récriminations. Il ne s'engagerait pas dans ce genre de dépenses, soupirait son père, sinon comment faire pour les autres enfants ? Sans parler de tous les neveux et nièces qu'il avait pris sous sa protection.

A l'époque, Abderrahmane ne l'avait pas compris, mais plus tard, il s'aperçut que son père avait eu raison. Tant de fonctionnaires s'étaient enrichis aux frais de l'Etat ; lui n'avait jamais joué à ce jeu-là. C'était un homme attaché à la simplicité. Quand il revenait d'une conférence à Genève, il suspendait son costume dans l'armoire, puis faisait parfois le voyage d'une traite jusqu'à son village natal, Sokolo.

Il voulait que ses enfants apprennent eux aussi à connaître Sokolo. Ses fils aînés y étaient allés à l'école, pendant quelque temps. Ils logeaient chez des parents et leur père leur envoyait de temps à autre de petits cadeaux : des protège-cahiers en plastique de couleur, et même une fois un ballon de foot. Une tante crut qu'il s'agissait d'une calebasse et le coupa aussitôt en deux. Les garçons n'osèrent rien dire. Les deux moitiés servirent de coupes à arachides.

Quand il fut à la retraite, leur père annonça qu'il retournait vivre à Sokolo. Il demanda si quelqu'un avait envie de venir avec lui, mais de ses deux femmes et ses quatorze enfants, personne ne le suivit. Bien qu'ils s'attendaient à son départ, tous furent néanmoins surpris.

Récemment, Abderrahmane lui avait rendu visite au village. Il avait du mal à reconnaître l'homme qu'il rencontra au marché de Sokolo. Il portait un boubou sale et paraissait du reste peu soucieux de son apparence. Abderrahmane l'avait serré dans ses bras, puis ses yeux avaient glissé jusqu'en bas de son boubou. "Papa, tu n'as pas de chaussures !

— Oh, je les ai oubliées à la maison", marmonna-t-il.

Mais Abderrahmane comprit vite que son père en portait rarement à Sokolo.

Il avait passé trois jours dans le village et ce voyage semblait l'avoir troublé. Avec quelle facilité son père avait renoncé au confort de la vie urbaine !

"Je vais aller le voir", ai-je dit. J'avais parlé avant même de m'en apercevoir.

Abderrahmane rit : "Il n'y a pratiquement pas de route là-bas, il ne passe qu'une seule voiture par semaine."

L'après-midi même, nous étions penchés au-dessus d'une carte de l'Afrique de l'Ouest. Comme je pus le constater, Sokolo n'était pas loin de la légendaire ville malienne de Ségou. A l'époque où le père d'Abderrahmane était né, cette région appartenait encore au Soudan français. Des marchands faisaient la navette entre Oualata, d'où venait la famille de son père, et Sokolo, où elle s'installa plus tard. Maintenant, Oualata se trouve en Mauritanie et Sokolo au Mali.

Ces nouvelles frontières influencèrent la vie d'Abderrahmane. Au Mali, il était considéré comme un Maure, mais quand, après le départ de son mari, sa mère – une véritable Maure issue d'une tribu nomade au cœur de la Mauritanie – déménagea à Nouakchott et qu'Abderrahmane la suivit, il se retrouva dans un monde avec lequel il n'avait aucune affinité. Il ne parlait pas le hassaniyya, il n'avait pas l'habitude de porter un boubou et son nom n'avait pas une consonance maure. Les noms de famille maures commencent par *ould*, qui signifie "fils de". Mais pour plus de commodité, les arrière-grands-parents d'Abderrahmane avaient remplacé leur nom, ould Hamid, par celui de l'influente famille Sissako : des commerçants maliens, chez qui ils s'étaient installés.

Je commençais à comprendre pourquoi un mot comme *racisme** ne venait pas facilement aux lèvres d'Abderrahmane. Son premier dépaysement, il l'avait vécu non pas en Union soviétique, mais sur le continent africain.

*

Une brume singulière envahit Bamako – comme si le sable rouge que le vent soulève dans les rues ne se déposait jamais, comme si on regardait l'air à travers du mica. Scrutant la route de sable, je vois venir à travers le brouillard rouge une Mazda sport blanche. L'homme qui en sort a un large visage africain – pas la moindre trace de la peau claire et des traits arabes d'Abderrahmane.

Je montre la route, couverte de nids-de-poule. "C'est pratique, ce genre de voiture, ici ?"

Bako rit. "Je l'ai achetée d'occasion – on ne peut pas vraiment choisir le modèle."

Je suis au terme d'un voyage éprouvant et j'arrive dans une ville inconnue, bruyante. C'est avec joie que je reconnais la voix rauque et les roulements des r d'Abderrahmane.

Au regard fier de Bako quand il s'installe derrière le volant, je comprends qu'il est on ne peut plus satisfait de sa voiture. Les enfants rayonnent à notre passage. Tout le monde doit trouver que nous avons beaucoup de chance, mais je n'aime pas les voitures aux sièges près du sol et je m'aperçois avec consternation que ma vitre ne s'ouvre pas, alors qu'à l'intérieur il règne une chaleur torride.

Je suis assez étonnée de la grande différence qui existe entre Abderrahmane et Bako – qui n'ont pas la même mère –, mais jamais Abderrahmane n'a parlé de frères ou de demi-frères et Bako ne semble pas non plus faire cette distinction. Ici je représente *Dramane*, comme l'appellent ses proches. Il est le seul de la famille à vivre en Europe. C'est bien que quelqu'un soit venu voir d'où il vient. Cela permettra de rétablir un peu l'équilibre, car pour l'instant, la balance penche tellement du même côté.

Le ramadan a commencé. Un silence indolent s'abat sur la ville au plus chaud de la journée. Nous allons à Hamdallaye, un quartier populaire aux maisons entourées de murs et pour la plupart construites en terre. Le portail de la maison devant lequel Bako s'arrête est ouvert ; sous un auvent somnolent deux jeunes gens. "Ce sont mes frères, ils sont lycéens", explique Bako. "Ils font grève pour qu'on augmente les bourses d'études, autrement dit ils passent la moitié de la journée à roupiller." Il a raison ; plus tard, un troisième frère, que le bruit de nos voix a réveillé, surgit de derrière un rideau, le visage ensommeillé.

C'est une maison africaine. Les murs bleu pastel et les portes couleur de rouille ont dû être propres autrefois, mais la saleté des années s'y est incrustée et, ici et là, le plâtre est tombé des murs – on dirait des impacts de balles. De l'autre côté de la cour, d'autres chambres sont prévues, mais la construction est interrompue et les pièces inachevées servent d'abris pour les moutons.

Bako me conduit dans une pièce obscure où se dresse une imposante armoire à glace. Je mets un certain temps avant d'apercevoir la femme sur le lit. C'est N'to, la mère de Bako. Alors que la deuxième femme de Sissako est partie pour la Mauritanie, N'to est restée vivre ici avec ses enfants. Elle marmonne un bonjour en bambara. Elle est corpulente, a la peau foncée et de fines gouttes de sueur perlent sur son visage. Elle vient de rentrer de la mosquée.

N'to est une Maure, même si elle n'en a pas les traits caractéristiques. Elle est originaire de la région frontalière entre la Mauritanie et le Mali, où depuis des générations les Maures se mélangent aux Noirs africains. J'ai un peu honte de mon regard inquisiteur. Les Maures pensent en fonction de la couleur de peau : plus elle est claire, mieux ça vaut. J'ai eu beau m'y opposer pendant mon séjour en Mauritanie, dès le moment où j'ai passé la frontière, je me suis mise à raisonner moi aussi en termes de couleur.

Dehors, un groupe de femmes et d'enfants sont assis sous un arbre. Des fillettes en robes bleues, des rubans noués dans les cheveux et un sac sur le dos, rentrent de l'école et se joignent à eux. Ce sont certainement les membres de la famille qui, au fil des ans, ont échoué ici. Une petite fille nous apporte un plat de riz et de viande, assaisonné à la sauce aux arachides. Bako envoie chercher une cuillère pour moi, puis nous nous asseyons tous autour du plat. Un des lycéens observe le ramadan mais, à mon soulagement, cela n'empêche pas les autres de manger.

Il y a plusieurs jours, le franc CFA, la monnaie ouest-africaine, a été dévalué, ce qui a déclenché chez les étudiants un mouvement de protestation dans toute la région. Pendant que les hommes politiques tiennent des monologues impuissants à la télévision, on met le feu aux voitures à Dakar, des étudiants érigent des barricades à Bamako et extirpent des étrangers de leurs voitures. Les ambassades conseillent à leurs ressortissants d'éviter le centre-ville. Et voilà qu'ici, les grévistes tant redoutés rêvassent au soleil !

Ils sourient. Ils ont déjà beaucoup fait grève cette année. Tout porte à croire que ce sera une *année blanche**, car le gouvernement menace de fermer les écoles jusqu'à la fin de l'année scolaire. Ils ne semblent pas s'en inquiéter le moins du monde. Le plus jeune des trois lycéens feuillette un journal, d'un air d'ennui. Je croyais qu'il s'agissait d'un bulletin destiné aux grévistes, mais c'est un vieil exemplaire d'une gazette satirique du Burkina Faso.

En 1991 à Bamako, des lycéens se sont livrés à ce que l'on a appelé plus tard des *casses techniques** : le saccage de bâtiments stratégiques. Ils faisaient irruption dans les maisons de fonctionnaires corrompus et ont même fini par provoquer la chute du président malien, Moussa Traoré. Ces événements ont renforcé le prestige de la grève en tant que moyen de pression.

Près du robinet d'eau au milieu de la cour, une femme torse nu nous regarde fixement. *Bobo Mouso*, la sourde-muette – Abderrahmane m'a parlé d'elle. Il y a une dizaine d'années, ses pas l'ont conduite jusqu'à cette cour et, depuis, elle n'est plus jamais repartie. Personne ne sait d'où elle vient. Elle a des pertes de mémoire, elle n'entend pas et ne parle pas. Elle porte de grands anneaux aux oreilles et quand je me dirige vers elle pour la saluer, elle rit et me tend un gobelet en plastique jaune rempli d'eau. J'agite la main, mais Bako me dit : "Tu ne peux pas refuser, elle ne comprendrait pas pourquoi tu ne bois pas." Elle hoche la tête en guise d'encouragement quand je porte le gobelet à ma bouche.

Une mobylette entre dans la cour. C'est un des frères cadets de Bako, Amidou. Bako et lui ont une trentaine d'années. Ils logent dans une chambre en ville, mais passent ici chaque jour. Souvent, ils apportent de la nourriture, car ce sont les seuls qui gagnent vraiment leur vie. Leur tante se fait bien un peu d'argent en vendant des brochettes à l'entrée du lycée. "Mais évidemment, tant qu'ils sont en grève, elle ne touche pas un sou", dit Bako, lançant un regard en direction de ses frères cadets. Sa mère vend des sachets de limonade glacée aux enfants du quartier, mais il la soupçonne de ne le faire que pour avoir de la visite.

Je regarde la mobylette d'Amidou. "Il t'arrive de prendre quelqu'un à l'arrière ?" Il acquiesce. "Ce doit être bien plus agréable que dans la Mazda de Bako, où on étouffe", lui dis-je. Ma remarque déclenche des rires. La mobylette d'Amidou sera, à Bamako, mon moyen de transport favori.

Tout Bamako semble se déplacer en mobylette. Des hommes bien habillés, munis de leurs porte-documents, des femmes coquettes, leur sac à main sur les genoux – je me demande comment ils parviennent à rester propres, car pour ma part, je suis couverte de poussière après chaque trajet. Mais tandis qu'Amidou louvoie d'une main assurée parmi les voitures, j'écarquille les yeux. Sur la route de Koulikoro, les stands de viande rôtie ont des devantures peintes représentant des couteaux tranchants comme des lames de rasoir et des animaux dégoulinant de sang. L'un d'eux porte le nom de *Rôtisserie de la Démocratie*. Dans le centre, en plein air, autour des bâtiments coloniaux délabrés, des coiffeurs coupent les cheveux de leurs clients, assis sur des nattes en paille, et des garçons jouent au flipper sur des machines qu'ils ont fabriquées eux-mêmes.

Près du marché, un attroupement s'est formé autour d'un jeu que j'ai vu pour la première fois sur la plage de Nouakchott : sur une étendue délimitée par des cordes sont éparpillés des objets sur lesquels les spectateurs jettent des anneaux. A Nouakchott, les prix étaient disposés dans le sable telles des œuvres d'art abstrait : un paquet de biscuits, un yo-yo en plastique, une petite voiture. Ici, ce sont des baskets et autres articles de luxe que l'on vise.

Amidou n'a aucun complexe de vivre dans une ville chaotique. Un jour, il a fait le voyage de Ouagadougou à Bamako dans un taxi-brousse en compagnie d'une touriste allemande. Tout au long du voyage, un Ivoirien s'est vanté devant elle des gratte-ciel d'Abidjan. Il en était gêné. Des gratte-ciel ! Ce n'est tout de même pas ce qui attire un Européen en Afrique !

Un après-midi, nous nous retrouvons dans une manifestation étudiante. De loin, elle paraissait inoffensive, mais une fois en plein milieu, je me souviens aussitôt de la mise en garde des ambassades. Certains étudiants sont armés de lance-pierres et de gros cailloux, et ils jettent à la ronde des regards hargneux. En tant que Blanche, je suis une cible facile. Je m'agrippe à Amidou, qui se fraie prudemment un chemin à travers la foule. "Reste calme", me chuchote-t-il.

Derrière moi, quelqu'un me demande si je suis française ou américaine.

Je crie : "Ni l'une ni l'autre !

— Alors aide-nous à détruire le pays !" lance-t-il.

Quand nous nous éloignons, j'ai les mains moites. Amidou a accéléré. "Pas de problème", dit-il d'un ton apaisant.

Nous sommes en route pour l'Institut météorologique, où son père a travaillé des dizaines d'années, pour terminer directeur général. Autour du bâtiment, les logements des collaborateurs sont dispersés dans un paysage vide.

"Quand nous étions enfants, tout était vert ici, dit Amidou.

— Vert ?" Je regarde les arbustes chétifs qui, ici et là, émergent du sol. Les maisons, en apparence construites au hasard, étaient autrefois cachées par

116

des arbres feuillus qui au fil des ans ont servi de combustible.

"C'est là que nous vivions." La maison est un peu à l'écart de la route. Aujourd'hui, deux familles y habitent. Le trou de la piscine a été comblé et il ne reste rien du potager où son père faisait pousser du maïs et des tomates. Pourtant, j'imagine facilement le petit Abderrahmane descendre le chemin de sable pour se rendre au terrain de football, derrière la maison. Un garçon fier, déjà en ce temps-là. Il était si bon footballeur qu'on l'appelait Ahmed Faras, comme l'idole marocaine de l'époque.

En face vivait un collègue français de leur père. Ils jouaient avec ses enfants, ce qui leur donnait la réputation d'être une famille bourgeoise. Quand leurs camarades passaient devant leur maison, ils chantaient :

> *Suraka Mohammed, taal ila.*
> *A te kurusi don, taal ila.*
> *A te duloki don, taal ila.*
> *Yulakolon ba, taal ila.*

C'était une chanson bambara qui se moquait des Maures.

> *Mohammed le Maure, viens ici.*
> *Toi qui ne portes pas de culotte, viens ici.*
> *Toi qui ne portes pas de chemise, viens ici.*
> *Toi qui es tout nu, viens ici.*

Parodiant le dialogue chantant des Maures quand ils se rencontrent, leurs camarades de classe criaient aussi : *"Mohammed, casse ta calebasse, rase ta moustache* !"* Appartenir à une famille maure au Mali et jouer de surcroît avec des enfants français – très tôt, Abderrahmane a dû s'habituer à un monde différent et plus vaste.

Tous les deux ans, leur père se rendait en Europe pour participer à un congrès de l'Organisation météorologique mondiale et ramenait alors des petits cadeaux. Une tablette de chocolat – ils rêvaient qu'elle ne fût jamais finie. Une fois, il acheta un costume en velours, une chemise blanche et une cravate pour Amidou et Abderrahmane. La tenue était beaucoup trop chaude pour Bamako, mais ils la portèrent fièrement.

Leur père possédait un lopin de terre à la périphérie de la ville, où il gardait des vaches et des poules et s'essayait à la culture de toutes sortes de légumes et de fruits. D'autres prenaient la voiture de service pour se rendre à leur potager et n'hésitaient pas à se faire apporter des réservoirs d'eau par la municipalité, mais pas lui. Chaque matin, un de ses enfants devait aller à pied chercher du lait frais. Il vendait les œufs de ses poules aux hôtels du coin.

"Beaucoup de fonctionnaires ont continué à occuper leur logement de fonction pendant leur retraite, dit Amadou, mais mon père était pressé de déménager." Il éprouve le même sentiment qu'Abderrahmane, me dis-je ; il est conscient qu'en ayant un père tel que le sien, il est sans doute exceptionnel.

Le lycée Prosper-Kamara est situé près de chez eux, dans le quartier de Hamdallaye, au pied d'une colline. En raison de la grève, les bâtiments sont déserts, mais derrière, on joue au football. Autrefois, c'était un lycée catholique, dirigé par des pères blancs. Prosper Kamara fut le premier évêque du Mali. Sa photo est suspendue dans le couloir, à côté des emplois du temps. "Si le père Didier était encore là, tu aurais pu lui demander les résultats scolaires d'Abderrahmane", dit Amidou. Mais le dernier père est parti il y a deux ans et, pour ce qui est du personnel actuel – non, Amidou ne compte pas sur la même efficacité.

Il n'éprouve pas de regrets, de même que le paysage avant le déboisement autour de l'Institut de météorologie ne lui manque pas. Il n'y a pas dans sa voix ce ton de lamentation que je décèle parfois dans les propos de la génération ayant connu la colonisation. Il accepte les choses telles qu'elles sont.

Les lycéens sont frustrés, dit-il, ils n'ont pas envie d'aller à l'université, car les intellectuels et les fonctionnaires ne jouissent ici d'aucune considération. On est mieux payé en travaillant comme boy pour un Blanc. L'avenir est à ceux qui font des affaires, on n'a pas nécessairement besoin d'une cervelle.

En 1991, lors du procès du président destitué, Moussa Traoré, on a accusé les étudiants d'être drogués pendant les émeutes. "Oui, nous étions drogués", avait dit un des chefs du mouvement étudiant. Dans la salle, le public avait retenu son souffle ; il allait tout savoir ! "Drogués de faim, de misère."

Nous sommes montés au premier étage du lycée par la vaste cage d'escalier. Le soleil du soir enveloppe la colline d'une douce lueur incandescente. La partie de football, dans le sable rouge, est plus passionnée que je ne l'aurais cru – comme si les joueurs engageaient un combat contre la tombée de la nuit.

Amidou s'appuie sur la balustrade. "Tu savais qu'à dix-huit ans, Dramane a été un des instigateurs des grèves étudiantes ?"

J'acquiesce – il m'en a parlé. Ses frères aînés l'exhortaient à la prudence. Un Maure qui se mêle de politique au Mali est certain de s'attirer des ennuis, lui disaient-ils, mais Abderrahmane n'en tint aucun compte. Amidou, son cadet de deux ans, fut lui aussi contaminé par le virus de la contestation. Un après-midi, il rentra chez lui pour passer d'autres vêtements. Une manifestation était annoncée et Abderrahmane était censé marcher en tête.

"Veux-tu bien dire à ton frère qu'il doit rentrer à la maison", lui dit son père, qui avait appris ce qui devait se passer.

Amidou continua à se changer.

"Tu m'entends ?

— Père, ce ne sont pas tes affaires. Je ne le lui dirai pas et, en plus, moi aussi je vais participer à la manifestation." Amidou rit à ce souvenir. "C'est comme ça que nous lui parlions ! Les autres enfants tremblaient devant leur père ou faisaient tout en cachette. Nous, nous avions l'habitude de discuter avec lui, nous lui disions tout bonnement ce qu'il en était." Conscient de son impuissance, son père le laissa partir.

"Dramane était un excellent orateur, dit Amidou, un vrai démagogue, il savait chauffer les foules." Cet après-midi-là, dans cette galerie, il s'était adressé aux élèves. Soudain, quelqu'un avait crié que l'armée arrivait. Une panique s'ensuivit, les élèves déguerpirent en direction de la colline, où ils avaient un abri. "Et le plus incroyable, c'est que Dramane, qui était ici, en haut, et à qui il fallait du temps pour descendre, s'était soudain retrouvé loin devant nous !" Heureux ceux qui partent, me dis-je, ils feront l'objet de récits héroïques.

L'obscurité s'installe et, de la balustrade, on distingue à peine la partie de football, mais les cris d'excitation des joueurs continuent de s'élever jusqu'à nous.

"Et après ?

— Il ne t'a pas raconté ?

— Je ne crois pas, non." Dans les rues d'Amsterdam, ces histoires font un tout autre effet – ici seulement, elles se mettent en place.

"Le gouvernement a décidé de briser la grève et s'est mis à rechercher les trois meneurs. Abderrahmane est entré dans la clandestinité et, avec un des autres, il a réussi à s'échapper en passant la frontière vers la Mauritanie. Il s'était déguisé en fille et son ami en vieille femme.

"Et le troisième ?

— Il s'était caché, mais quand ils ont commencé à menacer sa famille, il s'est rendu." Les footballeurs ont renoncé à leur combat contre l'obscurité. Ils se donnent des tapes sur l'épaule et rient, libérés. "Il s'appelait Cabral. Tous les Maliens connaissent son nom. Il est mort en prison. Torturé à mort."

Soudain j'ai honte – je n'avais jamais pris ces grèves au sérieux. "Et celui qui a fui en Mauritanie avec Abderrahmane ?

— Il est parti pour la France. Après la chute du président Traoré, il est revenu pour devenir ministre des Affaires étrangères."

Et Dramane était allé chez sa mère à Nouakchott. Il m'a parlé de cette époque. Ils vivaient dans une seule pièce, sans électricité. La voisine, en revanche, avait de la lumière, qui entrait par la fenêtre. Dans ce faisceau de lumière, il passait ses soirées à étudier tandis que sa mère entretenait, le plus longtemps possible, la conversation avec la voisine. "Mais je n'arrivais pas à me concentrer sur mes livres, avait-il reconnu, j'essayais d'imaginer ce qu'elles pouvaient bien se dire toute la soirée." Des années durant, il n'allait pas oser retourner à Bamako. Il entama un patient parcours au Centre culturel russe de Nouakchott. Il essaya de devenir mauritanien. Je me l'étais imaginé plus innocent à l'époque. Ce n'était pas un étudiant pour qui la vie devait encore commencer – il avait déjà tout un passé derrière lui.

Les footballeurs ont disparu, la place en contrebas est vide et le soir apporte un souffle de vent dans la galerie.

"Comment était Abderrahmane, quand il est enfin revenu à Bamako ?"

Amidou regarde droit devant lui. "Il était devenu plus calme, plus réfléchi. Quand on le voit maintenant, on a du mal à imaginer qu'il ait pu s'adresser à des foules autrefois. L'Europe l'a changé. Parfois, on n'arrive plus à savoir ce qu'il pense." Il semble chercher quelque chose, une preuve tangible de ce changement. "Cela vient peut-être de son métier, dit-il d'un ton hésitant. Depuis qu'il est allé faire ses études à Moscou, il n'est plus jamais revenu à Bamako sans une caméra."

*

Paris était humide et froid quand j'ai rencontré Abderrahmane pour la deuxième fois. Enfouis dans nos manteaux, nous marchions dans la ville. Cela lui rappelait les premiers temps en Union soviétique, dit-il. Il rit : le jour de son départ pour Moscou, sa mère n'avait cessé de lui tourner autour. Après avoir longuement hésité, elle lui avait dit : "Si tu rencontres quelqu'un qui est en difficulté là-bas, il faut toujours essayer de l'aider." Aider quelqu'un, alors qu'il avait à peine deux cents francs en poche !

Il faisait nuit quand il arriva à Moscou. On le conduisit à un hôtel de vingt-six étages. Le lendemain matin seulement, il s'aperçut à son grand effroi de la hauteur qui le séparait du sol. Au loin, il vit un fourmillement de petits personnages.

Dans le hall de la gare, il attendait, en compagnie d'un groupe d'étudiants africains, le train pour Rostov-sur-le-Don, où il apprendrait le russe pendant un an. Un Angolais dégourdi se mit aussitôt à vendre des jeans. Alors que lui savait à peine à quoi ressemblait un rouble, le jeune homme eut bientôt une jolie somme en poche et commanda de la bière. L'alcool – du fait de son éducation –, Abderrahmane n'y avait jamais été confronté et pourtant il était fasciné par l'Angolais et ne parvenait pas à détacher ses yeux de lui.

La plupart des étudiants africains restaient entre eux et ne s'intéressaient guère à ce qui se passait à l'extérieur du ghetto étudiant, mais Abderrahmane explora les environs. Plus tard à Moscou, devant des Africains plus avancés dans leurs études, il fit un jour allusion à un opéra auquel il avait assisté. Il s'aperçut alors que personne ne savait de quoi il parlait. Quand il allait au théâtre, il était toujours le seul Noir dans la salle.

Pourtant, à Moscou, lui aussi était un étranger que l'on renvoyait à ses congénères. Un soir, il voulut rendre visite à un ami malien. A l'entrée de la résidence universitaire, une concierge lisait un livre de Bounine. D'un air indifférent, elle leva la tête et dit : "Il est dix heures passées, les heures de visite sont terminées."

Déçu, il resta planté devant elle. Son ami l'attendait, il fallait qu'il le voie. "Regarde toutes les lumières en face, dit-il en montrant un immeuble où vivaient des Russes, tout le monde peut se rendre visite librement, mais moi, je n'ai pas le droit d'entrer parce que je suis un étranger. La seule personne que je peux venir voir, c'est mon ami malien."

La femme haussa les épaules et poursuivit sa lecture. Mais Abderrahmane n'avait pas l'intention d'en rester là. "Vous lisez du Bounine, dit-il, mais à quoi vous sert votre érudition si vous êtes incapable de faire preuve de compréhension face à une personne qui se sent seule le soir et a besoin de voir son ami ?" La concierge fut agréablement surprise qu'il sût qui était Bounine, mais elle resta intraitable.

D'humeur amère, il retourna à pied à sa résidence universitaire en se disant : ils sont si fiers de leur littérature, mais que peut-elle bien valoir si dans le même temps, ils vous claquent la porte au nez ?

Le père d'un ami moscovite s'étonnait des fréquentes visites que lui rendaient des femmes dans sa chambre d'étudiant. Et de jolies filles, de surcroît ! "C'est parce que j'étais gentil, dit Abderrahmane, je leur préparais du thé, je les aidais à mettre leur manteau et je les raccompagnais à la porte. Les hommes russes ne les y avaient pas habituées." Dans un documentaire sur les mariages mixtes en Union soviétique, l'université Lumumba, fondée pour propager l'amitié entre les peuples, était appelée la *planète des singes* ou encore l'*université des sauvages*. Une jeune Russe racontait qu'elle avait toujours pensé que les Africains étaient des barbares. Jusqu'à ce qu'elle en rencontre un et découvre qu'il était plus attentionné et intelligent que la moyenne des Russes.

"As-tu jamais aimé quelqu'un là-bas ?" lui ai-je demandé.

Abderrahmane acquiesça d'un signe de tête. Mais il savait que c'était une aventure sans lendemain et s'estimait heureux de ne pas avoir épousé une Russe – comme certains de ses camarades. "Les femmes russes s'accrochent à toi, dit-il, elles ne te laissent pas libre et je ne pourrais jamais aimer quelqu'un qui ne me laisse pas libre. Ma mère m'aimait et elle m'a laissé partir pendant dix ans."

Ses dernières années à Moscou furent difficiles. Il ne s'y sentait plus en sécurité. Les Russes étaient jaloux des Africains qui possédaient des devises et étaient par conséquent plus riches, mais en même temps ils les méprisaient. Abderrahmane n'aimait pas voir leurs regards scrutateurs quand il marchait dans la rue, comme s'ils essayaient d'évaluer le coût des vêtements qu'il portait sur le dos.

En 1991 – il avait à l'époque fini ses études et ne vivait plus dans une résidence universitaire – un homme vêtu d'une blouse de médecin sonna à la porte et lui demanda s'il avait appelé une ambulance. Derrière lui surgit un deuxième homme, tous deux poussèrent Abderrahmane à l'intérieur et l'attachèrent sur une chaise. Quand ils voulurent lui enfoncer un bâillon dans la bouche, il leur dit que c'était inutile : il ne crierait pas. Il était si calme que ses agresseurs pensèrent qu'il avait un système d'alarme secret. Il leur indiqua où se trouvait l'argent, puis ils s'en allèrent. A partir de ce jour-là, il ne sortit jamais sans un revolver, et plus tard même, sans un garde du corps. Il était temps de partir. Dix ans – il était resté trop longtemps. Mais il ne put faire ses adieux qu'après avoir tourné *Octobre*.

*

Chez les Sissako, la vie ne se déroule pas à l'intérieur, comme j'ai pu m'en apercevoir, mais dans la cour, et du fait du ramadan, l'animation ne reprend que le soir. Vers le coucher du soleil, des matelas sont traînés dehors et l'air vibre d'impatience. Le repas mijote sur des réchauds et tout le monde est prêt à l'attaque, une cuillère en bois à la main.

Dès qu'à la télévision, le muezzin entonne son chant, des calebasses de bouillie de mil et de jus de gingembre se mettent à circuler, autour desquelles se regroupent les convives. Au beau milieu de tout ce remue-ménage, N'to, la maîtresse de maison, est étendue sur un matelas. Elle se fait servir, tout en veillant à ce que les autres ne manquent de rien.

Des voisins apportent des plats spécialement préparés pour l'occasion, des connaissances passent pour une brève visite. Dans un bruissement de blancheur, des femmes viennent chercher N'to pour aller à la mosquée et laissent derrière elles un nuage de *wousoulan*, un encens local. Des petites cousines, installées contre le mur, se tressent les cheveux ; des boules de cheveux cabriolent par terre dans la cour. Les moutons bêlent impitoyablement tout au long du jeu télévisé français *Des chiffres et des lettres*. Quand survient une coupure d'électricité, un soupir parcourt la foule. A la lumière du croissant de lune et des braises des feux de charbon de bois, tout le monde attend que l'on remédie au mal.

Que peut bien faire *le vieux**, comme l'appellent ses enfants, par une soirée comme celle-ci, où se trouve-t-il ? Après son départ à la retraite, il a vécu ici quelques mois, mais il n'a pas pu le supporter. Les vieillards du quartier qui passent leur temps à jouer aux cartes, parler, boire du thé – ils l'ennuyaient. Il avait besoin de s'occuper. Son jardin lui manquait.

Pendant le ramadan, il lui arrive de passer quelques jours à Bamako et il finit par rester un mois entier. De même qu'il part parfois pour dix jours à Sokolo et ne revient pas avant six mois. Mais cette fois-ci, Amidou ne s'attend pas à le voir. La récolte du riz a commencé à Sokolo, son père a de quoi faire.

Une bonne trentaine de personnes sont maintenant réunies dans la cour. Un des lycéens est si absorbé par sa Game Boy qu'il laisse déborder le thé posé sur un réchaud à ses pieds. Des cris apeurés le sortent de son anesthésie.

Cette chaleur familiale, ne manque-t-elle pas à Abderrahmane ? Je le vois devant moi, à Paris, enfoui dans le col de son manteau d'hiver, le visage gris de froid. Comment peut-il supporter la solitude occidentale, après une vie comme celle-ci ?

Mais plus tard, je me dis : à quoi n'a-t-il pas échappé ! Le confort de ce foyer ne permet pas de se singulariser. La Game Boy passe de main en main, mais quant à lire un livre – mieux vaut ne pas y songer. J'apporte parfois des journaux, que les lycéens en grève feuillettent sans les lire vraiment. Même la télévision n'est qu'un bruit de fond.

"Lire, c'est une occupation bourgeoise, dit Amidou.
— Comment ça ?
— Il faut avoir de l'argent pour acheter des livres.
— Mais tu peux tout de même en emprunter à la bibliothèque, non ?"

Bako sourit : "Ne t'en fais pas – en dehors de *Tintin*, Amidou n'a jamais rien lu.
— Bien sûr que si !" Amidou s'emporte et cite plusieurs auteurs français.

"Et des livres africains ?"

Ils ne vont pas bien loin. "Nous n'avons pas beaucoup de temps libre, dit Bako, et le peu que nous avons, nous le passons ici. D'ailleurs, Dramane ne lit pas beaucoup, lui non plus !" En revanche, il sait bien raconter les histoires. Quand il se promène dans les rues de Bamako, il rapporte toujours quelques récits.

Bobo Mouso nous regarde fixement. Elle est capable de rester longtemps immobile, au milieu de la cour, comme un pilier. Puis elle se remet à faire les cent pas, s'empare d'une balayette pour brosser le sol, se lave les pieds à l'eau du robinet ou se dirige vers la douche, un seau à la main. Elle n'a pas mangé avec nous, mais à présent, elle tient une mangue qu'elle grignote. Elle recrache la peau.

Au début, je croyais que Bobo Mouso avait tout simplement fait son apparition dans la cour, un jour, mais d'après Amidou, elle vient de Sokolo. Il y a des années, à la fin du marché qui a lieu une fois par semaine dans ce village, elle est restée seule sur la place, un bébé attaché dans le dos. Une tante l'a recueillie, en se disant qu'on viendrait la chercher la semaine suivante, mais personne ne vint. Elle fit donner son signalement à la radio, envoya des annonces aux journaux, mais n'obtint aucune réaction. Il y a dix ans, quand la tante était tombée malade, Bobo Mouso était venue à Bamako.

"Avec son enfant ?

— Oh non, elle l'a noyé sans faire exprès, en le baignant dans le canal d'irrigation à Sokolo." Amidou le dit comme si c'était tout bonnement le genre de choses qui se produit quand on est sourde-muette.

Bobo Mouso s'est assise, ce qu'elle fait rarement. Un des lycéens dit : "Elle est folle.

— Comment le sais-tu ?"

Il rit. Je ne vois donc pas qu'elle ne s'habille jamais correctement ? Elle se promène toujours en haillons et les pieds nus. Ces derniers temps, elle ne fait que balayer, mais certains jours, elle ne cesse de s'affairer avec de l'eau. Dix fois de suite, elle se lave les pieds et malheur à celui qui, dans ces moments-là, laisse traîner un vêtement ; il disparaît aussitôt dans de l'eau savonneuse.

"Une fois, elle a fait le ramadan pendant trois ans", dit Amidou.

C'est étrange, ils ne s'intéressent pas vraiment à elle et, pourtant, elle fait partie de la maisonnée et personne ne remet en cause sa présence. Après avoir été recueillie par leur tante, Bobo Mouso a eu deux autres enfants, de père inconnu, qui – la noyade dans le canal d'irrigation étant encore dans les mémoires – sont élevés par la fille de leur tante à Bamako. L'aînée a douze ans et connaît l'identité de sa mère, mais elle a honte d'elle.

Bobo Mouso s'est levée en toute hâte ; les femmes sont rentrées de la mosquée. Tandis qu'elles s'étendent sur les matelas, Bobo Mouso reprend ses déambulations dans la cour.

Amidou a remarqué mon regard examinateur. "En Europe, personne ne pourrait entretenir une famille comme la nôtre, dit-il.

— Non, mais chez nous, les gens se débrouillent tout seuls, on a moins besoin de sa famille."

Il grimace avec dédain. Ses frères sont revenus d'Europe avec le même genre d'idées. Quand Abdallah – qui est allé à l'université à Florence – vient les voir, il garde le portail toujours fermé. Il ne faut pas entrer ici comme dans un moulin, estime-t-il. Lors de sa dernière visite, il a été question des pièces de l'autre côté de la cour, dont il faudrait achever la construction. "Mais d'abord, nous devons régler le problème de tous ces intrus", avait dit Abdallah, en faisant allusion à ceux qui ont envahi la cour au fil des ans.

Intrus ! Le mot a choqué Amidou. Il n'a jamais pensé à eux de cette manière. Ce sont des membres de la famille, la plupart sont venus ici à l'initiative de son père. "Ils ne sont pas très exigeants, dit-il, ils ne demandent pas de vêtements, par exemple, mais ils n'ont pas les moyens de louer une maison, ni même d'acheter du riz. Habiter chez nous, c'est pour eux une question de survie."

Récemment, le frère cadet de son père lui a envoyé une lettre de Sokolo. Ou plutôt, il a fait écrire une lettre, étant lui-même analphabète. Toute sa vie, il a été gardien de vaches et de moutons – pour le père d'Amidou aussi. Il demandait un peu d'argent, au regard du travail qu'il avait accompli pour son père et qui lui avait usé les pieds.

Amidou a demandé conseil à son père, qui lui a répondu : "Combien de fois n'as-tu pas dépensé cinq cents francs pour des choses insignifiantes ? Cet argent, tu pourrais le lui donner, à partir de maintenant." On croirait entendre un message du *vieux**,

dont le jugement vibre comme l'aiguille d'une bous-
sole dans l'inconscient de ses enfants.

Pourtant, Amidou doute parfois lui-même de la
noblesse de ses sentiments familiaux. Un ami qui a
vécu en France prétend que les Africains sont simplement plus hypocrites que les Européens ; ils font
comme s'il n'existait aucune différence entre les
membres de leur famille, comme si un cousin leur
était aussi cher qu'un frère, mais quand le cas se
présente, ils favorisent tout de même ce dernier.

Un après-midi, Amidou a soudain disparu. "Il est
dans son *grin*", dit Bako, avec sur les lèvres un sourire lourd de sens. Un grin est un groupe d'amis qui
se réunit régulièrement au même endroit pour
parler, boire du thé et jouer aux cartes. Souvent, ils
ont fréquenté la même école ou grandi dans le même
quartier. Des camarades de classe, que la famille ou
le travail risquent de séparer, retrouvent ainsi l'inti-
mité de leurs jeunes années.

Quand, le lendemain, Amidou annonce que son
grin le réclame, je lui demande si je peux l'accompagner. Il sourit. Il a déjà parlé de moi aux autres. Le
grin est une affaire d'hommes, c'est vrai, mais je suis
étrangère – il pense que personne ne s'offusquera
de ma présence.

Je commence à bien connaître ce quartier à l'ombre
de la colline. Un homme d'affaires soninké y vit en
compagnie de ses quatre épouses, plus loin habite
une jeune femme qui répare les seaux en plastique
et même les calebasses à l'aide d'un fil et d'une
aiguille. De nombreux habitants tiennent de petites
boutiques devant chez eux. Ils font frire des bananes
et des beignets pour les passants ou bien possèdent
un *étalage** – un éventaire en bois sur lequel sont
présentés cigarettes, allumettes et chewing-gums.
Des tailleurs ambulants sillonnent le quartier en transportant une machine à coudre sur la tête et font cla-
quer leurs ciseaux pour attirer l'attention. Le coucher

de soleil approche et tout le quartier est tendu. Décoré comme un sapin de Noël, un vendeur de jouets passe devant les maisons en faisant couiner un crocodile en plastique d'un vert criard pour appâter les enfants.

Le grin d'Amidou s'est regroupé dans la cour de son ami Frankie, mais peut s'étendre jusqu'à la rue, et même de l'autre côté, où une assemblée accroupie, en proie à une grande excitation, joue aux cartes. Frankie est installé dans une chaise longue devant la porte, un service à thé à portée de main. Il demande qu'on nous apporte des chaises et nous tend un verre de thé corsé. Du thé *Saddam*, comme dit Amidou. Un leader étudiant très populaire en ce moment a aussi été surnommé Saddam. "Car comme tu le sais, Saddam Hussein est notre grand héros.

— Pourquoi ?

— Parce qu'il agace l'Occident." Amidou rit. "Dramane ne t'a pas raconté qu'à l'origine, notre famille vient d'Irak ?"

Derrière nous, dans la cour, on se dispute. Le frère de Frankie se rue sur sa sœur et lui assène une violente gifle. Amidou le traite de tous les noms. "C'est à cause du ramadan, dit-il, il est nerveux parce qu'il a faim, alors il se défoule sur sa sœur !"

Un jeune homme passe à bicyclette. "Il vient d'avoir un enfant, dit Amidou. Seulement, il n'a pas le droit de le voir !" L'homme est musulman, son amie chrétienne – les parents de la mère lui refusent l'accès à leur maison.

Amidou adresse un signe de la main à un passant qui poursuit son chemin d'un bon pas. "Il faudrait que tu te réserves un petit quart d'heure pour parler avec lui, dit-il en riant sous cape. Il se prend pour le Premier ministre. Il a réponse à tout. Ces derniers mois, il s'est penché sur la question de la dévaluation et, depuis quelques jours, il cherche à résoudre la crise scolaire."

Bako affiche un certain mépris pour les divertissements de son frère – pour sa part, il a abandonné son grin depuis longtemps –, mais je crois comprendre Amidou. Le grin est un monde plus grand que celui de la cour, où sa famille se réunit soir après soir.

"Tu sais qu'aujourd'hui, cela fait cinq ans qu'on a prononcé la fatwa contre Salman Rushdie ? dit-il tout à coup.

— Comment le sais-tu ?

— Ils en parlaient à la radio."

Après ce qu'il m'a confié sur Saddam Hussein, je me méfie. "Et toi, que penses-tu de cette fatwa ?

— Je ne sais pas – je n'ai pas lu le livre."

Frankie regarde d'un air absent les joueurs de cartes, de l'autre côté de la rue, et se tait. Lorsqu'il entend que je vais bientôt partir pour Sokolo, il se décide à me regarder. "Tu as pensé à emporter tes bottes ?

— Pour quoi faire ?"

Ils rient. Un jour, un groupe de touristes chaussés de hautes bottes est arrivé à l'aéroport de Bamako. Ils avaient entendu dire que le pays grouillait de serpents.

"Frankie a beaucoup voyagé, lui aussi, dit Amidou, il est même allé en Libye.

— En Libye ? Pourquoi es-tu allé là-bas ?"

Frankie fait un geste évasif. "Oh, pour rien de particulier. Je travaillais comme technicien dans une usine de spaghettis." Il était sur le point de réunir un joli petit capital, quand Kadhafi décida que les Libyens pouvaient aussi bien se charger de ce genre de travail et expulsa du jour au lendemain les étrangers du pays.

Plus tard, Amidou me racontera que depuis cette époque, Frankie ne va pas bien ; à Bamako, il mangea son pactole en un rien de temps, puis sombra dans la dépression. Pendant un certain temps, il séjourna dans une institution psychiatrique et, d'après Amidou, il n'est toujours pas guéri. Il peut se montrer singulièrement agressif, mais aussi passer des journées entières sans dire un mot et tourner le dos à tout le monde. Récemment, ses parents l'ont perdu. Amidou est parti à sa recherche et l'a trouvé à une vingtaine de kilomètres de Bamako, sur la route de Koulikoro. Frankie marchait avec acharnement, le regard égaré. Amidou a eu toutes les peines du monde à le ramener chez lui.

"Bientôt, Frankie va partir chez son frère, qui habite Brooklyn, dit Amidou d'un ton paternel, peut-être aura-t-il plus de chance là-bas qu'en Libye." Mais à voir Frankie replié sur lui-même, derrière sa théière, on ne l'imagine même pas en état d'aller jusqu'au bout de la rue.

Leur façon de voyager est si différente de celle des Occidentaux, me dis-je. Ils cherchent du travail ou se rendent chez un parent. Ils ne sont jamais allés à Mopti, Tombouctou ou Djenné, toutes ces villes qui attirent les touristes au Mali. Si Amidou connaît Ségou, c'est que son frère aîné, Aziz, y vit, et que la ville est sur la route de Sokolo.

C'est le seul de la famille qui est attiré par ce village. Mon projet de rendre visite à son père suscite sa sympathie, même s'il me taquine à ce sujet. L'autre jour, à la tombée de la nuit, quand j'ai sorti de mon sac un stick antimoustiques, il m'a dit : "Tu ne crois pas qu'il vaut mieux le garder pour Sokolo ?"

A son avis, j'ai un voyage pénible devant moi. Quand je lui rétorque qu'après tout, son père fait souvent ce trajet, il rit de bon cœur. "Mon père ! C'est un vrai Saharien ! Du temps des Français, il partait à dos de chameau dans l'extrême nord du pays pour mettre sur pied des stations météorologiques, il a travaillé à Tessalit et à Kidal !" Je connais ces noms pour les avoir repérés sur une carte – de minuscules points dans une inquiétante mer de sable.

Encore récemment, Amidou s'est rendu à Sokolo et, il y a des années, quand son père avait besoin de lui dans les rizières, il y a habité six mois. Personne n'a compris comment il a tenu le coup, mais il s'en est plutôt bien sorti. Vêtu d'un boubou et coiffé d'un chapeau de paille pointu, il circulait à bicyclette et constata au bout d'un certain temps que son mode de pensée s'était profondément modifié.

Un jour, une délégation parlementaire était venue de la capitale pour discuter avec les paysans de Sokolo de leurs problèmes. Amidou était dans l'assistance et écoutait les décrets proclamés à haute voix, dont aucun ne concernait les paysans. Il en fit la remarque aux parlementaires, ce qui déclencha un débat animé.

A la fin, les messieurs de la ville vinrent le voir. Ils étaient très intéressés. Etait-il agriculteur ? Ils voulaient poursuivre la discussion, l'avaient invité à partager un repas. Mais Amidou déclina leur offre. "Je dois retourner à mes champs", avait-il dit. Il rit dans sa barbe : cela lui avait fait visiblement plaisir de remettre ces messieurs à leur place.

Pourtant, il était rarement d'accord avec les paysans. Ils se plaignaient de gagner beaucoup moins que les fonctionnaires de la ville. "C'est parce que, eux, ils travaillent huit heures par jour, leur lançait Amidou, alors que vous, vous passez la moitié de la journée à boire du thé."

Frankie continue de fixer les joueurs de cartes. Même quand le signal de la fin du jeûne retentit, il bouge à peine. Quand nous nous quittons, il a le regard trouble ; le souvenir de la Libye semble l'avoir affecté.

Sur le chemin de la maison, Amidou me raconte qu'un jour, en revenant de son grin, il avait vu une bande d'individus se diriger à grands cris vers chez lui. Il lui fallut un certain temps avant de comprendre ce qui se passait : un voleur avait voulu dérober la mobylette d'un des lycéens, mais le voisin d'en face l'avait saisi au collet. Une foule en colère déferlait dans la cour. Elle voulait tuer le voleur à coups de bâton.

Heureusement, le vieux Sissako se trouvait à Bamako. Le voleur s'était réfugié dans la maison et, sur l'ordre de Sissako, fut enfermé dans une pièce. Pendant que, dehors, la fureur populaire grandissait,

133

Sissako envoya un de ses fils chercher la police. Mais les gens refusèrent de laisser passer les forces de l'ordre et il fallut recourir à des bombes lacrymogènes pour disperser la foule. Seulement après le départ du voleur, flanqué de deux agents – tous les Sissako veillant à ce qu'il ne se fasse pas molester en route –, le calme revint dans la cour.

Bako m'emmène chez sa demi-sœur Kady, qui vit avec sa mère dans un nouveau quartier à la périphérie de la ville. Car même si personne ne le dit clairement, après le départ du *vieux*, la famille s'est décomposée. Sa deuxième femme, Mariem, est partie vivre en Mauritanie, et ses quatre enfants, Abdallah, Kady, Mokhtar et Abderrahmane l'ont rejointe, plus ou moins rapidement. Elle n'est revenue qu'une fois Kady rentrée à Bamako.

Je décèle chez Bako une légère irritation quand on évoque l'origine maure de sa famille. Lui, il se considère comme cent pour cent malien, il ne croit pas avoir hérité d'une seule coutume maure. Chez Mariem et ses enfants, c'est différent. Quand Kady rentre de Nouakchott, il lui arrive de porter pendant des mois une *melahfa*, un voile maure translucide. "Elle a différents visages, dit Bako.

— Et Abderrahmane ?"

Bako réfléchit. C'est une question délicate, je m'en aperçois. Récemment, la télévision malienne a parlé d'*Octobre*. Les anciens amis d'Abderrahmane étaient fiers, jusqu'à ce qu'ils l'entendent qualifié de Mauritanien. Ils se regardèrent étonnés. Abderrahmane était pourtant bien malien, comme eux ? "Je ne sais pas, peut-être que Dramane a des côtés que je ne connais pas", dit Bako prudemment. Mais n'est-ce pas le cas de tout le monde ? Quand sa mère reçoit de la visite de sa famille de Mopti, il constate une transformation chez elle aussi. Elle adopte leur accent et dit des choses qu'elle ne dirait jamais autrement.

Bako est un jeune homme réfléchi. Il est moins facétieux qu'Amidou et, au début, je ne savais pas très bien à quoi m'en tenir avec lui, jusqu'à ce qu'il m'emmène à l'usine de piles électriques où il travaille comme ingénieur. Il avait conçu la visite comme une excursion, presque scolaire. Nous avons passé des tabliers et il m'a expliqué tout le processus de production, si bien qu'à la sortie, je savais à peu près comment se fabrique une pile. J'ai apprécié son attitude vis-à-vis des ouvriers, le respect qu'il leur témoignait. Il aurait pu si facilement utiliser la visite guidée d'une hôte étrangère pour se mettre en valeur, mais il ne l'a pas fait.

Sur la route de Koulikoro, Bako a bifurqué puis s'est arrêté devant ce qui ressemble à un magasin. Kady l'a ouvert il y a un certain temps, mais sans succès. Elle vit dans un quartier-dortoir : ses seuls clients étaient les gardiens des maisons alentour, qui venaient acheter de minuscules quantités de thé et de sucre. La plupart d'entre eux lui faisaient tellement pitié qu'elle leur glissait régulièrement quelque marchandise supplémentaire.

Maintenant les étagères de bois sont pratiquement vides et, sur un tapis en plastique, Kady joue avec sa fillette. Elle attend un deuxième enfant et paraît fragile. Elle se lève péniblement pour prendre dans le grand réfrigérateur un sachet de limonade glacée pour la petite fille qui est entrée après nous. "C'est la seule chose qui se vende encore", dit-elle en souriant tristement. Pour leurs repas, sa mère et elle écoulent systématiquement ce qui reste du stock de conserves.

L'arrière de la boutique donne sur une villa moderne. Sur l'allée du jardin, une femme menue, parée d'une melahfa blanche, approche en traînant les pieds. La mère d'Abderrahmane. Elle ne voit pas clair, mais lorsque Kady lui dit que je viens de la part de *Dra*, elle prend ma main dans la sienne, commence à marmonner en français, me serre contre elle et ne me lâche plus. La vision de la chambre sans électricité à Nouakchott, où elle vivait avec Abderrahmane, me traverse l'esprit. Je suis intimidée et émue. Ce n'est pas moi, mais son fils, qu'elle serre contre elle.

Bako s'adosse au comptoir, un sachet de limonade glacée à la main. Il ne semble pas avoir l'intention de s'attarder. Ce n'est pas une maison comme celle de Hamdallaye, où l'on peut se fondre dans le nombre : ici, on est en visite. "Tu crois que tu pourrais retrouver ton chemin ?" Puis il referme la porte de la boutique derrière lui et disparaît dans sa Mazda blanche.

La mère de Kady s'est assise. Elle sort de sa poche une poignée de *cauris* – de petits coquillages – qu'elle jette sur le tapis et examine soigneusement. "Elle lit l'avenir, dit Kady en riant. Elle peut y passer toute la journée." Elle essaie de lire mon avenir, à moi aussi, mais chaque fois elle ramasse les cauris et dit d'un ton agacé qu'elle ne parvient pas à voir quoi que ce soit.

Une calebasse pleine de grains de mil et un paquet de sucre en morceaux sont posés par terre à côté d'elle. "Elle les distribue tous les matins aux mendiants de passage, dit Kady. Quand arrivent dix heures et que personne n'est encore venu, elle s'inquiète !" Lorsque sa mère était jeune, elle le faisait déjà. Comme elle sortait rarement et qu'elle avait la réputation d'être belle, des hommes se déguisaient en mendiants pour la rencontrer.

Kady a de longs cheveux crépus et une peau soyeuse, presque translucide. Elle ressemble à Abderrahmane, mais elle est en même temps si différente que j'ai l'impression d'être devant un de ses aspects cachés. Cette belle femme frêle, assise sur ce tapis en plastique au milieu des étagères vides – depuis que je suis entrée ici, je suis consciente d'un certain tragique.

Quand sa mère apprend mon intention d'aller à Sokolo, son visage s'assombrit. "Pour quoi faire ? Il n'y a rien à manger là-bas." Elle s'y est rendue une seule fois, en compagnie de Kady. Ce ne fut pas une réussite.

"Il faudrait que nous y retournions un jour", dit Kady pour la taquiner.

Sa mère lève le nez en signe de dégoût. "Ne compte pas sur moi !

— On emportera de la nourriture pour toute la semaine !"

Mais sa mère secoue la tête. Il y a des rebelles touaregs dans la région. Heureusement, son mari parle le tamacheq, la langue des Touaregs. C'est peut-être ce qui le sauvera, s'ils font irruption dans Sokolo.

Les yeux derrière des lunettes, elle tourne son visage vers moi. Suis-je déjà allée à Nouakchott ? Tout n'y est-il pas bien mieux qu'ici ?

"Ma mère est mauritanophile", dit Kady en clignant de l'œil. Un vieux Maure qui porte un sac en plastique vient d'entrer. Il bredouille une salutation, s'allonge sur le tapis, utilisant son sac comme oreiller, et ferme les yeux. Mariem jette ses cauris sans rien dire. La scène est si typiquement mauritanienne que je peux en détacher mon regard. Kady rit. Un jour, l'homme était passé devant la maison et avait vu sa mère dans l'entrebâillement de la porte. Depuis, il vient souvent manger ou faire une sieste aux heures chaudes de l'après-midi.

Kady m'emmène visiter la maison. Dans le salon, nous regardons une vidéo qu'Abderrahmane a filmée lors d'une visite de sa mère à la maison de Hamdallaye. Dans ses vêtements blancs sur fond de mur en terre, on dirait une reine en visite dans un bidonville. La caméra tourne autour d'elle, comme si Abderrahmane la mettait au défi de prendre part à la vie chaotique dont, de toute évidence, elle se tient à distance.

"Ma mère a du caractère", dit Kady. Le vieux Sissako était opposé à son départ en Mauritanie et il est parti à sa poursuite pour essayer de la faire changer d'avis. Mais Mariem a refusé de rentrer : elle

137

préférait mendier dans les rues de Nouakchott que retourner à Hamdallaye.

Kady et moi passons l'après-midi étendues sur l'herbe dans le jardin. Elle parle parfaitement l'allemand et évoque avec nostalgie Munich, où elle a fait des études hôtelières. Elle a ce point en commun avec Abderrahmane : elle est vraiment allée à l'étranger. Elle y avait des amis et, si elle avait voulu, elle aurait pu travailler dans un hôtel, après son diplôme. Mais toutes ces années, elle savait qu'elle rentrerait au pays. Même son amour pour un jeune Allemand devait rester sans lendemain.

"Mais pourquoi ? Qu'est-ce qui t'empêchait de rester ?"

Elle me lance un regard triste. "Pour un homme, c'est plus facile que pour une femme…" L'Allemand lui reprochait de ne pas l'aimer vraiment, parce qu'elle refusait de coucher avec lui. Peu de temps après, elle rencontra un cinéaste soudanais qui tomba très amoureux d'elle. "Les week-ends, je travaillais dans un café pour gagner un peu d'argent, car j'envoyais une partie de ma bourse à ma mère. Un soir, quand il m'y a aperçue…" Kady tremble à ce souvenir. "La façon dont il m'a regardée ! Moi, une jeune femme venant d'une bonne famille maure, je travaillais dans un bar ! J'ai su tout de suite que c'était fini entre nous."

Coincée entre un Allemand qui la trouvait trop prude et un Soudanais qui la jugeait trop libre – elle ne parvenait pas à se dégager de cette position. Le gouvernement mauritanien lui avait accordé une bourse. Un jour, il faudrait qu'elle rembourse cet investissement en travaillant dans le pays, se répétait-elle. De plus, elle ne voulait pas laisser sa mère vivre seule à Nouakchott. Tandis qu'à Moscou Abderrahmane ne cessait de retarder son départ, à Munich Kady songeait à son retour.

Une fois rentrée, elle travailla dans un hôtel, mais ce qui autrefois avait semblé une orientation plausible s'avéra une grossière erreur dans la pratique : une femme employée dans un hôtel à Nouakchott – dans les esprits, cela revenait pratiquement à de la prostitution. Elle était en âge de se marier, mais ne reçut aucune demande. Les Maures ne la considéraient pas comme une vraie Maure. Ils sentaient qu'elle avait vécu ailleurs, à son accent, mais aussi à sa manière de porter sa melahfa, et même à sa façon de marcher. Les hommes la trouvaient arrogante.

Un de ses frères aînés, Abdallah, qui vivait à Nouakchott, décida que Kady devait partir. Sa mère et elle étaient prisonnières l'une de l'autre ; si elle ne partait pas, elle resterait vieille fille. Elle retourna au Mali, où elle trouva un emploi dans un hôtel de province. Elle y rencontra son mari. Un homme d'affaires. Il est bon pour elle, et sa mère – qui a emménagé chez elle après son mariage – l'aime bien, un détail non négligeable. Kady ne me dit pas ce que Bako a laissé échapper, dans un moment d'inattention : elle n'est pas sa seule épouse.

Allongée dans l'herbe, Kady est plongée dans ses pensées. Elle parle de manière poétique. Abderrahmane m'a d'ailleurs confié qu'elle écrivait des poèmes. Mais quand je lui pose la question, elle précise d'un ton presque gêné : "C'était autrefois." Elle ne se plaint pas, pourtant j'ai une impression de gâchis. Ses frères ont trouvé leur voie, mais elle, c'est une femme, elle a perdu d'un côté comme de l'autre. De surcroît, elle s'occupe maintenant de sa mère. Ou du moins, c'est ce qu'elle croit, car sa mère m'a chuchoté à l'oreille qu'elle ne reste à Bamako que pour aider Kady, sinon elle serait depuis longtemps retournée en Mauritanie. En Allemagne, Kady avait de l'entrain, mais ici, elle vit au ralenti. "Elle s'est sacrifiée, me dira Abderrahmane plus tard, c'est un oiseau aux ailes cassées."

Un châle rabattu sur les épaules, elle m'accompagne un bout de chemin vers la route de Kouli-koro. Quand je la vois rentrer en traînant les pieds dans le sable, je me sens triste. En même temps, mon admiration pour Abderrahmane n'a fait que croître au cours des dernières heures. Jamais je n'avais pris conscience à ce point de la difficulté qu'ont dû représenter pour lui son départ de la maisonnée familiale et le démarrage d'une nouvelle vie ailleurs.

*

A Bamako, Amidou m'a accompagnée en mobylette jusqu'au car pour me dire au revoir et, maintenant, une version plus âgée et corpulente d'Amidou entre dans la gare routière de Ségou. Aziz, comment aurais-je pu le manquer ! Les autocollants qui décorent l'avant de sa mobylette et ressemblaient, de loin, à des yeux se transforment, quand il approche, en deux pots de mayonnaise Calvé.

Je transporte une énorme quantité de bagages qui, heureusement, sont en grande partie destinés à son père. Bako m'a aidée à faire des achats. J'ai apporté des bananes plantains, des mandarines, du café, du fromage, des olives et même du *sirop de menthe**. Aziz prend le carton à l'avant, je monte à l'arrière avec deux sacs en bandoulière, une valise coincée entre nous. Tandis que la poussière de Ségou vient à notre rencontre et que défilent à toute allure des cafés aux noms de *Tanti, j'ai faim* et *Soir au village*, j'ai l'impression d'être une pitoyable chèvre que l'on a ficelée à l'arrière d'un vélo pour aller la vendre au marché.

Aziz est inspecteur scolaire à Ségou. C'est l'aîné de la famille et il émane, de tout son être, une grande dignité. Dès que je l'ai vu, j'ai su que j'avais quitté la capitale. A Bamako, ses frères s'habillent à l'occidentale, lui porte un boubou gris aux surpiqûres jaunes, un pantalon assorti et des sandales.

Comme Bamako, Ségou est située sur les rives du Niger, ce qui suscite une intense activité. Les bords du fleuve sont animés ; on y tamise la terre pour en faire des parpaings, des jeunes filles aux seins nus nagent entre les embarcations de pêcheurs, des hommes assis sur le sable jouent aux dames. Le bateau assurant le transport de passagers jusqu'aux villes plus lointaines de Mopti et Gao, vient d'accoster.

Au temps de la colonisation française, Ségou fut le siège de l'Office du Niger, chargé de coordonner la riziculture pratiquée sur les rives du fleuve. Après toutes ces années, les résidences coloniales du gouverneur, du préfet et de l'évêque, érigées au bord de l'eau et cachées par des acacias, restent impressionnantes.

Je pense à *Ségou*, le diptyque épique de Maryse Condé qui évoque cette ville au XIXᵉ siècle, alors capitale du puissant royaume bambara que détruiraient l'islam et l'arrivée des Blancs. Aziz n'a jamais entendu parler de l'auteur. Naturellement, il connaît l'histoire de la région – le dernier roi de Ségou est enterré juste à la sortie de la ville. Mais il s'étonne que l'on ait écrit sur le sujet des livres lus avidement par les Occidentaux.

Aziz vit dans une maison simple, bâtie sur un terrain sans enceintes. Il a commencé à construire il y a quatre ans. Deux chambres à coucher et une pièce intermédiaire sont terminées. Le sol est en ciment et tout est d'une propreté étincelante. Les pierres destinées à la prochaine étape sont entassées sur le terrain.

Il a trois enfants et d'autres habitent aussi chez eux ; ils sont de sa famille, mais leurs parents vivent dans des villages reculés. *"Famille africaine**", dit sa femme en riant. Dans la chambre des enfants, des vêtements sont suspendus à des crochets, à côté desquels sont fixés des photos de footballeurs et des paquets vides de Marlboro. Aziz me demande si j'ai des enfants. Quand je secoue la tête, il précise : "Un proverbe bambara dit que quelqu'un qui meurt sans descendance n'est pas *mort*, mais *fini*."

Nous passons la soirée dehors, sous le ciel étoilé. Un silence bienfaisant règne autour de nous. L'épouse d'Aziz, qui est sage-femme, me parle de son travail. Les mères ne restent jamais longtemps à l'hôpital ; il est infesté de moustiques. Autrefois, de nombreux nourrissons mouraient d'asphyxie à la naissance. Heureusement, Angoulême, la ville française jumelée avec Ségou, a fait cadeau d'un appareil respiratoire à la maternité de l'hôpital. Depuis, la mortalité infantile a fortement diminué. Parfois, des spécialistes viennent d'Angoulême pour donner des cours d'hygiène et, à de rares occasions, une infirmière malienne a la possibilité de faire un stage en France – une aubaine dont tout le monde rêve.

Je sens que le monde devient plus simple. Voilà la vie telle qu'elle est à l'intérieur des terres, en Afrique, après l'indépendance. Celui qui a la chance d'habiter dans un lieu pas trop reculé garde le contact avec l'extérieur par le biais de ce genre de projets.

Aziz ne comprend pas qu'à trente ans passés, Bako et Amidou ne soient pas encore mariés et ne prennent aucune mesure dans ce sens. A vingt-trois ans, son père lui avait proposé de lui trouver une épouse au sein de la famille. Aziz lui répondit non, qu'il n'y songeait pas encore. Quatre ans plus tard, il épousa une femme qu'il avait certes choisie, mais qui n'en était pas moins la fille d'un ami de son père.

Le système traditionnel de mariage arrangé n'a plus cours, admet-il, mais ses frères cadets n'y vont-ils pas un peu fort ? Bako rit chaque fois qu'il aborde le sujet. "La mère de ma future femme n'est pas encore née", dit-il.

J'ai parlé avec Bako et Amidou de leur vie de célibataire. Les filles ne s'intéressent qu'à l'argent, estiment-ils, et ils n'en ont pas. Ils ne semblent pas vraiment s'en inquiéter – tous leurs amis sont dans le même bateau. Mais vu de cette maison, où tout est bien organisé, je conçois que la vie à Bamako paraisse désordonnée.

Abderrahmane évolue dans un monde qui échappe totalement à Aziz. L'année passée, quand il a rendu visite à son père à Sokolo, il est aussi venu ici. Il lui a dit qu'il avait l'intention de tourner un film sur Sokolo. Dans le temps, Aziz faisait du théâtre. Abderrahmane lui a promis un rôle. "Mais d'abord, il faut que tu perdes du poids", a-t-il dit en riant. Maintenant, c'est Aziz qui voudrait me poser une question : les Européens aiment-ils le cinéma africain ? Il n'arrive pas à le croire, pas plus qu'il ne peut imaginer que les Européens s'enthousiasment pour un livre dont l'action se déroule à Ségou.

La voiture qui assure une fois par semaine le trajet entre Ségou et Sokolo est un vieux pick-up Peugeot, aux sièges en bois à l'abri d'une bâche poussiéreuse. Sur la porte latérale, Moussa, le propriétaire, a peint avec audace *Air Sokolo*. A mon arrivée, les premiers passagers sont déjà là, mais Moussa a l'air soucieux. Pendant le ramadan, on voyage moins, et depuis la dévaluation du franc CFA, personne ne semble prêt à dépenser plus d'argent.

Six passagers – la récolte est maigre, mais une fois que Moussa a ficelé nos bagages sur le toit, il décide de partir. Dans la rue principale de Ségou, nous nous arrêtons pour acheter des baguettes de pain, que Moussa attache sur le toit de la cabine du conducteur, ce qui leur donne aussitôt un piteux aspect.

Au moment où je nous crois vraiment partis, Moussa s'arrête une nouvelle fois, entre dans les profondeurs d'une maison et réapparaît accompagné d'un vieil homme vêtu d'un boubou blanc à liserés rouges, qui s'assoit parmi nous à l'avant. C'est un personnage impressionnant, coiffé d'un fez en feutre rouge et portant d'épais verres de lunettes. Sa peau est aussi écailleuse que celle d'un lézard et elle est parcourue de rainures qui rappellent des fissures sur un mur de terre. Ses chaussures, sans lacets et aplaties à l'arrière, semblent trop petites. Il est assis à côté de moi, droit comme un I, une canne entre les jambes.

Il s'appelle Barou, il a quatre-vingt-trois ans et parle le magnifique français des vieillards de cette

143

région d'Afrique, bien qu'il n'ait jamais mis les pieds à l'école ; il a tout appris de ses amis. Il part inspecter ses terres dans les environs de Sokolo. J'ai du mal à l'imaginer dans une rizière, sous un soleil de plomb, mais il me dit qu'il fait souvent des tournées d'inspection et s'absente parfois pendant plusieurs semaines.

Tel qu'il est assis là, le sourire aux lèvres, une grande force émane de lui. Le monde est bien comme il est. Il me fait penser à l'écrivain Amadou Hampâté Bâ, né non loin d'ici, à Bandiagara. Un homme élevé selon la tradition orale et indissociable de l'histoire de cette région. *"En Afrique, quand un vieillard meurt, c'est une bibliothèque qui brûle"*, a-t-il dit un jour.

Je regarde Barou à la dérobée et me demande si Sissako lui ressemble. Ce matin, en me levant, j'ai été prise d'une hésitation. *Le vieux** va-t-il apprécier ma visite ? J'aurais préféré venir avec Amidou, mais on ne pouvait pas se passer de lui à son travail. Il a cependant appelé le bureau de poste de Sokolo pour prévenir son père de mon arrivée. Il m'a aussi confié une enveloppe contenant de l'argent pour lui, et une lettre dans laquelle il mentionne plusieurs personnes que je dois rencontrer à Sokolo. "Parce que mon père ne s'intéresse pas à ce qui a des chances de t'intéresser, a-t-il dit en m'adressant un sourire averti, pas du tout même !"

La présence de Barou me tranquillise. Depuis qu'il a pris place à côté de moi, le voyage semble jouir d'une bénédiction. Comme si l'esprit de Sissako m'accompagnait déjà. Tout ce qui entre dans son champ de vision le comble. Mangues, papayes, goyaves, grenades, riz, canne à sucre – il suffit de planter pour que ça pousse. La terre est si fertile que les paysans récoltent le riz deux fois par an. "Ce sol aime les arbres", dit-il. Quand nous passons le long d'un bois, ses traits se crispent. "Ils devraient planter des arbres fruitiers partout, ce pays deviendrait comme la Guinée ou la Côte-d'Ivoire."

Même si j'ai plaisir à l'écouter, je sais que son histoire ne tient pas vraiment debout. Le sol n'est pas aussi bon qu'il le prétend, il contient trop de fer. Le système d'irrigation que les Français ont mis en place n'a pas été entretenu après leur départ, et la sécheresse n'a rien arrangé. Des spécialistes du développement essaient tant bien que mal de limiter les dégâts. Le Mali n'est-il pas un des pays les plus pauvres du monde, maintenu en vie par des centaines d'organisations qui se bousculent dans la capitale ?

"C'est parce que nous sommes encore colonisés, dit Barou. Le *colon** a disparu, mais le système est resté, nos dirigeants ont pris la relève." Il n'a pas une grande opinion de la démocratie qui s'est établie dans le pays depuis 1991.

C'est le drame des gens de sa génération, que l'on observe aussi chez Hampâté Bâ ; ils savent faire preuve d'une grande sagesse, leurs récits sur le passé ont une dimension épique, mais leurs ancêtres ont perdu le combat contre les Français et eux, ils se sentent dépouillés. Ce sont les amis français d'Hampâté Bâ qui l'ont encouragé à écrire et, quand il s'y est mis, il l'a fait en français. Les enfants ne s'intéressent plus aux histoires des anciens, ils regardent la télévision et rêvent de s'acheter une mobylette ; ils s'éloignent de leurs parents à la vitesse de la lumière. Le fils de Barou, qui a fait ses études en Allemagne, est marié à une Allemande et n'a pas l'intention de rentrer au Mali.

Nous nous arrêtons en chemin pour prendre d'autres passagers, mais aussi parce que Moussa a toutes sortes d'affaires à régler. Vêtu de son boubou et coiffé d'un turban, il ne cesse d'aller et venir, l'air préoccupé – sans doute s'efforce-t-il malgré tout de tirer quelque profit de ce voyage. Quand on nous arrête à un poste de contrôle, je lance à Barou un regard interrogateur. Il rit. "Oui, oui, nous sommes au carrefour de plusieurs pays : la Mauritanie, le Burkina Faso, le Sénégal et la Côte-d'Ivoire. Peut-être y a-t-il des gens qui cherchent à faire passer clandestinement des marchandises d'un pays à l'autre." Parmi les pays qu'il cite, certains sont assez loin d'ici, mais son explication est conforme à la vision panoramique qu'il a de la région. En revanche, il ne dit rien des rebelles touaregs et des bandits qui sèment la terreur dans une région proche de la frontière mauritanienne et dont j'entends parler depuis plusieurs mois.

Vingt kilomètres après Ségou, nous crevons une première fois, puis à peine une heure plus tard, une deuxième fois. Moussa s'arrête à un garage en plein air ; nous nous abritons sous l'auvent de paille d'un café voisin. On y vend du Coca, mais Barou ne veut rien boire. Il fait le ramadan. Non, il n'a pas soif, il a l'habitude de jeûner, mais il s'inquiète pour moi : n'ai-je pas envie de manger ?

Le pneu est réparé avec les moyens du bord. Un tonneau d'huile coupé en deux, sous lequel on a soudé des pieds, sert de récipient d'eau. Un jeune, tenant un parapluie au-dessus de sa tête pour se protéger du soleil, passe sur une charrette tirée par un âne. Des enfants traînent des boîtes de sardines au bout d'une ficelle et l'un d'eux porte des lunettes de soleil qu'il a fabriquées lui-même, une pellicule de film noir et blanc faisant office de verres.

Tandis que mon regard se détache de ce monde de la récupération pour se promener sur la rue, un quatre-quatre Toyota flambant neuf passe devant nous, suivi d'un car sans toit transportant un surprenant rassemblement de faces blanches. Ils nous sourient du haut de leurs sièges. Je n'en crois pas mes yeux, mais Barou ne s'étonne pas. Des touristes, dit-il, sans doute en route pour le Pays dogon. Peut-être se déplacent-ils dans un car sans toit pour photographier, ou même filmer.

Comme toujours, je suis surprise de la facilité avec laquelle les Africains acceptent les différences matérielles. Nous voilà échoués dans un taxi-brousse aux pneus désespérément usés, alors qu'un char de carnaval surréaliste, rempli de Blancs fortunés, nous passe sous le nez, et personne ne fait de remarque. Les Blancs ont tout, c'est comme ça.

Impatiente, je jette un coup d'œil à ma montre, mais assis à côté de moi sur le petit banc de bois, appuyé sur sa canne, Barou garde son calme. Quand la voiture est prête à partir, il dit d'un ton philosophe : "Je crois que nous avons un léger retard."

Après la petite ville de Niono, la route goudronnée s'arrête. Je commence à comprendre ce qu'Abderrahmane voulait dire quand il m'a expliqué qu'il n'existait pas vraiment de route jusqu'à Sokolo. Sur un étroit chemin de sable, couvert de bosses, nous poursuivons notre voyage. J'ai l'impression d'être emmenée, à travers un tunnel, loin du monde habité et le sentiment de claustrophobie que j'ai éprouvé pour la première fois dans la Mazda de Bako resurgit. Et si je tombais malade à Sokolo ? Serait-on obligé de m'évacuer par cette piste poussiéreuse pleine de nids-de-poule ?

Depuis un certain temps déjà, Barou marmonne en égrenant son chapelet, mais maintenant, il estime visiblement que le moment est venu de me poser quelques questions. Existe-t-il des femmes analphabètes en France ? Et les mangues – en pousse-t-il là-bas ? Je lui dis que je ne vis pas en France, mais en Hollande, et il change de cap. "Y a-t-il des musulmans en Hollande ?" Ma réponse le satisfait. *"C'est bien, ça commence à s'enrichir*."* Si les préceptes de l'islam sont appliqués comme il faut, c'est selon lui une bonne religion, mais ce n'est malheureusement pas toujours le cas. Il a fait le pèlerinage à La Mecque et trouve les Saoudiens hypocrites.

"Vous devez certainement cultiver beaucoup de riz en Hollande.

— Non, non, le climat n'y est pas adapté.

— Mais à Niono, ce sont des spécialistes hollandais qui nous apprennent à cultiver le riz !" Ça le dépasse. Que des gens viennent jusqu'en Afrique pour faire pousser ce qu'ils ne cultivent même pas dans leur propre pays !

Puis il me demande si, en Hollande, il y a aussi des paysans, et il est étonné de m'entendre répondre oui. "Je croyais que tous les Européens étaient des intellectuels. Parce que les Français qui vivaient ici laissaient toujours les Noirs faire le travail."

Plus tôt, nous avons vu des Chinois, de petits hommes coiffés de chapeaux de paille pointus, qui sillonnaient les champs sur leurs tracteurs. Eux, ils travaillent de leurs mains, dit Barou, mais ils ont beau parler parfaitement le bambara, ils ne se mélangent pas à la population locale.

"Ils ne laissent pas d'enfants derrière eux ?"

Il secoue la tête d'un air résolu. "Non, non, les Chinois sont des gens sérieux."

Nous passons devant des marchands ambulants qui vont à vélo d'un village à l'autre, avec leur chargement de seaux en plastique, de casseroles émaillées et de tissus colorés. Je pense à ma mère lorsqu'autrefois, elle se rendait à bicyclette de Grote Hei à Neerpelt, un panier rempli de poussins et d'œufs fixé sur le porte-bagages. Les marchands saluent joyeusement Moussa, qui parfois s'arrête pour discuter avec eux.

Quand je demande si nous sommes encore loin, ni Barou ni Moussa ne sont capables de me répondre. "A environ une demi-heure", répond Barou devant mon insistance. Mais je constate qu'il n'en est pas certain. "En tout cas, nous nous rapprochons", ajoute-t-il en souriant. Il m'a dit qu'un ouvrier l'attendrait quelque part sur la route de Sokolo, pour l'accompagner dans ses rizières. Au moment même où je m'interroge sur l'endroit où cet ouvrier pourra bien se trouver, Moussa commence à ralentir. Barou scrute les champs. A l'ombre d'un arbre, un homme dort dans une charrette attelée à un âne. "C'est lui." Moussa aide Barou à décharger son bagage puis, installé royalement sur sa charrette, un parapluie au-dessus de la tête, Barou s'éloigne.

Un grand troupeau de vaches broute au loin. Derrière apparaît un village propret, aux maisons en terre. Sokolo. Moussa oublie instantanément ses soucis et parcourt les rues en klaxonnant, une main tenant mollement le volant. Il est salué de tous côtés et on pose sur moi des yeux curieux.

La mosquée sur la place du marché brille dans la lumière de cette fin d'après-midi. Sur le toit apparaît un muezzin, vêtu d'un boubou blanc. Il se met à chanter d'une voix enrouée. A ses pieds, la vie se poursuit imperturbablement. Quelques passagers descendent et se mêlent aux silhouettes gracieuses qui, leur boubou claquant au vent, traversent la place.

Le souffle coupé, je regarde autour de moi. C'est ici qu'Abderrahmane a retrouvé son père après tant d'années. Sur cette place, il l'a serré dans ses bras, puis son regard est tombé sur les pieds de son père et il s'est aperçu, épouvanté, que celui-ci ne portait pas de chaussures. J'y suis enfin.

Quand Moussa a fini de déposer l'ensemble de ses passagers, nous avons traversé le village entier et tous les habitants ont vu qu'une Blanche était arrivée. Nous nous arrêtons devant une maison en terre devant laquelle est accroupi un homme maigre, portant des lunettes. Ce doit être un des frères cadets de Sissako, celui qui est toujours resté à Sokolo et demandait dans une lettre de l'argent à Amidou. Il se lève, prend mes bagages des mains de Moussa et me conduit à l'arrière de la maison, à travers une cour occupée par des vaches, des ânes et des poules, et en passant devant une vieille femme à la poitrine tombante, allongée dans l'embrasure d'une porte.

Sissako n'est pas là, d'après ce que je comprends, mais à peine avons-nous déposé tous les bagages dans la large galerie, que j'entends des pas précipités. Le voilà, soudain, derrière moi. Son frère s'est contenté d'un signe de la tête pour me saluer, mais Sissako me donne une brève et solide poignée de main – je sens aussitôt la force qui l'habite. Il n'est pas aussi grand que je me l'étais imaginé et il a un œil plus petit, plus enfoncé que l'autre, ce qui lui donne les traits irréguliers que j'avais déjà observés sur les photos, mais dont je ne parvenais pas bien à définir la cause. Mes yeux se posent automatiquement sur ses pieds. Ils sont chaussés de sandales en peau de vache, pareilles à celles que portent les Touaregs dans la région.

Il se tient devant moi, comme s'il me devait une explication, comme si je lui avais demandé pourquoi nous devons nous rencontrer ici, parmi les vaches et les ânes, plutôt que dans la capitale. En me montrant sa modeste demeure, il me dit que Bamako, avec son bruit de voitures et de téléviseurs, ne l'intéresse pas, qu'il préfère être ici.

Dans la galerie, un matelas est posé par terre, mais il y a également un lit en fer surmonté d'une moustiquaire dans laquelle on a fait un nœud. C'est là que dort Amidou d'habitude, quand il vient lui rendre visite. Si je veux, je peux dormir là aussi, à moins, bien sûr, que je préfère à l'intérieur…

"Non, non", lui dis-je avec empressement. Les habitudes d'Amidou me conviennent parfaitement.

Sous la charpente au-dessus de nous, j'entends un bruissement. Les combles sont remplis de nids d'oiseau. Ils font un vacarme infernal et parfois s'échappe de leur furetage et de leurs ébats une plume, qui tombe lentement en se balançant. Sissako hausse les épaules d'un air de s'excuser. "Des hirondelles, dit-il. Elles étaient là avant moi, je n'ai pas eu le cœur de les chasser. Alors nous cohabitons."

Mon père n'est pas un homme qui s'embarrasse de formalités." Amidou a bien pesé ses mots. Assis sur son matelas, Sissako déchire les enveloppes des lettres que j'ai apportées, jette un rapide coup d'œil, fourre l'argent d'Amidou dans son boubou, marmonne de temps en temps quelques mots et glisse sa correspondance sous son oreiller, où il a aussi rangé sa lampe de poche, son canif, son stylo et ses clés et où ces lettres resteront pendant toute la durée de mon séjour à Sokolo.

"Et qu'est-ce que nous avons là ?" Il tire à lui le carton, soumet le contenu à une brève inspection, sort un des articles, le tient en l'air. "Qu'est-ce que c'est ?

— De la pâte d'arachides.

— Hmm. Tu as trouvé ça à Bamako ?"

J'acquiesce. C'est un sachet en plastique, un produit local. Je l'ai apporté pour moi, au cas où je mourrais de faim, comme la mère d'Abderrahmane me l'a prédit.

Il est ravi des cinq baguettes. Il n'aime pas le pain que l'on vend ici au marché. Il est mou et fade, et ne se conserve pas plus de quelques jours.

Le carton est évacué dans la pièce à côté. Il faut bien la fermer pour éviter que les souris y viennent. Je dépose le reste de mes bagages dans cette même pièce. Elle contient un lit et, dans un coin, s'élève une pile poussiéreuse de documents, de rapports et de cahiers dans lesquels une main d'enfant a écrit soigneusement entre les lignes. Seraient-ce les cahiers de ses fils aînés, qui sont allés ici à l'école ?

La pièce du milieu est le *magasin** de Sissako ; c'est la seule qu'il ferme à clé. A première vue, au milieu des chaises bancales et des caisses vermoulues, il n'y a rien de plus à voler que dans les deux autres, mais je découvrirai peu à peu qu'elle renferme une multitude de trésors. Sissako y garde ses boubous, soigneusement repassés, rangés dans des valises, et un jour, comme par magie, il fera même apparaître un batteur. Parmi les photos qui traînent dans la pièce, je reconnais Kady posant à l'occasion de l'ouverture d'un hôtel. Elle a un air de fête, mais la photo est chiffonnée et couverte de chiures de mouches.

Sissako est si imperturbable, si naturel, que je suis aussitôt conquise et, en même temps, plus timide que jamais. Un homme tel que lui – on pourrait vivre pendant cent ans à ses côtés sans être plus avancé sur son compte. Je suis heureuse que ses enfants m'aient tant parlé de lui ; il ne me semble pas de ceux qui aiment se raconter.

Je pense à ma première rencontre avec Abderrahmane ; l'économie de ses gestes, la pondération de ses propos – moi, l'Occidentale, l'héritière d'une culture qui se considère dominante, je me sentais fragile et vulnérable en sa présence. J'avais beau être préparée à l'effet que son père produirait sur moi, je suis tout de même surprise. Dire que je me trouve dans un continent sur lequel le reste du monde s'apprête à faire une croix !

La femme du frère de Sissako, qui vit dans la partie avant de la maison, m'apporte un seau d'eau chaude. Dans un espace en plein air, entouré de murs, je me savonne. Le vent souffle dans ma direction une odeur picotante de feu de bois, j'entends des enfants parler et rire et, au loin, je vois des gens marcher dans la rue. Tandis que je m'asperge d'eau à l'aide d'un gobelet en plastique, les derniers rayons du soleil me caressent. Je sens que je vais être heureuse ici.

Au début de la soirée, Sissako rassemble dans un paquet plusieurs marchandises que je lui ai apportées et nous partons chez son ami Sori, avec qui il partage la plupart de ses repas. Les habitants de Sokolo flânent paisiblement dans les rues, mais lui avance d'un bon pas, les pans de son boubou rabattus vers l'arrière, les mains dans le dos. Devant chez eux, les gens attendent le signal libérateur du muezzin et, de temps à autre, il s'arrête pour discuter et me présenter. Tout le monde se souvient de la caméra vidéo d'Abderrahmane et veut savoir si, moi aussi, j'en ai apporté une.

Nous passons par la place où se tient, une fois par semaine, le marché de Sokolo. Ici errait Bobo Mouso, son bébé attaché sur son dos. C'est Sissako qui a décidé de l'emmener à Bamako. "Tout le monde pense qu'elle est folle, dit-il, mais je ne crois pas. Elle est propre et travaille bien. S'ils avaient mangé avec elle dans la même assiette, elle ne serait pas devenue ce qu'elle est. Mais on l'a rejetée. C'est ça qui l'a rendue bizarre."

Il s'exprime par phrases courtes, saccadées. Ce doit être sa façon de parler à ses enfants : il leur donne son avis – et eux en font ce qu'ils veulent. Il entretient le même genre de rapports avec les habitants de Sokolo. "Il ressemble à un simple villageois, avait dit Amidou, mais dès qu'il se met à parler, tout le monde sait qu'il est différent." Quand, après son départ à la retraite, son père était venu s'installer à Sokolo, il s'était aperçu qu'on avait enchaîné un ancien camarade de classe à un arbre devant sa maison – un sort généralement réservé aux fous agressifs. Sissako vint souvent lui rendre visite et, au grand étonnement de tous, il s'entendit bien avec lui. Son ami lui dit qu'il se sentait menacé, que c'est ce qui le rendait parfois violent. Un marabout lui conseilla de quitter Sokolo et de ne jamais revenir. L'homme est parti et a commencé une nouvelle vie ailleurs, mais depuis ce temps-là, Sissako a la réputation d'être lui-même un peu fou.

Les stands du marché – des auvents supportés par de frêles piquets – ont l'air abandonnés, mais certaines boutiques autour de la place sont encore ouvertes. Autrefois, les boutiquiers maures étaient nombreux ici, raconte Sissako, mais la plupart se sont enfuis par crainte de la population locale, qui les confond avec les rebelles touaregs, à l'origine du climat d'insécurité dans le Nord. Encore récemment, dans le village de Nara, une voiture en route pour le marché a été contrainte de s'arrêter. Tous les passagers ont dû descendre et les rebelles sont partis avec la voiture.

"Pourtant, vous aussi, vous êtes maure, vous n'avez pas peur ?"

Sissako secoue à la fois la tête et les épaules, comme s'il voulait se débarrasser de ma question – un geste qu'il lui arrive souvent de faire quand il est confronté à une situation qui lui déplaît. "Je suis né ici, les gens savent qui je suis."

En 1992, les chefs des Touaregs, qui se sont battus pendant des années pour l'autonomie, ont conclu un accord avec les autorités maliennes. Pourtant, les attaques, les vols et les disparitions mystérieuses persistent dans la région. D'après Sissako, les responsables sont des rebelles dissidents, mais il se trouve aussi parmi eux de simples bandits qui, pour frapper, profitent du vide de pouvoir laissé par la rébellion.

Nous sommes arrivés devant une grande maison en ciment brut. Entourée de murs, elle dégage la même sobriété que celle d'Aziz à Ségou. Sissako ouvre le portail et pénètre dans un large couloir, où un homme installé dans un fauteuil écoute la radio. Il vient vers nous en souriant, les dernières lueurs du soir éclairant son beau visage mat et son boubou bleu cobalt et damassé. J'étais loin de m'attendre, en bordure de ce village, à une apparition aussi distinguée.

Sori nous conduit dans une pièce au cœur de la maison, qu'il appelle *le salon** et qui est aussi dépouillée que le reste de sa demeure. A la lumière parcimonieuse d'une lampe à pétrole, je distingue trois fauteuils en osier et une table sur laquelle sont posés des revues et des livres. Dans la pièce voisine, la femme de Sori apporte les plats du dîner. Sissako ne fait pas le ramadan, il estime qu'il a suffisamment jeûné dans sa vie, mais Sori s'y tient ; dès qu'il entend le signal du muezzin à la radio, il nous invite à passer à table.

La table est une nappe posée à même le sol, sur laquelle tous les mets sont réunis : riz au lait, couscous, fruits. Sissako s'éclaire d'une lampe de poche pendant qu'il se sert. Parfois, il regarde dans mon assiette ; quand il trouve que je me suis trop peu servie, il m'en rajoute sans rien dire. La femme de Sori ne mange pas avec nous – elle s'est retirée dans la cour à l'arrière de la maison.

154

Sissako et Sori ont tous deux étudié la météorologie dans leur jeunesse, puis leurs vies ont pris des orientations différentes. Sori s'est lancé dans la politique et a occupé divers postes ministériels et autres fonctions gouvernementales importantes. Maintenant ils sont vieux et l'agitation de ce monde ne les atteint que par l'intermédiaire de la radio et des visiteurs occasionnels.

Ils mangent à la hâte et ne semblent pas avoir l'habitude de parler à table, si ce n'est pour échanger quelques commentaires sur la nourriture elle-même. Ils partagent la passion du jardinage – autrefois, à Bamako, Sori cultivait des fraises et les melons qui sont servis à table viennent de son propre jardin. Il les coupe en deux d'un air grognon : ils sont bien trop petits.

Après le repas, nous reprenons place dans le salon. Sori s'inquiète des grèves étudiantes dans la capitale. L'atmosphère se dégrade chaque jour : aujourd'hui, la radio a annoncé que les étudiants avaient à nouveau attaqué un homme. "Autrefois, quand les Français étaient encore ici, l'ordre régnait dans le pays, dit-il, mais maintenant, on en est bien loin." De même pour les rebelles dans le Nord : à l'époque coloniale des soldats français étaient stationnés partout, mais maintenant, l'armée malienne brille par son absence dans les régions frontalières, si bien que toutes sortes de vauriens peuvent agir à leur guise.

Calé dans son fauteuil, Sissako sourit. Juste avant l'indépendance, quand Sori et ses amis étaient venus le voir pour lui annoncer que leur parti avait gagné les élections, il leur avait dit : "Bâtir un pays démocratique et prospère, c'est au-dessus de vos talents créatifs." Ils trouvèrent la remarque blessante, mais la suite lui donna raison. Il est partisan de la démocratie, mais les détenteurs du pouvoir ne sont pas capables de l'instaurer et la population ne semble pas vraiment la souhaiter.

Il parle doucement, mais d'un ton ferme. J'entends Sori soupirer – c'est une discussion qu'ils doivent

155

avoir souvent. Au cours de la conversation, Sissako s'est penché en avant ; la lumière de la lampe à pétrole projette sa silhouette sur le mur. Plus tôt, j'ai cherché en vain sur son visage des traits d'Abderrahmane, mais maintenant je reconnais son profil : les yeux enfoncés, les lèvres pincées, le menton posé sur les mains croisées – une attitude de suprême contrôle de soi. Même la manière dont il se passe la main dans les cheveux m'est familière.

Il y a dans la pièce une quatrième personne que je n'avais pas encore remarquée. Elle a dû entrer pendant le repas et s'est étendue sur le lit qui se trouve contre le mur derrière nous. C'est le fils de Sori, Amadou, qui jusqu'à récemment vivait en Côte-d'Ivoire et qui est venu à Sokolo pour aider son père pendant la récolte du riz. Amadou, Amidou, Mamadou, autant de variations africaines sur le nom du prophète Mahomet – il y en a toujours un dans une famille.

Amadou s'adresse à Sissako en l'appelant *l'homme**. Sori s'amuse de ma remarque à ce sujet. Autrefois, tout le monde appelait Sissako *l'homme chic**, parce qu'il avait fait des études et qu'il avait de l'allure. Le diminutif *l'homme** lui est resté. Je regarde Sissako et m'aperçois qu'il s'est endormi.

Dehors, la lune éclaire le large chemin de sable qui mène au centre du village. Sori nous accompagne à pied une partie du trajet. Ici, pendant la saison des pluies, on s'enfonce profondément dans la boue, dit-il, et Sokolo est parfois coupé du monde pendant plusieurs mois. L'été dernier, quand il est venu à Sokolo, il n'avait pas l'intention de rester, mais cela se produit souvent : dès qu'il est là, la vie à Bamako ne l'attire plus du tout.

Sissako et moi, nous rentrons en silence. Le long de la route, des enfants jouent au clair de lune. Une femme nous adresse quelques mots qui font rire Sissako.

"Qu'est-ce qu'elle dit ?

156

— Elle demande si tu es ma fille, celle qui est arrivée cet après-midi avec Moussa."

Sissako est assis dans son lit, le dos droit. Hier, il a retiré son boubou et, vêtu de ses sous-vêtements – une culotte bouffante et une chemise blanches –, il s'affaire devant un réchaud à charbon. D'habitude, le matin, il ne boit que du lait chaud mais, en mon honneur, il a sorti de son *magasin** une cafetière italienne à expresso que Kady lui a rapportée d'Allemagne. Il attise le feu à l'aide d'un éventail.

Je m'attache un pagne autour de la taille et me glisse hors du lit. Les frères de Sissako entrent dans la cour. Chaque matin, ils font le point avec lui sur le déroulement de la journée – un signe de respect à l'égard de leur frère aîné. Coiffés de leur chapeau pointu et le visage ravagé par le temps, ils ont l'air beaucoup plus vieux que lui, mais ce sont surtout leurs pieds qui retiennent mon attention. Ils ont quelque chose d'animal ; les orteils sont rognés, les ongles des pieds éclatés, la voûte plantaire calleuse et creusée de sillons. Les pieds de Sissako s'engagent sur la même voie.

Il a coupé en deux un morceau de baguette pour moi et me tend la confiture et une tasse de café sucré au lait chaud. Ses frères regardent en silence. A Sokolo, le matin, tout le monde mange les restes réchauffés du repas de la veille – il est le seul à prendre des petits déjeuners à la française.

Des lézards transparents filent sur les murs et, au-dessus de nos têtes, la vie a repris de plus belle. Les hirondelles volent bas, leurs oisillons piaillent dans leur nid et, parfois, une fiente tombe, sur la cafetière de Kady ou sur la vieille radio.

Sissako m'interroge, apparemment au hasard, comme le vieux Barou dans le taxi-brousse qui nous a amenés à Sokolo. Y a-t-il du chômage en Hollande ? A combien de mètres la Hollande se trouve-t-elle au-dessous du niveau de la mer ? Importe-t-elle du fromage français ? Alors qu'elle en a tant ! Il trouve cela complètement absurde.

Il essaie aussi de me faire parler de la vie d'Abderrahmane à Paris. Chez qui loge-t-il, au juste, et comment se fait-il qu'il vienne de se rendre en Mongolie, qu'allait-il faire là-bas ? Je sais ce qu'il cherche à savoir. Il y a dans la vie d'Abderrahmane une Française dont il a probablement entendu parler par bribes. Je réponds aussi évasivement que possible – me rappelant la réflexion d'Amidou : son père est un excellent journaliste.

Sissako est très au courant des péripéties de la vie d'Abderrahmane à Moscou, même si ses informations ne sont pas toutes de première main. Abderrahmane avait une petite amie russe, il le sait, elle s'appelait Lina – un jour, il avait demandé, par le biais de Kady, si son père verrait un inconvénient à ce qu'il l'épouse. Il a aussi appris l'agression dans son appartement moscovite. Il pense qu'elle est liée à la décision d'Abderrahmane de finalement renoncer à se marier.

Cependant, il n'est pas inquiet pour lui – peut-être parce que Abdallah lui a récemment rendu visite à Paris et qu'il est rentré sans nouvelles alarmantes. C'est son fils Mokhtar qui lui donne du souci. Il travaille pour la Croix-Rouge à Abidjan ; il s'occupe de réfugiés libériens et parfois ne donne pas signe de vie pendant plusieurs mois.

"Je crois que je vais bientôt lui rendre une visite surprise. Je me méfie.

— De quoi vous méfiez-vous ?

— Mokhtar boit !" Dans le cadre où nous nous trouvons, ces mots produisent un effet si étrange qu'il ne peut s'empêcher d'en rire lui-même. Je m'étonne qu'il le sache – c'est le genre de choses que, généralement, un fils cache à son père.

"Evidemment, il ne le fait pas en ma présence, dit-il, il n'ose même pas fumer devant moi.

— Alors comment le savez-vous ?"

A Bamako, Mokhtar était rentré une nuit, avec à ses trousses un patron de bistrot ; il n'avait pas assez d'argent pour payer la note. Sissako n'est pas sorti, mais ses enfants lui ont raconté dans quel état se trouvait Mokhtar.

"Il a pris l'habitude de boire du temps où il faisait ses études en Crimée et, depuis, il est devenu fou." Après ses études de médecine, il s'était spécialisé en psychiatrie à Abidjan. Il avait fièrement montré à son père sa thèse de doctorat. "Tu n'en devineras jamais le titre : *Alcoolisme en Côte-d'Ivoire* ! Je lui ai dit : oui, tu es bien placé pour en parler !"

Les frères de Sissako, qui ne parlent que le bambara, se sont éclipsés en silence. Un ouvrier entre à vélo dans la cour. Il y a un problème avec la décortiqueuse qui, ces derniers jours, fonctionne à plein régime. Sissako se lève précipitamment. "Tu m'accompagnes ?"

Il marche encore plus vite, si possible, qu'hier soir, déjà totalement préoccupé par sa machine. Je me souviens de ce que Kady m'a dit : *"Mon père n'aime que ses rizières."* Nous croisons le pharmacien et le boucher qui attendent le client devant leur boutique, ainsi que le directeur d'école qui n'a rien à faire depuis que le gouvernement a décidé de fermer également les établissements primaires. Une intense activité règne autour de l'atelier où se trouve la machine de Sissako. Des gens viennent de leurs champs dans des charrettes tirées par des ânes pour faire décortiquer leur riz. Ils paient en nature ; ils se servent de mesures pour jeter le riz dans une grande calebasse posée à l'entrée.

Dans la cour s'élève une montagne de sacs de riz et, dans un coin, la machine est agitée de secousses et de tremblements. Sissako l'a reçue en cadeau d'une nièce qu'il a prise sous sa protection, dans un lointain passé. C'est une excellente machine, dit-il, seulement on n'en prend pas grand soin. Il crie quelques mots à un ouvrier couvert de poussière, chargé de jeter le riz non décortiqué dans un énorme entonnoir vibrant, il lance un regard critique sur la machine et plonge la main dans le riz décortiqué qui, de l'autre côté, est recraché dans un sac.

L'atelier est un lieu de rencontre animé, car, à Sokolo, toute personne d'un certain statut possède forcément une rizière. En sortant, nous tombons sur le directeur de l'école et le responsable du magasin de la coopérative. Sissako traite le responsable de *ventru**, devenu trop gros pour travailler dans les rizières et seulement capable, désormais, de jouer au chef. Et quand Amadou, le fils de Sori, passe devant nous à vélo, coiffé d'un chapeau mexicain, Sissako lui demande s'il a fini d'engloutir la viande grillée de son petit déjeuner bourgeois. Il aime provoquer les gens. Il le fait d'un ton bon enfant, mais ses réflexions n'en portent pas moins ; le responsable, de même qu'Amadou, rit avec l'air penaud de celui que l'on prend sur le fait.

"Allez, on s'en va", dit soudain Sissako. Amidou lui a écrit que je devais rencontrer Bina, le receveur des postes, dont le bureau est situé à l'entrée du village, en face de la maison du *chef d'arrondissement**.

Sokolo est un village de trois mille habitants, mais il n'y a qu'un seul téléphone. Bina représente par conséquent un personnage clé dans leur vie. Nous le trouvons dans son bureau, un chronomètre à la main, tandis qu'un client crie dans le téléphone posé sur le comptoir. Il nous salue, jovial, sans détacher ses yeux du chronomètre. Il écoute sans vergogne ce que vocifère l'homme dans le combiné et rit de bon cœur à ses propos. Quand les trois minutes que son client lui a demandées sont sur le point d'être écoulées, Bina lui fait de grands gestes.

Il a environ vingt-huit ans, de l'embonpoint, une barbe et le regard vif. Il a indéniablement marqué de son empreinte la pièce où il travaille. Les murs sont tapissés d'un assortiment comique de maximes vantant l'efficacité de la poste malienne et les mérites de ses consciencieux fonctionnaires, et au-dessus du bureau est affichée une photo de Saddam Hussein en tenue de combat, à côté d'une carte postale de la Maison-Blanche.

Lorsque l'homme a fini de téléphoner et que Bina se dirige vers lui pour mettre l'appareil sous clé, je m'aperçois seulement alors qu'il est assis dans une chaise roulante. Il se déplace habilement à travers la pièce. La chaise, équipée de vitesses, est flambant neuve – l'étiquette de l'avion y est encore attachée. Bina porte des chaussures orthopédiques. La poliomyélite, sans doute.

Sissako a disparu sans rien dire. Bina rit de mon étonnement. "On parie qu'il est retourné voir sa décortiqueuse ?" A son avis, *le vieux** passera toute la journée là-bas.

Bina vit dans les pièces attenantes à la poste avec sa jeune épouse, qui est enceinte et vend du *to* – de la bouillie de mil –, au marché, le seul salaire de son mari ne permettant pas au couple de joindre les deux bouts. Des panneaux solaires, qui fournissent le courant pour les communications téléphoniques, sont alignés dans la cour. Une petite clôture a été construite tout autour pour tenir à distance les chèvres qui s'y promènent. Elles aussi assurent un revenu supplémentaire.

Bina doit tirer son salaire de son chiffre d'affaires mensuel, ce qui représente un véritable tour de force en période creuse. Heureusement, une quarantaine de familles originaires de Sokolo vivent au Congo ; les appels téléphoniques entre Sokolo et Brazzaville ont par conséquent connu un formidable essor. Les émigrés font du commerce entre Hong Kong et *Brazza* et sont considérés comme fortunés. Chaque soir, ils partagent leurs repas dans une maison équipée d'un téléphone, pour qu'on puisse les joindre facilement.

Il y a quelque temps, des émeutes ont éclaté à Brazzaville et plusieurs hommes ont renvoyé leurs femmes à Sokolo. Celles-ci viennent régulièrement demander des nouvelles à Bina, qui écoute la radio française tous les jours. "Quand la fin du mois approche et que j'ai besoin d'argent, je leur dis parfois que ça chauffe là-bas. Le soir même, elles me demandent trois minutes !" Il rit d'un air malicieux. Dans un village où l'on ne parle que le bambara, la maîtrise de la langue française a une valeur marchande.

Quand Abderrahmane était à Sokolo, il a appelé en France, dit Bina, et il espère que pendant mon séjour, j'aurai besoin de passer un coup de fil… Le téléphone sonne. Un bruit irréel au milieu des braiments d'âne, des bêlements de chèvre et des coups rythmiques frappés sur le riz que l'on pile, au loin.

"Je reviens tout de suite." Bina sort en chaise roulante et saute sur une mobylette qu'il a depuis le lycée et qui lui sert à prévenir les gens d'un appel imminent. Il réapparaît un peu plus tard.

"Pourquoi n'as-tu pas ramené la personne ?"

Il monte l'escalier en traînant sa jambe paralysée. "Je ne suis tout de même pas chauffeur de taxi !"

Voilà le correspondant qui arrive à vélo. Dans son sillage pédale l'ouvrier couvert de poussière que j'ai vu tout à l'heure devant la décortiqueuse. Monsieur Sissako m'attend pour le déjeuner.

La maison de Sori paraît encore plus dépouillée le jour que le soir. Le déjeuner est prêt et servi dans la pièce du fond. Manifestement, Sori dort, car il ne se montre pas. Après le repas, Amadou nous raccompagne dans le pick-up de son père. Le soleil est au zénith et les rues de Sokolo sont désertes.

Dans la cour, l'air semble figé par la chaleur mais, sous le toit aux hirondelles, il fait frais. Amadou reste avec nous et Sissako s'étend sur son matelas, les jambes relevées. Il est de bonne humeur, prêt à rire des histoires d'Amadou, même s'il ne tarde pas à s'endormir, subitement, et à ronfler si fort qu'Amadou et moi ne savons plus où regarder. Mais il ne dort pas longtemps et, à son réveil, il reprend sans difficulté le fil de la conversation.

Il sort de sous mon lit – où il s'avère que, là aussi, d'innombrables trésors sont cachés – une casserole émaillée dans laquelle il conserve du vieux pain et des arachides. Assis fraternellement l'un en face de l'autre, Amadou et Sissako en cassent les coques comme deux petits singes satisfaits. Sissako a découvert que les arachides non grillées sont bonnes pour l'estomac. A défaut de médecin, il est devenu son propre guérisseur et les villageois le consultent. Les mères viennent lui présenter leurs enfants malades pour lui demander conseil. Un jour, Abderrahmane lui a envoyé un livre de médecine qui n'est hélas jamais arrivé.

Il mélange au lait de ce matin un peu d'eau, de sucre et de farine de mil. Le *zrig* – en Mauritanie, cette boisson sert à engraisser les filles à marier. Il m'en verse un plein verre et me le tend. La farine a moisi et donne à la boisson un goût de sciure, mais je crois que je le vexerais si je la refusais et je la bois bravement. Dix jours plus tard, quand la mère d'Abderrahmane me reverra, elle me fixera de derrière ses épais verres de lunettes et me dira que j'ai grossi.

Parfois, Sissako traduit en riant ou commente ce que dit Amadou. La conversation s'enchaîne alors imperceptiblement en français. Apparemment, Amadou menait à Abidjan une vie mondaine. Tous les matins, il prenait le petit déjeuner dans un établissement qui, d'après lui, n'avait rien à envier à une brasserie parisienne. Il avait une petite amie noire américaine et a des histoires abracadabrantes à raconter sur les boîtes de nuit qu'ils fréquentaient. Pour lui, Abidjan est le Paris de l'Afrique.

Devant moi, il prétend être à Sokolo pour aider son père et attendre les effets de la dévaluation, mais Sissako donne une tout autre version. Sori avait acheté pour son fils un camion afin de lui permettre de faire du commerce entre Abidjan et Bamako, mais à Abidjan, Amadou a eu bien d'autres occupations et il a dilapidé tant d'argent que son père lui a ordonné de revenir. Depuis, Sori essaie de le mettre au travail ici. Mais la transition d'Abidjan à Sokolo ne se passe pas sans heurts. Amadou ne parvient pas à parler avec son père et j'ai l'impression que Sissako a pris la relève.

Amadou est un rêveur, dit Sissako. Il n'a que Paris à la bouche, mais il n'y est jamais allé et il faudrait que je l'interroge sur la fiancée que son père lui a trouvée ; Amadou la cache anxieusement de tous les regards alors qu'il est trop heureux qu'elle lui prépare chaque matin de la viande grillée.

Le lieu où Amadou casse des coques d'arachides avec tant de plaisir le remplit en fait de dégoût. A Abidjan, il a connu une Française qui avait peur des cafards et il s'imagine que, moi aussi, j'ai la poussiéreuse Sokolo en horreur. Quand il allume la radio et que j'éclate de rire au son de l'infernal crachotement qu'elle produit, il dit d'un ton offensé : "Tu crois sûrement qu'il y a des cafards ou des souris à l'intérieur." Il me demande d'écrire les mots souris, poussière et cafard en néerlandais.

Il admire Sissako, même s'il a du mal à comprendre ce qu'il fait ici. "*L'homme** peut vivre n'importe où", dit-il pendant que celui-ci fouille sous mon lit à la recherche de ses lunettes. Sissako prend encore quelques arachides dans la casserole. "Amadou est convaincu que je suis venu ici pour retourner à l'état primitif", dit-il, en jetant avec insouciance les épluchures par terre. "Et il a peur que son père ne l'ait fait venir pour que lui aussi devienne primitif." Il met ses sandales touaregs, ce qui arrache à Amadou une nouvelle remarque. "Il pense que je suis un sauvage parce que je porte ce genre de chaussures." Sissako rit comme un enfant. "Lui, il ne porte que des chaussures de marque !" De nous trois, Sissako est finalement le plus jeune, me dis-je, et surtout le plus libre.

Un jeune homme dégingandé entre dans la cour. C'est Jerry, dont le nom est aussi mentionné dans la lettre qu'Amidou a écrite à son père. D'après Amidou, il a du temps à ne plus savoir qu'en faire et sera ravi de s'occuper de moi. Sissako profite de son arrivée pour disparaître en silence.

Tout comme Amadou, Jerry n'est pas un villageois ordinaire. Il est allé à l'école à Bamako et voulait devenir fonctionnaire, mais il n'a pas trouvé d'emploi et a quitté la capitale dans l'espoir d'arriver à Brazzaville, où d'autres aventuriers venus de Sokolo ont si bien réussi. Lui aussi est allé à Abidjan mais, là-bas, il a vécu une tout autre expérience qu'Amadou. Abidjan, c'est le Far West, dit-il ; une fois, il a vu une attaque à main armée et n'a plus osé sortir la nuit. Puis, de la Côte-d'Ivoire, il a fait du stop jusqu'au Nigeria, où il a travaillé. Mais il n'est pas parvenu à rassembler suffisamment d'argent pour payer le billet d'avion pour Brazza et il est rentré sans un sou à Sokolo. Il est entraîneur de l'équipe locale de football et son père essaie de lui acheter une *boutique**, ou un *étalage**, un éventaire de bois pour vendre toutes sortes de petites marchandises au marché.

Au cours de ses voyages, il a connu plusieurs femmes et il a même vécu avec l'une d'entre elles. Il aurait bien aimé se marier avec une fille de la ville, mais il n'en avait pas les moyens. En attendant, son père lui a trouvé une fiancée à Sokolo. Elle a quatorze ans, la moitié de son âge. Elle n'est jamais allée à l'école et Jerry parle d'elle comme d'une enfant. Le problème, c'est qu'elle aussi commence à lui coûter cher. Avant la fin du ramadan, il doit lui acheter des vêtements et tout un *tralala**, notamment des tresses ainsi que des cauris, qui se fixent à l'extrémité des cheveux.

Nous nous promenons dans le village et Jerry salue le pharmacien, qu'il appelle *Bernard Tapie* parce qu'il sponsorise le club de football. Ballons, chaussures, vêtements de sport, tout vient de lui. "Son frère est gouverneur de Tombouctou", chuchote-t-il, comme si cela expliquait tout.

La route mène à un étang où des femmes et des enfants font la vaisselle. Jerry ignore quand il a été creusé. "Je l'ai trouvé ici", dit-il – une réponse que donnent souvent les Africains quand ils ignorent l'histoire d'un lieu. Il y a une dizaine d'années, le bruit avait couru que l'eau de l'étang avait des vertus curatives ; des gens venaient de loin pour s'y baigner, mais ces pouvoirs n'agissent plus. L'étang se prolonge à l'arrière par un marais, où les enfants attrapent des poissons à l'aide de filets, et parfois même à mains nues. Ce sont de petits poissons chétifs qui permettent de relever la sauce du riz.

Le mur ocre du cimetière est un cadeau des émigrés de Brazzaville. Les tombes sont mal délimitées mais, d'après Jerry, il existe à Sokolo un vieil homme qui sait exactement où se trouve tout le monde.

"Et là, qui est-ce ?" Je viens de trébucher sur une tombe où l'on peut lire *Drissa Coulibaly, 12.6.'92.* "C'était le gardien de la maison du chef d'arrondissement, qui s'est fait assassiner quand les rebelles ont attaqué Sokolo", dit Jerry.

Des rebelles ont attaqué Sokolo ? Sissako ne m'en a pas parlé. Ils sont arrivés une nuit, raconte Jerry, ils voulaient prendre en otage ou tuer le chef d'arrondissement mais, ce dernier étant en mission, ils ont abattu son gardien. Ils ont tiré en l'air et fait un vacarme phénoménal pour provoquer la panique et la débandade. Certaines personnes ont couru plusieurs kilomètres à travers la brousse, d'autres ont traversé la rivière à la nage ou se sont cachées dans le puits.

"Les rebelles sont très forts, dit Jerry. Il y en a qui sont insensibles aux balles." A Gao, ils avaient un marabout qui les accompagnait dans leurs déplacements. Après chaque attaque, le marabout déclenchait sur les lieux une tempête de sable pour effacer leurs traces. Pas un soupçon de scepticisme dans sa voix. "Heureusement, les soldats l'ont tué."

Dans les jours qui suivirent l'attaque de Sokolo par les rebelles, les Maures n'osèrent plus se montrer dans la rue ; tout le monde pensait qu'ils étaient complices des rebelles, même si un boutiquier maure avait été tué à coups de fusil quand il avait tenté de s'échapper. Leurs chameaux furent abattus par les villageois et, l'un après l'autre, les Maures quittèrent Sokolo.

"Autrefois, il y avait aussi des Touaregs ici, dit Jerry, mais ils se sont enfuis en 1990 déjà, après l'assassinat d'un des leurs. On l'avait identifié comme un membre de la famille des rebelles qui avaient tué un Peul dans les environs."

Il parle des rebelles d'un ton calme. A l'entendre, Sokolo a appris à vivre à leur proximité. Seulement, les gens n'osent plus cultiver leurs rizières au nord. Les Peuls – qui gardent le bétail des habitants de Sokolo – ont peur, eux aussi, de s'éloigner du village. L'ancien chef d'arrondissement a quitté Sokolo et son remplaçant dort rarement chez lui.

Le crépuscule s'annonce – Sissako m'attend certainement. Plongée dans mes pensées, je rentre à la maison, consciente de me trouver en bordure d'un de ces *no man's land* dont il existe tant d'exemples en Afrique. Quand j'ai voulu me rendre de Mauritanie au Mali en passant par la route qu'avaient empruntée autrefois les grands-parents de Sissako, tout le monde me l'a déconseillé. Sur la carte, on pouvait certes croire à la présence d'un poste-frontière, mais il n'existait plus depuis longtemps, m'ont-ils assuré.

Finalement, je suis arrivée par un chemin détourné. Soudain, le chauffeur du pick-up m'a fait savoir par un sourire que nous étions au Mali. Il m'a déposée devant le poste de police de la première ville que nous avons rencontrée. Personne ne s'est étonné de mon arrivée et on a tamponné mon passeport en bonne et due forme. Les postes de contrôle se sont déplacés vers des lieux plus sûrs et, depuis, les villages frontaliers comme Sokolo sont livrés aux caprices des rebelles.

Le calme règne dans la cour. Les outils ont été rentrés et, quelque part, on entend la respiration

régulière des vaches. Au détour d'un mur, je sur-
saute. Eclairé par les rayons de la lune montante,
Sissako est installé sur une peau de vache. Est-il en
train de prier ? Il ne fait pas ces mouvements méca-
niques que font toujours les musulmans, il est age-
nouillé, tout simplement, silencieux et perdu, la tête
légèrement redressée, le chapelet entre les doigts.
Seule la sérénité qui l'enveloppe me porte à croire
qu'il prie.

J'ai débouché à une telle vitesse dans la cour !
– je me sens futile. Hésitante, je me glisse derrière lui
pour aller dans la galerie, où la flamme de la lampe
à pétrole vacille.

"Tu as apporté de la pâte d'arachides, mais tu
n'en manges pas", dit Sissako, un matin au petit
déjeuner. Quand je lui raconte que les Américains
en mangent avec de la confiture sur du pain, ses
yeux s'illuminent. "Et si on essayait ?" ai-je lancé.

Il acquiesce. "Pourquoi pas ?"

Sous les yeux de ses frères, nous tartinons notre
pain d'une substance brune et granuleuse et ajoutons
de la confiture par-dessus. Le pain est devenu dur
comme de la pierre, nous le trempons dans le café. Ce
n'est pas mauvais, estime Sissako, juste un peu lourd.

C'est le matin que Sissako est le plus volubile et
j'apprendrai à apprécier ces moments magiques où
il suffit de lui donner un petit coup de pouce pour
l'entendre parler longtemps et même rire avec insouciance. Car il peut aussi se montrer revêche, faire
mine de ne pas avoir entendu ma question, ou bien
changer radicalement le cap de notre conversation.
"Pourquoi ne manges-tu pas de fruits, ils seront bientôt pourris", dit-il alors, ou : "Tu ne m'as pas encore
demandé de manger du fromage." Il considère les
marchandises que j'ai apportées comme ma propriété, dont je lui aurais seulement confié la gestion.

Il y a quelques jours, quand je lui ai parlé de
ma visite au cimetière, il s'est montré évasif, mais

maintenant il me demande si Jerry m'a aussi emmenée visiter l'ancien marché aux esclaves, dans le vieux Sokolo, de l'autre côté de l'étang. Quand son grand-père paternel faisait du commerce entre Oualata et Sokolo, ce marché existait encore. Il apportait de Oualata des étoffes et du sel et achetait ici des esclaves qu'il ramenait avec lui. Les esclaves étaient capturés lors de razzias dans des villages voisins. A dos de chameau, les Maures surgissaient dans un village et, pendant que les uns tiraient des coups de feu en l'air, les autres enlevaient les enfants qui jouaient sur les berges.

Un jour, Kimbéry, son grand-père maternel, apprit par le grand-père de Sori qu'une jeune fille peule de haute lignée et d'une grande beauté était restée au marché. Ses ravisseurs s'étaient emparés d'elle tandis qu'elle se tenait près du puits, en compagnie de ses esclaves. Elle pleurait, personne ne voulait l'acheter parce qu'elle était trop maigre. Kimbéry l'acheta en échange de poudre d'or et l'épousa. Ils eurent une fille, la mère de Sissako.

L'année où elle naquit, l'esclavage fut aboli. "Le marché aux esclaves a cessé d'exister, mais le commerce s'est poursuivi pendant encore un certain temps", dit Sissako. Peu après, Kimbéry demanda à sa femme si elle se souvenait d'où elle venait. Elle lui dit le nom de son village et il la ramena sur son cheval chez elle, où elle se remaria avec un Peul et eut encore plusieurs enfants.

L'abolition de l'esclavage porta un rude coup aux familles maures appartenant à la noblesse. De nombreux maîtres, qui avaient maltraité leurs esclaves et les avaient obligés à travailler sous la menace d'un fusil, furent confrontés au départ de tous leurs esclaves. Heureusement, ses grands-parents avaient bien traité les leurs, si bien que la plupart restèrent à leur service.

Le grand-père paternel de Sissako s'installa progressivement à Sokolo, où il devint le chef local des Maures. Les Français exigeaient des chefs locaux qu'ils envoient à l'école un certain nombre d'enfants de leur famille. Mais comme tout bon musulman, son grand-père était hostile aux écoles des Blancs chrétiens et il profita de sa position pour envoyer à l'école les enfants d'autres Maures ou ceux de leurs esclaves, jusqu'à ce que les Français s'en aperçoivent et le contraignent à leur confier l'aîné de ses petits-fils, Mohammed.

"C'était moi, dit Sissako. Tous mes copains se moquaient de moi. L'un d'eux, un Peul, était parvenu à échapper à l'école en se faisant passer pour sourd-muet pendant trois jours. Tout le monde le considérait comme un grand héros." Finalement, Sissako s'était retrouvé à Bamako et, comme il était bon dans les matières scientifiques, il avait fait des études de météorologie. En 1938, les Français l'envoyèrent à Aguelhok, un poste aride dans l'extrême nord du Mali, près de la frontière algérienne. Il s'y déplaçait sur le dos d'un chameau chargé de matériel météorologique. Ce doit être l'époque où il s'est rendu à Kidal et à Tessalit – des voyages qui ont incité Amidou à le qualifier avec admiration de *vrai Saharien*.

Il allait passer cinq ans à Aguelhok. Il y vivait en compagnie de deux Blancs et trois Noirs. Une fois par mois, ils étaient approvisionnés par avion. Parfois, le vent était si violent qu'il n'y avait plus aucune visibilité ; pour manger, ils s'asseyaient sous une moustiquaire.

Plus tard, il participa à la création d'autres stations météorologiques, à Gao, Ségou et Kayes. Kayes était connu pour être une des villes les plus chaudes d'Afrique. Le *commandant de cercle** français avait fait apporter dans son bureau un tonneau d'eau à l'intérieur duquel il s'installait, avec sa chaise et tout le reste. Assis dans l'eau jusqu'à la taille, il trempait parfois son mouchoir dans le tonneau pour tamponner son front en sueur.

Quand Sissako était en poste à Mopti, on y fêta le centième anniversaire d'un Américain qui avait lutté contre l'esclavage. Les Français vinrent chercher tous les fonctionnaires locaux pour qu'ils participent aux festivités. "Mais, moi, j'ai refusé d'y aller."

Sissako s'interrompt brusquement. Assis sur son matelas, au milieu des restes de notre petit déjeuner, il me verse encore un peu de café.

Pendant tout ce temps, je l'ai écouté en silence, craignant d'arrêter ce flot de paroles, mais maintenant je lui demande prudemment : "Pourquoi n'aviez-vous pas envie d'y aller ?

— Je n'avais rien à fêter.

— Pourquoi pas ?

— Personne n'a jamais dédommagé mon grand-père pour les esclaves qu'il a libérés, dit-il d'un ton révolté, alors que cela a constitué pour lui une énorme perte !"

J'éprouve une secrète admiration pour sa franchise. Les gens de la région savent ce que les Occidentaux pensent de l'esclavage et font de leur mieux pour éviter ce sujet délicat.

Sissako a pris le canif sous son oreiller ; il essaie de tailler un nouveau joint de caoutchouc pour la cafetière à expresso de Kady. Bientôt, il est totalement absorbé par son travail. Je ne sais trop comment relancer la conversation. Quand j'aurai appris l'origine de sa relation avec Sori, je comprendrai qu'il n'a rien à se reprocher.

Les grands-parents de Sori étaient des esclaves du grand-père de Sissako. Après l'abolition de l'esclavage, ils devinrent membres de la famille, comme cela se produisait fréquemment dans la société maure. Certains esclaves libérés devinrent même chefs de tribu. C'est en homme libre que Sori vit le jour. Il bénéficia de la même éducation que Sissako, mais à cause de son passé, il ne put rattraper en une seule génération le retard qu'il avait par rapport à lui.

Au début de mon séjour, les conversations chez Sori étaient animées mais, peu à peu, elles se sont calmées. Derrière l'apparition distinguée qui au départ m'a tant impressionnée, se cache un homme désillusionné. Après avoir fait carrière sous le président socialiste Modibo Keita, Sori a joué pendant des années le rôle de conseiller auprès de son successeur et adversaire, Moussa Traoré. C'est un des fondateurs de son système mais, déjà sous le régime de Moussa, on l'a évincé. Les événements qui se sont produits dans son pays ont propulsé Sori au sommet et l'ont tout aussi facilement plongé dans l'oubli. Sissako, qui est toujours resté son propre maître, est sorti bien plus fort de la bataille.

Amadou, le jeune homme à qui son père a tout donné, n'a pas réussi non plus. Sissako semble se sentir responsable – c'est pour cette raison qu'il essaie de le remettre sur les rails pendant ces heures perdues de l'après-midi où ils mangent des arachides.

Rétrospectivement, même l'assurance d'Abderrahmane devient plus plausible : il appartient à une famille de chefs – il n'a aucune raison de baisser les yeux devant un Russe ou un Français.

"Toute ma vie, j'ai travaillé avec des Blancs, dit Sissako, au bout d'un certain temps. J'ai appris à les apprécier, même si j'ai constaté plus d'une fois qu'ils avaient du mal à digérer qu'un Noir puisse faire quelque chose aussi bien qu'eux." Un jour, dans l'un des postes isolés où on l'avait envoyé, ses collègues blancs avaient essayé en vain de remédier à une panne d'électricité. Quand un Guinéen y était parvenu, ils avaient dit que c'était un coup de chance.

Sissako avait attendu l'indépendance avec impatience. Pourtant, le moment venu, il s'était montré sceptique. Il connaissait les hommes qui se lançaient dans la politique et n'avait aucune confiance dans leurs dispositions démocratiques. En réaction, ces hommes le détestaient. Il en parlait beaucoup avec Sori – ils n'étaient jamais d'accord.

"Mais en tant que météorologiste, vous n'aviez tout compte fait rien à voir avec les milieux politiques ?

— C'est ce que tu crois ! Le parti voulait placer ses pions partout. Il a essayé de gagner de l'influence dans le syndicat des météorologistes. Le secrétaire devait être membre du parti, mais nous avons réussi à l'empêcher."

Soudain, une anecdote qu'Abdallah m'a racontée à Nouakchott me vient à l'esprit. Quand il avait une quinzaine d'années, il s'était rendu avec son école au stade de Bamako, pour assister à un grand meeting. A un moment, la foule avait commencé à huer le nom de son père. Celui-ci s'était opposé au parti, qui souhaitait exclure Israël et l'Afrique du Sud de l'Organisation météorologique mondiale. Tout pays avait le droit d'accéder aux informations météorologiques, estimait-il, les sciences étaient un bien international. Sur le podium, une marionnette fut lancée en l'air et l'orateur cria que tel était le sort réservé aux ennemis du peuple comme Mohammed Sissako. Abdallah avait eu peur. Tandis que ses camarades de classe tapaient des pieds et hurlaient avec les autres, il s'était fait le plus petit possible.

Sissako esquisse un geste défensif quand je lui rappelle l'incident, mais reconnaît que le régime de Modibo Keita n'était pas bien disposé à son égard et qu'en 1968, à l'occasion d'une réunion du parti à Mopti, il fut décidé que lui et ses camarades méritaient une bonne leçon. Il poursuit en souriant : "Mais avant que les dirigeants du parti aient atteint Bamako, il y a eu un coup d'Etat militaire." Les nouveaux détenteurs du pouvoir voulurent lui confier un poste ministériel, mais il refusa. "Je ne crois pas pouvoir travailler avec des soldats", dit-il. Et là encore, il aurait raison.

Les Maliens vivent au-dessus de leurs moyens, dit Sissako. Il a toujours disposé d'une voiture de fonction mais, en fait, le pays ne pouvait pas se permettre ce luxe. A Leningrad, son fils Mohammed avait pour camarade d'études un Vietnamien qui, après des vacances, lui avait raconté avec enthousiasme qu'il avait réussi à s'acheter une bicyclette, pour ne plus dépendre des transports publics. Si seulement le Mali avait pu prendre exemple !

"Les gens espèrent toujours tirer profit d'un parent qui occupe un poste haut placé, dit-il. Il existe un proverbe bambara qui dit : *Quand on est près du feu, il faut se réchauffer un peu*. On observe le même phénomène à Sokolo. Les associations villageoises qui se créent pour permettre d'emprunter auprès des banques font toutes faillite, parce que le secrétaire privilégie ses propres intérêts par rapport à ceux de la communauté. Pendant la période coloniale, la fraude était sévèrement punie. J'ai connu un homme qui a été condamné à cinq ans de prison pour avoir volé trente-huit francs." Il sourit. "Cela n'empêchait d'ailleurs pas les gens de voler !"

De son côté, il n'a jamais essayé de se soustraire à ses obligations familiales et il a encore bon nombre de personnes à sa charge. "C'est pour cela que je suis content de vivre à Sokolo. Non seulement parce que je m'y amuse davantage, mais aussi parce que je peux me rendre utile en envoyant du riz à ma famille."

En revanche, il a appris à ses enfants à être autonomes. Le monde change, il s'en est aperçu au cours de ses voyages en Europe. L'individualisme occidental commence à se manifester aussi en Afrique. "Tu vois Amidou vivre chez Bako, si Bako était marié ? C'est inconcevable, de nos jours !"

Pourtant, la situation dans le pays les rend, plus que jamais, dépendants les uns des autres. Les aînés de ses enfants ont presque tous obtenu une bourse pour aller étudier à l'étranger, mais les cadets peuvent tirer un trait dessus. Il s'inquiète pour les trois lycéens. Que vont-ils devenir s'ils sont toujours en grève ? Il aimerait les faire venir à Sokolo, mais que peut-il bien leur proposer ? S'il voulait les mettre au travail ici, il lui faudrait de l'argent pour acheter des machines, mais il n'en a pas.

La jeunesse de Sokolo est affectée par le chômage et l'instabilité ; tout le monde rêve de devenir riche du jour au lendemain. "Les Soninkés, un peuple de marchands qui partent souvent tenter leur chance ailleurs, ont un dicton : *La fortune, ou une tombe lointaine,* ce qui signifie qu'à défaut de revenir riche au pays, autant être enterré loin de chez soi."

Sissako lève les yeux. L'ouvrier chargé de la décortiqueuse vient d'entrer dans la cour. Il a toujours l'air mécontent. Quand je le lui fais remarquer, il se plaint de son maigre salaire. Je lui demande ce qu'il préférerait, il répond d'un ton hostile : "J'ai deux rêves : devenir trafiquant de drogue ou mercenaire."

Sissako a glissé sous son oreiller son canif et le morceau de caoutchouc. La magie de notre conversation matinale est rompue. Il est temps d'aller se promener.

Mes journées à Sokolo sont bientôt remplies de petits rituels et de menues occupations. Après notre visite quotidienne à l'atelier pour vérifier l'état de la décortiqueuse, nous passons devant le bureau de poste. Parfois, Sissako attend un coup de fil de Bamako ou s'informe auprès de Bina des dernières nouvelles.

Ce matin, il finit par appeler lui-même : la décortiqueuse ne cesse de tomber en panne, il voudrait que son fils Jiddou, qui suit des cours dans une école technique, vienne à Sokolo pour l'aider. "Ça lui apprendra à faire grève !"

Bina a tout juste entendu à la radio que le marché de Nouakchott a brûlé. "D'abord le marché de Dakar, puis celui de Bamako, et maintenant Nouakchott – visiblement, cela ne vous suffit pas ! lance-t-il dans ma direction.

— Que veux-tu dire ?

— Tu ne comprends donc pas ce qui se passe ? D'abord les Français ont dévalué le franc CFA et maintenant ils continuent de saboter l'économie africaine !" Bina s'adonne à ce genre de réflexions dès que je suis dans les parages. Il est originaire de Markala, un village au bord du Niger, près de Ségou. Les étrangers qui travaillent dans cette région sont plus nombreux qu'ici et son attitude vis-à-vis des Blancs s'est forgée là-bas. Il traduit en francs français tous les montants en francs CFA, pour bien me faire comprendre les effets de la récente dévaluation et me persuader que les Français continuent de tirer les ficelles ici.

Je hausse les épaules. "Les Blancs ont bien d'autres choses en tête que de brûler vos marchés.

— C'est ce que tu crois !"

Sissako assiste silencieux à notre dispute puis dit calmement : "Les Français ont eu du mal à digérer l'indépendance, c'est sûr. Mais pour ce qui est du marché de Nouakchott, je peux vous dire exactement pourquoi il a brûlé, parce que tous les marchés en Afrique fonctionnent de la même manière : un marchand a l'électricité dans son stand, et son voisin, qui n'y connaît rien, lui pompe. Les câbles sont donc surchargés et il suffit d'un court-circuit pour déclencher un incendie." Il regarde Bina, un sourire bienveillant aux lèvres. "Avec tous ces stands en bois, ça va vite, pas vrai ?"

*Le vieux** a parlé, Bina et moi, nous gardons le silence. J'admire Sissako pour sa paisible force de persuasion. Moi qui me mets toujours, inutilement, dans tous mes états quand Bina développe ses théories du complot.

Mais Bina est déjà passé à autre chose. Sissako n'aurait pas cent francs à lui prêter ?

"Pour quoi faire ?

— Acheter des brochettes.

— Comment ça, on ne te paie pas pour ton travail, tu ne reçois pas de salaire ? demande Sissako, faussement étonné.

— Bien sûr que si, mais comme vous le savez, ce n'est jamais assez, se plaint Bina.

— Mais tu ne devrais pas accepter ça, tu devrais donner ta démission !" Sissako rit. Quand Bina a fait

176

un mauvais mois, il invente toutes sortes de pré-textes pour que Sissako appelle Bamako. "A la fin du mois, Bina est prêt à tout."

Voilà Sori qui arrive et Sissako et lui se lancent en gesticulant dans une conversation en bambara. Ils semblent fâchés et je vois les yeux de Bina lancer des éclairs diaboliques ; les conflits, il adore ça. Soudain, Sissako saisit les pans de son boubou, les rabat sur ses épaules et sort d'un pas décidé du bureau de poste. Sori soupire et le suit, en traînant des pieds.

"Que s'est-il passé ?

— Oh, ils font souvent ce numéro", dit Bina d'un air rayonnant. Bientôt, cela fera cent ans que l'école de Sokolo existe. Sori a chargé un certain Kamara d'organiser les festivités. Sissako estime qu'il n'y a rien à fêter : l'école est dans un état déplorable, les élèves sont une bande de sauvages et le plus incapable de tous, c'est Kamara lui-même. Sissako reproche à Sori d'avoir choisi un analphabète, pour le manipuler plus facilement : une ruse classique de politicien.

"Le matin, ils se volent dans les plumes, dit Bina, mais le soir, ils partagent le même repas, comme les meilleurs amis du monde !"

Bina aime *bâ Sissako*, comme il l'appelle avec respect. "C'est dans les vieilles marmites qu'on fait les meilleures sauces", dit-il. Sans *le vieux**, sa vie à Sokolo aurait bien moins de sens. Les villageois sont arriérés, se plaint toujours Sissako, ils ne veulent pas aller de l'avant. Sissako ne parle pas de ces choses avec moi – il considère probablement qu'il s'agit de questions intérieures qui ne concernent pas une Blanche.

Amadou vient me chercher pour aller au marché hebdomadaire d'un village voisin, où il doit vendre pour son père six cents kilos de riz. Il porte un jeans, une chemise et son inséparable chapeau mexi-cain ; son apparition a quelque chose d'étrange au milieu des marchands en boubou et enturbannés, debout derrière leurs étals, mais il sait bien négocier et obtient le prix qu'il demande. Abidjan a eu au moins le mérite de l'aguerrir.

Pour fêter le succès de sa transaction, nous allons dans la cantine d'une caserne, où l'on vend bel et bien de la bière. En dépit de la présence de trois réfrigérateurs, la bière est tiède. Je constate qu'il n'en est pas à sa première visite et il est évident que notre escapade doit rester secrète pour *l'homme**.

Ce dernier nous attend chez lui et s'est inquiété : je n'ai rien mangé cet après-midi-là et j'ai certainement trop pris le soleil. Quand il entend qu'Amadou a l'intention de m'emmener, le lendemain, voir les rizières de Sori, au nord de Sokolo, il dit : "Pas question. C'est trop dangereux."

C'est Jerry qui me montrera les champs autour de Sokolo. Bina tient à ce que nous emportions sa gourde, car je ne serais pas la première Blanche à m'effondrer pendant une telle promenade. C'est une gourde dorée qu'un pèlerin lui a ramenée de La Mecque. Dès que je la mets en bandoulière, j'ai l'impression de partir en excursion scolaire.

"Tu ne veux pas de gants, pour te protéger des moustiques ?" demande Bina. Il raconte qu'à Markala, les Blancs portaient des gants jusqu'aux épaules et que lorsqu'ils restaient assis dehors, le soir, ils s'enveloppaient les pieds dans des sacs en plastique. Les sœurs portugaises lui avaient avoué qu'auparavant, elles croyaient que les Noirs avaient des queues, qu'on leur coupait à leur arrivée en Europe.

En sautant par-dessus des rigoles, Jerry et moi nous frayons un chemin à travers un paysage plat où des batteuses hollandaises séparent les grains de riz des tiges moissonnées. Des groupes de femmes parcourent les rizières asséchées, des bâtons à la main pour frapper les tiges. Deux équipes passent au même endroit, car rien ne doit se perdre. Les femmes sont payées en riz.

Je plisse les yeux et vois le tableau accroché au mur chez mes parents et sur lequel ma mère – petite silhouette courbée dans un champ de blé jaune sous un soleil de plomb – lie les épis en bottes.

Les pailles de riz égrainées sont chargées sur des charrettes et emportées au village. Elles servent d'aliments pour les bêtes ou bien sont mélangées à de la bouse de vache, de la terre et de l'eau, pour former un emplâtre dont on enduit les maisons avant la saison des pluies.

En chemin, nous croisons des enfants qui portent des plaques d'argile sur lesquelles ils ont tendu des fils. "Ils les enterrent juste en dessous de la surface du sol et posent dessus quelques grains de riz, dit Jerry. Les oiseaux qui viennent les manger s'empêtrent désespérément dans les fils.

— Et que font-ils des oiseaux ?

— Ils les mangent." Cela donne un peu de goût à la nourriture, comme les petits poissons qu'ils attrapent dans l'étang. Jerry l'a fait, lui aussi, dans son enfance.

Plus tard, quand je demande à Sissako si ces instruments de torture existaient déjà de son temps, il acquiesce. Mais lui n'en a jamais eu un. "Je serais incapable de tuer même un serpent."

Au cours de notre promenade, on nous accoste souvent. Des hommes jeunes me demandent si je veux bien les emmener en Hollande, des femmes proposent de me tresser les cheveux ou de me tatouer les lèvres en bleu. Mais Jerry m'a déjà intégrée dans son propre système économique. Sa petite sœur lave mon linge à l'étang et surgit à tout propos dans la galerie de Sissako, munie de messages de Jerry, qui portent des instructions sur l'argent que je dois lui donner, tantôt pour acheter du savon, tantôt pour payer l'homme qui repasse. Ce sont de petites lettres formelles, systématiquement signées *"ton Jerry*"*.

En compagnie de Sissako, Sokolo donne l'impression d'être un village solide, tandis qu'avec Jerry à mes côtés, l'endroit devient incertain. Jerry est un des rares jeunes du village à savoir lire et écrire. La première année de l'école élémentaire est souvent très fréquentée, mais dans les classes supérieures, le nombre d'élèves diminue. Les parents retirent leurs enfants de l'école parce qu'ils en ont besoin dans les champs.

Tous les après-midi, Jerry et ses amis se réunissent dans la maison de ses parents. La plupart d'entre eux ne sont allés qu'à l'école coranique et me posent des questions par l'intermédiaire de Jerry. Eux aussi veulent savoir s'il existe des musulmans en Hollande. A la radio, ils ont entendu dire que beaucoup d'Européens se tournent désormais vers l'islam. Même un grand philosophe français est devenu musulman, Roger Garaudy – ils sont ravis que je sache qui il est.

Tout comme Bina connaît les secrets téléphoniques de Sokolo, Jerry en connaît les secrets épistolaires, car des parents lui demandent souvent d'écrire les lettres à ceux de leurs enfants qui ont quitté Sokolo.

"Que leur racontent-ils ?

— La plupart du temps, il s'agit des recommandations d'usage.

— Comme quoi ?"

Jerry rit d'un air gêné. "Je suis allé à l'école des Blancs, moi je n'y crois pas, mais les parents demandent au marabout de fabriquer des gris-gris, pour que leurs enfants fassent fortune à l'étranger. Alors je dois écrire ce que contient le gris-gris et comment le destinataire est censé l'utiliser."

Au début, en tant qu'entraîneur d'un club de football, il refusait que ses joueurs portent des gris-gris, mais après deux défaites successives de l'équipe de Sokolo, il était moins sûr de lui.

En dehors de l'islam, Jerry et ses amis parlent beaucoup de magie. Ils me racontent l'histoire d'un musicien qui était capable de jouer de son instrument sans le toucher. Enfant, il avait été élevé par le diable, puis il était devenu aveugle et avait reçu des pouvoirs magiques. Et n'ai-je donc jamais entendu parler du grand marabout qui vivait juste en dehors de Sokolo ? Il savait faire disparaître à distance des documents compromettants pour des fonctionnaires accusés de corruption. Même Moussa Traoré, l'ancien président, était venu le consulter.

Je pense à l'époque où Amidou vivait ici. Il s'était mis à penser différemment, m'avait-il dit. A Sokolo, au bord de la rivière, vivaient des esprits qui, d'un seul coup, pouvaient t'entraîner dans l'eau. Bako éclatait de rire quand il l'entendait tenir ce genre de propos : "Je veux le voir pour le croire !"

Sissako sourit d'un air qui en dit long quand je l'interroge sur le musicien aveugle. "Oui, il paraît qu'il avait quelques dons." Il ne croit pas à ces choses-là. Il estime que certains marabouts sont de bons psychologues, mais pour lui, un marabout qui aide un fonctionnaire corrompu est un traficoteur qui a conclu un pacte avec le diable.

Parfois, Jerry et ses amis viennent me chercher à la maison et traînent un petit moment dans la galerie. Maintenant que la récolte du riz touche à sa fin, ils sont désœuvrés. A Sokolo, Sissako est une des rares personnes âgées qui parlent avec eux. Encore récemment, il a essayé de les convaincre que la Terre est ronde. Mais l'oisiveté dans laquelle Jerry et ses amis sont plongés toute la journée l'irrite aussi. Il les traite de bande de flemmards et quand, un après-midi, l'un d'eux se hasarde à l'appeler *grand-père*, il proteste : "Je ne suis pas ton grand-père. Dans la société maure, les grands-pères ne daignent pas parler à leurs petits-enfants."

Mais de tous ceux que je rencontre dans l'entourage de Sissako, c'est Bina qui m'intéresse le plus. Il a le sens de l'humour, la langue bien affilée, et son handicap ne semble aucunement l'empêcher de mettre le monde dans sa poche. Son bureau de poste est le centre nerveux de Sokolo et j'y fais régulièrement un saut.

Sissako paraît soulagé que je commence à trouver mon chemin, mais quand, un soir, Bina m'invite à dîner chez lui, je constate qu'il n'est pas tranquille. Les enfants roulent sans phare, dit-il ; quelqu'un à vélo finira par me renverser. Il décide de me faire accompagner par un ouvrier.

Bina est installé dehors, dans sa chaise longue, et me salue, comme d'habitude, avec morosité : *"Ça va quand même* ?"* Le jus de gingembre frappé, mélangé à des feuilles de menthe, avec lequel il est sur le point d'interrompre son jeûne, est déjà prêt. C'est un des grands plaisirs du ramadan : ne rien boire de toute la journée, puis porter à ses lèvres un gobelet de jus de gingembre glacé. Il achète la glace auprès du seul homme de Sokolo qui possède un réfrigérateur à pétrole.

Assise sur un tabouret, sa femme Rokia prépare à manger. Elle a un beau visage aux traits fins et, comparée à Bina, de carrure imposante, elle paraît gracile et frêle. Leur relation est basée sur la tendresse. Il l'appelle fièrement la reine du *to*, car, d'après lui, elle fait la meilleure bouillie de mil de tout Sokolo.

Quand l'appel du muezzin retentit, Bina me tend un verre de jus de gingembre et Rokia pose devant nous une calebasse de bouillie de riz et deux cuillères en bois. Elle a mal aux dents depuis des semaines, mais le dentiste à Ségou refuse de la soigner pendant sa grossesse. Et maintenant, pour comble de catastrophes, sa chèvre a disparu. "Elle voulait son indépendance, dit Bina en me lançant un regard, prématurément, comme les Africains."

Bina est arrivé à Sokolo il y a deux ans. Après l'attaque des rebelles, son prédécesseur s'est enfui et le bureau de poste menaçait de fermer. Bina s'est senti obligé de poser sa candidature ; enfant, il avait été à l'école coranique à Sokolo et il avait aussi suivi sa formation de receveur des postes dans le village.

C'est le seul de sa famille à être allé à l'école. "Je le dois à ma jambe paralysée, dit-il en souriant, sinon, mon père m'aurait mis au travail comme les autres dans les rizières."

À l'école, tout le monde était convaincu qu'il aurait un avenir exceptionnel. Il lisait non seulement des auteurs africains, mais aussi Balzac, et quand il était arrivé à Sokolo, il espérait enfin trouver le calme pour écrire. Il avait déjà son sujet : son père était un homme politique et avait souvent recours à des gris-gris pour rester au pouvoir. Il avait déjà noté une quantité d'anecdotes. Mais à Sokolo, il parvient moins que jamais à écrire. La distance qui le sépare du monde où on lit et écrit est trop grande. "Je n'ai même pas sorti mes notes des cartons depuis mon arrivée !"

La nuit est tombée et nous nous installons à l'intérieur où, à la lumière d'une lampe à pétrole, nous poursuivons notre repas. Un homme frappe à la porte pour demander s'il peut appeler Brazzaville. Bina revient, son chronomètre à la main. Il rit, sournoisement. "Il veut que je le laisse seul, chuchote-t-il. Comme si je ne savais pas de quoi il est question dans toutes ces conversations avec Brazza : d'argent ! La seule différence, c'est le montant de la somme qu'ils mendient."

Bien sûr, lui aussi manque cruellement d'argent. Au début de chaque mois, il remplace les six piles de sa radiocassette. Quand elles sont mortes, il attend le mois suivant pour en acheter de nouvelles. Pendant ce temps, toute sa famille lui demande de l'aide. Ils réclament de luxueux boubous brodés, sans jamais s'enquérir de ce qu'il gagne vraiment. "Ils se disent : tant qu'il y en a assez pour un, il y en a pour mille !" C'est un des sujets sur lesquels il demande conseil à bâ Sissako : comment s'en sortait-il quand il était fonctionnaire ?

"Mais alors, comment as-tu pu te procurer une chaise roulante ?" lui ai-je demandé. Pour un homme qui touche un salaire comme le sien, le prix doit être rédhibitoire.

Bina sourit d'un air malin. Dans un lointain passé, il avait écrit à l'Association des Paralysés une lettre, à laquelle il avait ajouté une photo de lui, avec sa jambe infirme. Il ne reçut aucune réponse, mais ne se laissa pas décourager, car comme son père disait toujours : "La vie est un combat ; les vaincus sont ceux qui perdent courage." Dès qu'il vint travailler au bureau de poste de Sokolo, il téléphona à l'association en France. "Quand j'ai appris qu'ils venaient au Mali avec trois chaises roulantes, je suis parti à toute allure à Bamako et on m'en a donné une en cadeau sur-le-champ. Les deux autres sont restées au ministère – elles ont sûrement été détournées vers le circuit commercial."

Il lui faudrait économiser pendant vingt-cinq ans pour acheter ce genre de chaise. Même les chaussures orthopédiques que lui ont données les sœurs portugaises à Markala, il n'aurait jamais pu les acheter. "Je me fais déjà du souci pour ce qui arrivera quand elles seront usées !"

Heureusement, en lançant un appel dans le journal de l'Association des Paralysés, il a établi une correspondance dynamique avec plusieurs Français. Une vieille femme à l'écriture tremblotante s'est mise à le considérer comme son fils. Elle lui expédie régulièrement des colis de Perpignan. "Rokia, montre un peu ce qu'elle nous a envoyé récemment !"

Rokia disparaît dans la chambre à coucher et revient avec une statue de la Vierge en porcelaine. Elle la porte avec précaution, comme s'il s'agissait d'une poupée. "Regarde, dit-elle, une des mains s'est cassée en route.

— Elle sait que vous êtes musulmans, cette dame ?

— Je crois bien que oui, dit Bina en grimaçant, mais ça ne la retient pas. Il n'y a pas longtemps, elle était à Lourdes. Là-bas, elle a gravé mon nom au pied de la statue de la Vierge." Il me fait penser à Wangrin, le personnage principal de *L'Etrange Destin de Wangrin*, le roman picaresque d'Hampâté Bâ, qui sait lui aussi tirer parti des situations les plus improbables.

Comparé à beaucoup d'habitants de Sokolo, Bina n'a pas à se plaindre. Sa maison est bien tenue et c'est la première fois depuis le début de mon séjour dans le village que je mange à table. Pourtant, il se sent frustré. Il avait des rêves, il voulait écrire, améliorer son existence, et maintenant, il touche un salaire de misère dans un coin reculé du pays et se bat contre l'avidité de sa famille.

Et la dévaluation est venue s'ajouter à tout cela. Je commence à comprendre ses plaisanteries amères de ces derniers jours. Ses grands héros sont Saddam Hussein, Pablo Escobar et Jacques Mesrine – qu'il considère comme les Don Quichotte des temps modernes. Il suit les grèves étudiantes avec intérêt, pour lui, elles ne sont jamais assez violentes. Il me parle avec un malin plaisir de l'article 320, un terme qui date des émeutes étudiantes de 1991, quand un litre d'essence coûtait encore trois cents francs et une boîte d'allumettes vingt francs. A la même époque, des membres du gouvernement furent *brûlés vifs**. *BV*, comme on disait. "Depuis la dévaluation, on dit *article 440*, bien sûr, dit-il, parce que l'essence et les allumettes ont augmenté."

Quand on aborde le sujet des rebelles touaregs dans la région, Bina se dirige vers le placard en bois et dit d'un ton mystérieux : "Je vais te montrer quelque chose." Il revient en tenant une photo d'un vieux Touareg, assis à l'arrière d'un pick-up, le regard égaré. Son pantalon est déchiré, il tient un hawli bleu ciel entre ses jambes pour cacher sa nudité.

"Qui a pris la photo ?

— C'est moi !" Le ton de sa voix est triomphant. L'homme était soupçonné d'être un indicateur à la solde des rebelles. Pendant quelque temps, il avait bivouaqué dans un village voisin. Une nuit, peu après son départ, tout le bétail avait disparu. Quand l'homme était réapparu, les habitants l'avaient saisi au collet et emmené à Sokolo, où le chef d'arrondissement devait décider de son sort. Mais comme d'habitude, ce dernier n'était pas là. En chemin, ils avaient déjà gravement malmené le suspect. Le chef du village de Sokolo lui avait donné son hawli pour

185

se couvrir. Bina avait pris la photo au moment où les villageois s'apprêtaient à l'emmener à un poste militaire.

"Mais il n'est jamais arrivé.

— Comment ça ?

— Je ne sais pas. Ils l'ont achevé en route, je suppose."

J'observe l'homme de nouveau. Ses yeux vert clair ont un regard vide. Il devait savoir ce qui l'attendait.

"Les gens de Sokolo n'ont pas confiance dans les militaires, dit Bina, ils résolvent leurs problèmes tout seuls. Pourquoi crois-tu qu'ils ont construit un mur autour du cimetière ?

— Pourquoi ?

— Beaucoup de marabouts et d'autres personnalités importantes y sont enterrés. Les esprits des ancêtres doivent les protéger des rebelles.

— Et toi, tu y crois ?

— Je n'y croyais pas quand je suis arrivé ici. Je trouvais qu'ils auraient mieux fait d'investir dans une maternité pour que moins d'enfants se retrouvent au cimetière. Mais maintenant je ne sais plus."

Bina range la photo. Rokia s'est déjà couchée et je me dis qu'il est temps pour moi de partir. Sur la terrasse, Bina regarde la lune, suspendue dans le ciel telle une puissante lampe. "Tu sais que Rokia et moi, nous n'avons pas dormi dans notre lit la nuit dernière ?

— Pourquoi pas ?

— A cause des rebelles", chuchote-t-il.

J'ai cru qu'il plaisantait, mais il est sérieux. Des rebelles ont été à nouveau signalés aux alentours de Sokolo. Le chef d'arrondissement et Bina vivent à l'entrée du village et ont des fonctions stratégiques – le chef du village leur a conseillé de dormir ailleurs. "Rokia a oublié d'un seul coup son mal de dents, je te le garantis !"

"Où avez-vous dormi ?" Moi aussi, je me suis mise à chuchoter, même s'il n'y a pas âme qui vive dans les environs.

"Je ne te le dirai pas !

— Dans le puits, sûrement."

Bina me lance un regard alarmé. "Qui t'a parlé du puits ?

— Je ne sais plus." C'est comme si j'avais dit quelque chose de mal, bien que je ne comprenne pas vraiment quoi.

Le lendemain, Amadou me fera subtilement remarquer : "Les rumeurs concernant les rebelles ont repris de plus belle depuis ton arrivée. Qui sait ? Peut-être que tu es une espionne." Sori vit à l'autre extrémité du village et court lui aussi un danger, d'autant que les blessés d'un précédent affrontement ont été emmenés à la ville dans son pick-up.

A la maison, la flamme de la lampe à pétrole est à son niveau le plus bas et, quand je me faufile dans la galerie, j'entends Sissako bouger. Il se redresse.

"Vous ne dormiez pas ?

— Non.

— Vous étiez inquiet ?"

Il marmonne quelques mots sur les enfants qui roulent sans phare.

"Je suis désolée", dis-je. Mais il s'est déjà endormi. Quant à moi, je reste longtemps éveillée. J'entends des bruissements et des grignotements. Le matin même, j'ai vu un rat foncer à travers la cour. Serait-il en train de se régaler de mon sac de couchage ? Ou bien ai-je tiré de leur sommeil les hirondelles au-dessus de ma tête ?

Il fait encore nuit dehors quand je me réveille. Quelqu'un farfouille sous mon lit. Je ne bouge pas d'un pouce. Ma moustiquaire s'est-elle détachée et Sissako essaie-t-il de la remettre en place ? Puis j'entends d'énormes craquements. Des nouvelles sur les élections au Togo, les manifestations au Gabon et l'état d'urgence au Congo pourfendent l'air dans un grand sifflement.

La radio ! Hier, nous sommes allés la chercher chez le boutiquier maure sur la place du marché. Son magasin ressemble à un désespérant bric-à-brac où s'entassent câbles, interrupteurs et antennes tordues, mais tout peut y être recyclé, réparé et copié.

Le matin, à cinq heures, Sissako écoute les nouvelles sur RFI. C'est là qu'il a entendu pour la première fois que le film *Octobre* avait été bien accueilli à Cannes, me dit-il pendant le petit déjeuner. Cela lui avait fait plaisir, c'est sûr, même s'il n'a jamais vu le film et que, de manière générale, le cinéma ne l'intéresse guère. La dernière fois qu'il est allé au cinéma, c'était en 1951 à Bamako. Deux amis l'y avaient emmené. Pendant le générique, il dormait déjà. "Tu es un homme-serpent, lui disait son médecin. Quand tu entends de la musique, tu es hypnotisé, comme un serpent par la flûte d'un charmeur."

Après le petit déjeuner, Sissako prend le canif sous son oreiller et continue de tailler le morceau de caoutchouc destiné à la cafetière de Kady. Aujourd'hui, c'est le jour du marché à Sokolo. Avec un peu de chance, son fils Jiddou arrivera dans un camion qui passe de ce côté-ci.

Quant à moi, j'ai réservé une place dans la voiture de Moussa, qui part demain à Niono. De là, je prendrai un taxi-brousse pour Bamako. Maintenant que mon départ approche, je m'aperçois que, peu à peu, je suis entrée dans une autre dimension temporelle. Faire réparer une radio, reproduire un joint de caoutchouc pour une cafetière, recevoir et envoyer des petits mots à propos de vêtements que l'on doit laver et repasser – voilà les occupations dont mes journées ont commencé à se remplir irrévocablement. Le film *Octobre* d'Abderrahmane, qui m'a amenée à Sokolo, est devenu une faible lueur n'émettant presque plus de signaux.

Dans un moment d'égarement, j'ai promis à Rokia de faire des crêpes avant mon départ, ce qui a déclenché une intense activité, car où peuvent-ils trouver des œufs ? Ici, on n'en mange pas, on les laisse éclore. Depuis ma proposition, la chasse à l'œuf est ouverte dans Sokolo et les environs. Sissako a demandé aux marchands de nous mettre de côté ceux qu'ils reçoivent et Bina a téléphoné à ses collègues des bureaux de poste avoisinants et s'est déclaré prêt à aller chercher, à mobylette, tous les œufs dans un rayon de quinze kilomètres.

En quête d'œufs, Jerry et moi errons dans le marché. Nous nous arrêtons devant un étal où l'on peut acheter des têtes de chats sauvages séchées dont les marabouts se servent pour fabriquer leurs gris-gris. Mais point d'œufs !

"Maintenant, nous n'avons plus qu'à espérer que le marché ne prenne pas feu !" dit Bina en apprenant où je suis allée. Il est parvenu à réunir treize malheureux petits œufs. Il me regarde les casser un à un et dit : "Ton séjour ici va faire sensiblement baisser la production de poussins à Sokolo." Il se plaint que je vais le ruiner en donnant à sa femme une recette à base d'ingrédients aussi coûteux que du lait et des œufs.

Quand je rentre chez Sissako, Jiddou est assis, en sueur, dans la galerie, son baladeur posé sur les genoux. Un camion l'a déposé à l'entrée du village, il a dû marcher un bon bout de chemin. Lui aussi a apporté un grand carton. C'est la première fois qu'il rend visite à son père et, bien que les regards qu'il lance à la ronde trahissent son dépaysement, il dit qu'il est heureux que son père l'ait appelé auprès de lui. Il a apporté un manuel d'instructions sur les moteurs diesel, qui l'aidera, espère-t-il, à comprendre un tant soit peu le fonctionnement de la décortiqueuse.

Sissako entre dans la cour. Il jette un rapide coup d'œil dans le carton. Des biscuits au sésame, des melons, des bananes. *"Je ne vois rien d'intéressant**", dit-il. Puis il s'allonge sur son matelas et bombarde Jiddou de questions sur les grèves à Bamako.

Jiddou n'a plus rien du jeune garçon désœuvré que j'ai vu dans la cour à Hamdallaye, c'est bien le digne fils de son père. Rien ne l'étonne ici – il connaît son père, qui se moque des apparences extérieures. "A Bamako, ils font tous comme s'ils étaient très occupés, dit-il d'un ton philosophe. Ici on n'a pas besoin de ça, tout est clair."

Ce soir-là, nous apportons une assiette de crêpes chez Sori. C'est la pleine lune et quand nous rentrons à la maison, le village est animé. Les enfants chantent et dansent dans les rues. Au milieu du mois du ramadan, les *djinns* qui d'habitude errent dans la nuit sont enchaînés ; on peut donc jouer dehors en toute sécurité. Nous passons devant un groupe de garçons qui portent des cornes de vache sur la tête et défient les djinns en chantant :

> *Tu as vu le djinn ?*
> *Le djinn a teint*
> *ses pieds au henné.*
> *Le djinn a teint*
> *ses mains au henné.*

Tout est si paisible tandis que nous rentrons à la maison sur le chemin de sable, éclairé par la lune. Rien ne laisse entrevoir ce qui se passera ici à peine un an plus tard. Par cette même voie, tôt le matin, les rebelles se glisseront dans Sokolo, en direction de la maison de Sissako. Ils le dépouilleront de l'argent que son fils Mohammed lui avait envoyé peu de temps auparavant et de tous les objets de valeur dans son *magasin**.

Puis ils l'emmèneront comme otage vers le marché, en tirant des coups de feu en l'air. En chemin, il verra, gisant par terre, l'homme abattu d'un coup de fusil par les rebelles à leur arrivée dans le village. Tout Sokolo est réveillé, mais personne ne se montre, pas même la garde civile. "J'ai toujours su que les gens de Sokolo étaient des lâches", dira Sissako plus tard avec résignation.

Les rebelles sont des hommes jeunes et nerveux. Il essaie de leur parler, de les apaiser. Cela se passe comme sa deuxième femme, Mariem, l'avait prédit : sa connaissance du tamacheq le sauve.

190

"Qu'est-ce qu'on fait du vieux ? demande un des rebelles quand ils auront terminé de piller toutes les boutiques sur la place du marché.

— Laisse-le partir", dit son chef.

Les câbles téléphoniques sont sectionnés, Sissako doit marcher jusqu'au village voisin pour appeler Bamako. Un instant plus tard, la nouvelle de l'attaque de Sokolo se répand dans le monde entier, fusant de chez Amidou à Bamako jusqu'à Abdallah à Nouakchott, de chez Abderrahmane à Paris jusqu'à Amsterdam, où se déroule une télécopie : *Les rebelles touaregs ont attaqué Sokolo. Ils ont pris papa en otage, mais il est sain et sauf. Je suis à la maison.*

Au téléphone, la voix d'Abderrahmane est oppressée. Il ne s'était pas vraiment rendu compte du danger de l'endroit, avoue-t-il, son père écartait toujours la menace des rebelles d'un haussement d'épaules. En attendant, Aziz a quitté Ségou en direction du nord et Amidou est aussi parti pour Sokolo.

"Tout le monde veut que papa revienne à Bamako", dit Abderrahmane. Mais son père a déjà fait savoir au téléphone qu'il n'a pas la moindre intention de partir. La récolte vient de commencer, sa décortiqueuse tourne à plein régime. Comment quitter Sokolo à un moment pareil ?

MALI BLUES

Je croyais en avoir terminé. Je voulais seulement jeter un dernier coup d'œil à ce paysage. Mais depuis cet après-midi, je ne sais plus. *Boubacar Traoré*. Cela fait des mois que j'écoute sa musique triste. Si différente de la musique pop zaïroise qui inonde ce continent que je me suis demandé comment il était parvenu à faire son chemin jusqu'à une maison de disques anglaise.

Hier, je l'ai vu jouer en public. Un chanteur de blues de cinquante-cinq ans environ, vêtu d'un costume foncé et coiffé d'une casquette à carreaux. Il était seul sur scène, avec sa guitare. Un microphone était posé à ses pieds, qui battaient la mesure.

Une de ses chansons a déclenché l'enthousiasme des Maliens dans la salle. *Mali Twist* – certains ont bondi sur scène et se sont mis à danser. L'homme à côté de moi tapait dans ses mains, un sourire réjoui sur les lèvres. "Ça, c'est notre jeunesse", a-t-il dit. Pendant des années, les Maliens se sont réveillés au son de cette chanson à la radio. Elle appelait les expatriés à rentrer pour construire le pays. C'était juste après l'indépendance, en 1963. *Kar Kar, blouson noir**, l'appelait-on à l'époque, parce qu'il portait un blouson de cuir comme Johnny Hallyday et Elvis Presley. La nostalgie faisait vibrer la salle.

A la fin du concert, comme il était seul, une bouteille de Coca à la main, j'osai l'approcher pour fixer un rendez-vous avec lui. Ali Farka Touré, récemment honoré du prix Grammy aux Etats-Unis pour le disque qu'il a enregistré avec Ry Cooder, était là aussi. Plus tard, je les vis sortir ensemble. Farka portait sa guitare – un signe de respect pour son aîné.

J'ai du mal à trouver sa maison. Près du club *New Galaxie*, je devais demander des indications, avait-il dit, mais les gens me regardent d'un air surpris. Boubacar Traoré ? Jamais entendu parler. Puis je mentionne son surnom, *Kar Kar*, et quelqu'un comprend aussitôt. "Kar Kar, le musicien ? Mais il est en France !" Un vendeur de parfums croit savoir qu'il habite tout près. Il pointe le doigt en direction de la colline, derrière une petite usine qui expulse dans le ciel un panache de fumée noire. Des enfants crient "*Toubab, toubab !* Blanche, Blanche !" et m'accompagnent, si bien que j'arrive chez lui en grande délégation.

Etendu sur un matelas dans sa cour, il écoute la radio. Un match de football, d'après le bruit. Il semble agréablement surpris que je n'aie pas seulement dit que j'allais venir, mais que je sois bel et bien venue. Un visiteur se sauve après m'avoir poliment saluée.

En dehors de la casquette à carreaux, rien ne rappelle l'homme de scène. Il porte une chemise sur un pantalon usé à rayures orange et noir. A l'ombre d'un manguier est garé un vélomoteur Peugeot bleu, orné d'un autocollant *Allah is great*. La porte métallique de sa chambre est ouverte ; il a collé sur l'armoire une affiche de son concert. Sous l'auvent en paille se tient un mouton et plus loin picorent quelques poules.

Son français vient de loin, j'ai du mal à le comprendre. Il a beau répéter au moins trois fois qu'il est content que je sois venue, les questions que je pose ricochent contre un mur d'incompréhension et de méfiance. Pourquoi ai-je envie de savoir quand il a commencé à chanter ou quand il a enregistré son premier disque ? Que vais-je faire de ces *renseignements* ? Son visage se ferme, les traits autour de sa bouche se durcissent. Il donne l'impression de considérer sa vie comme une succession de secrets qu'il doit protéger à tout prix.

Pourquoi on l'appelle Kar Kar ? Ça, il veut bien me le raconter. Dans sa jeunesse, il avait été un footballeur de talent. A douze ans, ne parvenant à se concentrer sur rien d'autre, il avait quitté l'école. Il savait si bien dribbler – *kari kari* en bambara – que ses supporters l'encourageaient à ces cris. Quand il a commencé à chanter, tout le monde le connaissait sous le nom de Kar Kar.

A la tombée de la nuit, il entre dans sa chambre pour allumer une bougie. Je me rends compte alors qu'il n'a pas l'électricité. Pas plus que l'eau courante ; une cruche en terre cuite garde l'eau potable au frais. Accroupi sous le manguier, il fait ses ablutions. Je le regarde en silence, mais il poursuit la conversation comme si de rien n'était. Ai-je senti le vent frais qui souffle dans la cour ? Là-bas – il pointe le doigt en direction du centre de Bamako –, la chaleur s'installe entre les maisons. Mais la colline est gorgée d'eau qui ruisselle le long des rochers et qui, pendant la saison des pluies, jaillit et déferle vers le bas, formant des flots toujours plus puissants ; parfois, tout le quartier est inondé.

Après avoir déroulé une peau de mouton, il se tourne vers La Mecque. Au moment où il s'incline, je remarque qu'il porte trois étroites lanières de cuir autour des hanches. Des gris-gris. Comme prise sur le fait, je détourne le regard.

Dans l'obscurité, les bruits s'amplifient. Quelque part grondent des roulements de tam-tam. Soudain, des acclamations prolongées font trembler la colline. "Tu as entendu ces cris ?" demande-t-il après sa prière. "La Hollande joue contre l'Italie. Je crois que vous avez marqué un but."

Nous descendons la colline en direction de la route asphaltée. Je suis venue en taxi ? Alors que le *douroudourouni*, le petit cinq-cinq, s'arrête tout près ! Autrefois, un ticket coûtait vingt-cinq francs. A chaque nouveau président, le prix a augmenté, mais le nom est resté.

Il rit en me voyant allumer ma lampe de poche. Quand il est rentré de France, il y a quatre ans, lui aussi se promenait avec une lampe de poche le soir. "Kar est devenu aveugle en France !" s'écriait tout le monde. Pendant deux ans, il avait porté des chaussures – ses plantes de pied étaient aussi douces que celles d'un bébé.

Avant même de m'en apercevoir, j'ai encore posé la mauvaise question. "Non, je ne suis pas allé en France pour faire de la musique, dit-il sèchement. Ma femme, Pierrette, venait de mourir. Je devais gagner de l'argent. J'ai travaillé dans le bâtiment." Pierrette – il la chante dans ses chansons les plus tristes. Je croyais qu'elle était française, mais apparemment, elle était *métisse**.

J'aimerais en savoir plus, mais il enchaîne déjà sur autre chose. A Paris, il habitait dans un *foyer** avec d'autres émigrés africains. Les Zaïrois refusaient systématiquement d'acheter un ticket de métro. Ils disaient que tout l'acier des trains français venait du Zaïre – pourquoi auraient-ils dû payer !

Des gens assis devant leur maison écoutent la radio ; ici et là, un téléviseur est allumé. Parfois, une voix émerge de l'obscurité. *"Kar Kar, ça va** ? – Anitié !* Merci ! *Ça va très bien**."* Un garçon pousse une charrette remplie de jerrycans en plastique. "Hé, ça fait longtemps que je ne t'ai pas vu ! crie Kar. T'as une petite amie dans un autre quartier, ou quoi ? J'ai besoin d'eau !"

A la station de taxis, il a une prise de bec avec un chauffeur. Deux mille francs, il ose demander ! Ils se disputent en bambara. Contrarié, il m'entraîne de l'autre côté de la rue. "Il est arriéré, celui-là !

— Qu'est-ce qu'il a dit ?

— Qu'en tant que frère noir, je ne devais pas essayer de l'arnaquer, que les Blancs ont plein d'argent.

— Que lui as-tu répondu ?

— Qu'il est dépassé ! Qu'il y a des pauvres et des riches chez les Blancs, comme chez les Noirs ! Quand on ne sait pas ça, on est en retard. Quand il a voulu baisser son prix, je lui ai dit : même pour cent francs, je ne la laisserai pas monter dans ta voiture ! Je lui ai demandé comment il réagirait s'il avait une invitée hollandaise et qu'un Malien essayait de la rouler ? Il a compris ce que je voulais dire, il m'a donné raison."

Une fois assise dans le taxi, je me dis que je ne peux pas partir maintenant. Pas encore. Je sens qu'à la dernière minute, juste avant mon départ, je suis entrée dans une nouvelle histoire.

C'est si difficile de parler avec lui ! Il ne comprend pas ce que je cherche, et moi je le sais à peine. Il fait partie de ces années d'espoir qui ont suivi l'indépendance, mais en cours de route quelque chose s'est brisé, d'une manière ou d'une autre sa carrière s'est retrouvée dans l'impasse. "J'ai tout fait pour mon pays, dit-il, mais les hommes politiques sont ingrats, ils ne m'ont rien donné en retour. Des centaines de musiciens ont été décorés – certains n'étaient même pas maliens ! – mais moi on m'a toujours oublié."

Comme il ne pouvait pas vivre de sa musique, il a exercé toutes sortes de métiers. Il ne s'est pas coupé des couches inférieures de la société, comme tant d'intellectuels de ce pays. Il fait toutes ses courses dans de petites boutiques près de chez lui. Deux cigarettes, un minuscule sachet de Nescafé, cinquante grammes de lait en poudre, deux bougies. Les poignées brûlantes de ses faitouts, il les empoigne à l'aide de prospectus publicitaires, pliés plusieurs fois, de Radio Nederland, qu'un journaliste lui a envoyés un jour. Quand il allume une bougie, il saupoudre un peu de sucre au-dessus. Pour qu'elle se consume plus lentement.

Ces allers et retours entre chez lui et les boutiques ne le dérangent absolument pas. Tout le monde le fait, ce qui favorise les rencontres et les conversations en chemin.

"Pourquoi n'achètes-tu pas un paquet de cigarettes ? Ce serait plus avantageux, non ?

— Mais je les fumerais à la chaîne !"

L'économie dans laquelle il vit est totalement différente de la mienne. De toute évidence, les CD et les cassettes qu'il a enregistrés n'ont guère changé son mode de vie. Chez nous, il aurait probablement fait carrière ; il aurait un imprésario, une villa, une voiture, une vie mouvementée. Mais le monde du *show-biz* lui est étranger. C'est un aspect de lui qui me plaît, mais rend le contact plus difficile entre nous. Face aux questions les plus ingénues, il monte sur ses grands chevaux. Pourtant, je sens qu'il recèle une quantité d'histoires.

Cet après-midi, nous sommes montés en haut de la colline. Le mouton nous accompagne. Près du sommet coulent effectivement plusieurs sources. Il fait frais, les vergers sont plantés de manguiers et de bananiers et des enfants jouent dans de petits ruisseaux. En contrebas, je mets quelque temps à apercevoir la maison de Kar : une parcelle rectangulaire entourée d'un mur avec un portail gris en fer, trois chambres aux petites fenêtres, trois jeunes manguiers et un arbuste aux vertus curatives, qui attire tous les voisins. Ils font bouillir les feuilles, puis se lavent avec la décoction obtenue ou en font du thé. Son père lui a appris à cueillir les feuilles le jeudi – c'est là qu'elles sont le plus efficaces.

Lafiabougou signifie Village Paisible. Quand Kar a acheté un lopin de terre là-bas il y a trois ans, seules quelques huttes entourées de murs en terre se dressaient dans le paysage. Tout le monde admirait son courage, lui qui osait se promener le soir, alors que sur la colline rôdaient des voyous. Des jeunes qui dynamitaient les rochers, vendaient les pierres et utilisaient l'argent pour fumer du kif. "Mais ils ne me faisaient pas peur, dit-il. Quand j'étais jeune, j'étais bien pire qu'eux !"

Çà et là, on voit encore une parcelle avec une hutte et un vieux puits, où les habitants vivent comme autrefois, mais des maisons en pierre ont poussé tout autour. On construit encore tous azimuts ; des coups de marteau et des bruits sourds emplissent l'air d'une symphonie insensée. La maison de Kar n'est pas terminée, elle non plus. On y pose les fondations des prochaines pièces. "Un jour, mes enfants y vivront", dit-il. Depuis la mort de Pierrette, ils habitent au pied de la colline, chez des parents à elle. "Je ne peux pas m'occuper d'eux tant que je n'ai pas de femme, et après Pierrette…" Sa voix prend une intensité singulière quand il prononce son nom. Elle est morte il y a six ans. Les gens parlent souvent des morts avec résignation, ici – on meurt en si grand nombre dans ce pays. Mais lui semble encore révolté.

A notre retour chez lui, une vilaine fumée noire émanant de l'usine envahit la cour. On y fond de la ferraille, qui sert à couler les pièces pour des trains et d'autres engins. Sur le terrain vague devant l'usine, la voisine a aménagé une cuisine où Kar, le soir, vient chercher à manger dans une casserole. Les plats sont disposés sur une longue table. Je peux à peine distinguer ce que contiennent les différents bols, mais Kar indique ce qu'il veut les yeux fermés et la femme le sert sans aucune hésitation.

Le quartier est bien organisé. Les voyous qui erraient dans les parages ont été maîtrisés et on n'a plus signalé de voleurs depuis que deux d'entre eux ont été battus à mort.

"Battus à mort ?" Une fois de plus, je m'étonne des méthodes radicales pour punir le vol dans les quartiers populaires de Bamako, mais Kar rit. Quand on emmène un voleur au poste de police, on perd la moitié de la journée à faire la déclaration et on voit l'homme circuler en toute liberté le lendemain matin. "La violence est arrivée en même temps que la démocratie, dit-il, quand le régime du président Moussa Traoré était sur le point de tomber, partout dans la ville, des gens se sont fait tabasser et brûler." Cela fait quatre ans, mais tous les

Maliens l'ont vu à la télévision et, depuis, ils y ont pris goût.

Chez lui, il se lave les mains au savon. Je m'apprête à les lui rincer en versant de l'eau contenue dans le broc en plastique, mais il me retient, inquiet. "Une femme ne peut pas faire ça à un homme !

— Pourquoi ?

— Ça porte malheur.

— Comment ça ?

— Je ne sais pas. Mes parents le disaient, et ils le tiennent de leurs parents."

Un peu déconcertée, je le laisse faire. Il pose la casserole de nourriture entre nous sur le sol et me tend une cuillère. Quant à lui, il mange avec la main.

"Ça coûte combien, un repas comme ça ?

— *Ah non* !*" Apparemment, je n'ai pas le droit de poser des questions sur les prix non plus.

Après le repas, le mouton vient renifler les restes du riz. Kar l'observe un certain temps. "Il sent la viande – il n'aime pas ça", dit-il. Le mouton se met à frapper de ses pattes la casserole. Kar lui frictionne le sommet du crâne en riant. "Il croit qu'il peut faire partir l'odeur de la viande en donnant des coups." Il sait s'y prendre avec les bêtes. A Kayes, sa ville natale, il avait autrefois un mouton si gros que tout le monde l'appelait *Trois-cent-mille*. Il l'a vendu pour cent cinquante mille francs à un Sénégalais. Sa mère s'était tellement attachée à l'animal qu'elle a pleuré quand on a mis le mouton dans le train pour Dakar. "Je peux toujours devenir berger, dit-il, si j'achète une femelle, j'aurai tout un troupeau en un rien de temps. Je les ferai paître sur la colline."

Le vent souffle plus fort, on dirait qu'un orage se prépare. Kar lance un regard inquiet vers le ciel. "Ce vent n'est pas bon. C'est un vent sec, faux. Il vient du Sahara." La saison des pluies a déjà commencé, mais il n'a pratiquement pas plu. "Et pourtant, on croirait qu'il va pleuvoir, non ? Et depuis plusieurs jours déjà. En ville, le bruit court que les ouvriers qui réparent la route de Koulikoro retiennent la pluie. D'autres rumeurs disent que ce sont les habitants des bidonvilles qu'on vient de raser qui se vengent : tant qu'ils sont obligés de dormir dehors, ils se débrouillent pour qu'il ne pleuve pas.

— Tu crois à ce genre d'histoires ?"

Il rit. "Il y a des gens qui savent retenir la pluie, ça c'est sûr. Ce n'est pas difficile du tout. Même une femme en est capable ! Mais ce n'est pas bon de le faire."

Tout en haut de la colline dansent des lumières à peine visibles. L'espace d'un instant, je crois voir des yeux de chacals, mais d'après Kar, ce sont des chasseurs à l'affût de perdrix. Ai-je vu l'hôtel de l'Amitié ? Par temps clair, on dirait qu'il est tout près, alors qu'il se trouve à sept kilomètres d'ici ! Quand il a acheté cette parcelle, personne ne voulait vivre ici ; c'était trop loin de la ville. Le terrain était irrégulier, rocailleux et inhospitalier – Kar a bien tué une quinzaine de serpents. Mais il a tout de suite vu que c'était l'endroit rêvé. Depuis, Lafiabougou a été absorbé par Bamako. Le prix du terrain a quadruplé et tout le monde l'envie.

"Regarde, cet avion va à Paris." Il fixe l'appareil qui s'envole. "C'est le troisième aujourd'hui. Ce matin, il y en a un qui est parti pour Moscou en passant par la ville de Kadhafi." Au bruit d'un autre avion, il fronce les sourcils. "Il n'est pas à l'heure, celui-là. Sûrement un de ces avions *wouya-wouya*, qui vient de Mauritanie."

Wouya-wouya – c'est son expression pour dire qu'une chose ne vaut rien. La Mauritanie, ce pays de nomades, ne suscite guère son respect. Autrefois, ils ne portaient même pas de culottes ! "Mais leur président leur a mis la police aux trousses – après, il a bien fallu qu'ils en mettent !"

Vers huit heures, Kar sort le vélomoteur de sa chambre : il va regarder la télévision chez son beau-frère, au pied de la colline. A la station de taxis sur la route asphaltée, je fais un signe de tête vers l'enseigne lumineuse rouge *New Galaxie* : "C'est quoi comme club ?

— Je ne sais pas. Je n'y suis jamais allé." Il me lance un regard interrogateur. "Tu veux qu'on aille y boire un verre ?" Il a déjà tourné son guidon dans cette direction. "Si tu en as envie, pourquoi pas ?"

Quelques hommes sont installés au bar, éclairé par la lumière bleue du néon. L'arrière s'ouvre sur un jardin sombre, où l'on peut s'asseoir dans plusieurs recoins. Un endroit pour amoureux. Hésitants, nous prenons place sur les chaises blanches. Kar veut un Coca, mais quand je commande une bière, il demande une grande bouteille et deux verres.

"D'habitude je ne bois pas, dit-il.

— Et avant ?

— Quand j'étais jeune ? Si. Mais en ce temps-là, j'étais un vagabond !" Depuis qu'il vit à Bamako, il ne s'occupe que de sa maison. "Si quelqu'un me voyait ici ce soir et allait raconter demain que Kar Kar a bu une bière au *New Galaxie* avec une femme blanche…" L'idée l'amuse. "Tu sais que personne ne le croirait ? Ils diraient qu'il ment !"

Il aime cette ambiguïté, ai-je remarqué. Depuis que nous sommes entrés ici, un enthousiasme juvénile a pris possession de lui. Je sens qu'il connaît cette vie-là, ou du moins l'a connue. Quand le serveur apporte notre commande, Kar Kar remplit soigneusement nos verres et remet la capsule sur la bouteille.

"Je t'ai dit que je n'étais pas allé en France pour faire de la musique, dit-il d'un ton qui annonce une histoire. Mais j'avais emporté ma guitare, bien sûr. Les douaniers français m'ont laissé passer en faisant un grand geste du bras ; ils pensaient que j'étais un griot qui venait chanter à un mariage malien !"

A Paris, il a d'abord travaillé dans un bar, puis dans un hôtel et plus tard dans le bâtiment. "J'étais content de tout ce que je pouvais trouver comme travail, parce que je n'étais pas venu en France pour devenir ministre, mais pour gagner de l'argent." Le week-end, il jouait dans des foyers d'émigrés, mais son patron ne se doutait pas que l'homme sur les échafaudages était musicien. Même le producteur sénégalais, qui avait sorti une cassette de lui un an auparavant, ne savait pas qu'il vivait à Paris.

"Mais pourquoi ?

— Je ne peux pas t'expliquer. Tu ne comprendrais pas. Un jour peut-être, mais pas maintenant. Après la mort de Pierrette…" Il verse le reste de la bière dans nos verres. "Mon cœur était plein d'amertume, tout le monde pensait que j'allais devenir fou ! Je n'avais jamais gagné quoi que ce soit en faisant de la musique, j'ai voulu tenter ma chance autrement."

Un producteur londonien, qui avait entendu sa cassette, fut si enthousiaste qu'il voulut aussitôt organiser une tournée en Angleterre. Quand il avait appelé à Paris, il s'était entendu dire que Boubacar Traoré vivait au Mali, loin de la capitale, dans une ville poussiéreuse qui aurait été totalement isolée du reste du monde si le train entre Bamako et Dakar n'y passait pas de temps en temps. "Alors il a envoyé quelqu'un à Kayes pour me trouver !" Cette fois, Kar est lancé. L'histoire dans laquelle il joue le rôle principal semble l'amuser. "A Kayes, ils ont regardé cet homme d'un air bien étonné. Kar Kar, ils se sont exclamés, mais il est en France !"

Finalement, son producteur sénégalais est parvenu à retrouver sa trace grâce à des amis musiciens. Ils vivaient à deux rues d'écart l'un de l'autre. "Au début, je ne voulais même pas le rencontrer. A quoi bon ? J'étais venu pour travailler !" Mais ses amis réussirent à le convaincre et, peu de temps après, il s'envola pour une tournée en Angleterre et la maison de disques anglaise Stern's sortit un CD de lui.

Je me souviens soudain du jeune homme qui, lors de ma première visite à Lafiabougou, s'est écrié que Kar Kar vivait en France. Kar rit quand je le lui raconte. "Je n'ai jamais fait beaucoup de publicité sur mon retour. J'ai acheté discrètement un lopin de terre et j'ai commencé à construire. Le jour, je suis au marché, dans le magasin de mon frère, le soir à Lafiabougou. Tout l'argent que je gagne, je le mets dans ma maison. Certains sont persuadés que je n'ai jamais quitté Kayes, d'autres que je vis encore en France. Il y a quelque temps, quand la télévision malienne a diffusé un clip de moi, des dizaines de téléspectateurs ont appelé : ils n'en croyaient pas leurs yeux, ils croyaient que j'étais mort et enterré depuis longtemps !"

L'histoire de cet homme, qui vit sur cette parcelle à Lafiabougou, m'attire, mais je me méfie de moi-même. Suis-je en quête d'un bon sauvage ? Des feuilles qui n'ont des vertus curatives que le jeudi, des gens qui empêchent la pluie de tomber, de l'eau que l'on ne peut pas verser sur les mains d'un autre – je ne me suis encore jamais intéressée à quelqu'un qui croit à ce genre de choses. Et pourtant, c'est justement ce qui m'intrigue chez lui. J'ai le sentiment qu'il va m'initier à un monde que je ne connais que de l'extérieur.

Aucun Blanc n'a mis les pieds sur sa parcelle, aucun Blanc n'a été dans le magasin de son frère, où je lui rends visite cet après-midi. *Baaba Traoré*, il a griffonné le nom et le numéro de téléphone sur un bout de papier. L'écriture n'est pas son fort.

On peut difficilement parler de magasin, car il n'y a là rien à acheter. Quand j'arrive, un groupe d'hommes, assis sous un auvent en tôle ondulée, regardent fixement un camion de sacs de riz que l'on décharge. Sous son véhicule, le chauffeur dort sur une natte en paille. Il fait une chaleur infernale, pas un souffle de vent. Je ne vois pas Kar, mais son vélomoteur bleu aux poignées en plastique couvertes d'étoiles est bien là. Il vient de le faire repeindre ; à la place de l'autocollant *Allah is great*, resplendit une femme en tenue légère, qui dit en anglo-malien : *Shut up your mouth, amebo !*

Derrière un comptoir en bois dans une pièce étroite et vide, Baaba est penché au-dessus d'un formulaire. Il a quelques années de plus que Kar et n'a rien de son apparence nerveuse, impétueuse. Pourtant, il est le premier de la famille à être parti à l'aventure. Abidjan, Monrovia, Nairobi – toutes ces villes africaines n'ont pas de secret pour lui. Il faisait passer de l'or de l'intérieur du Zaïre vers l'Ouganda, acheminait clandestinement des trains entiers de fer et de cobalt du Shaba, possédait des magasins en Côte-d'Ivoire et en Sierra Leone. Mais à la suite d'une sombre affaire à Abidjan, il s'est retrouvé à Bamako où, d'après Kar, son activité marche considérablement moins bien.

Baaba me serre la main et, d'un signe de tête, montre l'obscurité derrière lui. "Tu cherches mon frère ? Il est là."

Sur un matelas dans un coin, Kar agite un éventail en paille. "Quelle chaleur, aujourd'hui, soupire-t-il. Tu commences à connaître le Mali ? Parfois le soleil tape si fort qu'on tombe par terre."

"Nous voulons tous déménager au pôle Nord", dit Baaba en continuant tranquillement d'inscrire ses chiffres. Je ne m'aperçois que maintenant de ce qu'il fait : il remplit une grille de tiercé. Le téléphone à côté de lui est en lieu sûr, dans un boîtier en bois fermé à clé. "Devenir esquimau, philosophe-t-il, pêcher à la ligne dans un trou de cette glace qui craque sous les pieds. Ça me paraît plutôt agréable, oui. Mais le plus beau serait évidemment qu'on m'enterre dans un paradis de glace, pour être bien au frais jusqu'à la fin des temps."

Kar s'est levé et, par-dessus l'épaule de Baaba, il observe le casse-tête auquel son frère se livre. "Tu vois à quoi il s'occupe ?" Il fait une grimace dédaigneuse. "Le *tiercé**! J'en sais quelque chose. On ne peut que perdre. Je lui dis d'arrêter, mais il ne veut rien entendre." En France, il y a joué lui aussi, mais s'est vite aperçu de l'entourloupe. "Il y a des Français qui achètent des ordinateurs pour mettre toutes

207

les chances de leur côté et, même eux, ils perdent. Alors que peut-il espérer gagner, lui, avec un simple stylo !"

Baaba sourit d'un air absent. Toute sa vie, il a couru après l'argent. Il en a cherché partout, même dans les pays en guerre. A l'époque où Obote était au pouvoir en Ouganda, il était resté des mois dans la région où se trouvait l'armée rebelle de Museveni. D'après lui, les guerres sont faites pour les commerçants, car tout devient plus cher. "Si on me donnait un avion, je partirais demain pour l'Angola. La guerre vient de se terminer là-bas, c'est le bon moment, ils sont en train de reconstruire, ils ont besoin de tout. Le premier qui ira là-bas se fera le plus d'argent."

Kar a ramassé un sac en plastique contenant ses affaires. "On y va ? J'ai soif." Un peu plus loin se dresse une petite tente où des hommes, installés devant une longue table en bois, boivent du jus de gingembre. Sali, la propriétaire, est une belle femme au regard provocant. Quand elle voit Kar, elle lui lance quelques mots qui déclenchent l'hilarité générale. Le jus de gingembre qu'elle verse dans de grands gobelets en plastique est épicé et glacé.

Une atmosphère frivole règne sous la tente. Les plaisanteries fusent et Kar ne manque pas de repartie. Il a un nouvel accès de cette espièglerie dont j'ai eu un aperçu l'autre soir, au *New Galaxie*. Mais à un moment où Sali regarde ailleurs, il dit : "Il faut se méfier de ce genre de femmes, elles ruinent les hommes. Tout ce qui les intéresse, c'est de faire marcher leur commerce."

"Je n'ai rien compris au magasin de Baaba, lui dis-je. Qu'est-ce qu'il vend, au juste ?

— Oh, lui et ses amis guettent les bonnes affaires sur le marché." Kar me regarde en silence, comme pour soupeser ce qu'il s'apprête à me dire. "Il y a toujours quelque chose à trafiquer ou à arranger. Un camion qui vient d'un marché à l'intérieur du pays, une voiture d'occasion importée pour laquelle il faut obtenir des papiers." Il rit d'un air mystérieux. "Ces gars-là sont malins, ne t'inquiète pas pour eux. Il y a des jours où ils gagnent un million de francs. On leur fait crédit partout et personne n'ose leur réclamer l'argent !

— Et toi, que fais-tu là-bas ?"

Il balaie la question d'un revers de main. "Je m'occupe de mes affaires." Il se tait, une fois de plus. "Parfois, je profite du passage d'un camion ou d'un car pour aller à l'intérieur du pays et rapporter quelque chose." Tout cela paraît bien vague – je ne pose plus de questions.

"Tu aurais dû voir Baaba à son heure de gloire, dit-il. Il en avait de l'argent ! Je suis allé lui rendre visite à Monrovia et à Abidjan, il avait des maisons, des voitures, tout le monde l'appelait *patron**. Je lui ai toujours dit de construire une maison au Mali, mais il ne voulait pas en entendre parler." Maintenant, l'argent de Baaba est *gâté**, et il a des regrets. Il loue deux chambres dans le quartier populaire de Hamdallaye et conserve ses aliments dans le réfrigérateur des voisins. Même pour jouer au tiercé, il n'a pas assez d'argent. "Tu sais que la première année que j'ai passée à Lafiabougou, il n'est pas venu une seule fois chez moi ? Ça lui faisait trop de peine de voir ma maison." Kar s'est levé et tend à Sali les gobelets vides. "Ça y est ? Alors on y va."

Sous les yeux de Baaba et de tous ses amis, nous enfourchons le vélomoteur bleu. Je me dis que ma présence tombe peut-être à pic pour Kar, en ce moment de sa vie. Tout le monde sait qu'il est parti en Europe et que sa carrière y a connu un nouvel élan. Après sa tournée en Angleterre, il est allé en Suisse, au Canada et aux Etats-Unis. Pour les amis de Baaba, ces destinations paraissent si improbables qu'ils s'amusent parfois à le taquiner. "Tu arrives trop tard, on vient d'appeler de Londres !" lui crient-ils dès qu'ils l'aperçoivent. J'ai atterri parmi eux comme une preuve vivante du succès de leur ami à l'étranger.

"Ça alors !" Kar s'est arrêté. Son vélomoteur a des ratés. "Et il revient juste de chez le réparateur !"

Heureusement, ce dernier a son atelier non loin de là, à l'ombre d'un arbre sur une place, près du cinéma Soudan. Une fois arrivé, Kar fait tout un foin, mais quand le problème est réglé, il prend joyeusement congé. Ses sautes d'humeur sont spectaculaires et je suis soulagée de m'apercevoir que je ne suis pas la seule à en être victime. Le réparateur échange avec moi un regard de connivence et nous pousse dehors.

"Il faut s'assurer qu'une machine marche, dit Kar satisfait, tandis qu'il roule au son régulier du moteur, sinon, c'est elle qui te fait marcher." C'est une leçon que son père lui a apprise. Il prend soin de ses affaires, je l'ai remarqué – chez lui tout est bien rangé. Sa mère n'a eu que quatre fils ; elle leur a appris tout ce qu'une mère apprend normalement à ses filles.

En route pour Lafiabougou, il s'arrête à la *Rôtisserie Moderne*, un antre sombre et enfumé où des morceaux de viande rôtissent sur un gril. Il en ressort, un paquet brun sous le bras. Il jette à son vélomoteur un coup d'œil approbateur. "On dirait une Yamaha, tu ne trouves pas ?"

C'est la première fois que nous roulons ensemble, de jour, dans les rues de Lafiabougou. Il est rare que des Blancs viennent ici, nous ne passons donc pas inaperçus. J'ai à nouveau le sentiment d'être arborée comme un trophée.

Le portail de sa maison est ouvert et deux jeunes hommes dorment à l'ombre du manguier. Sous un T-shirt que l'un d'eux a retiré, une énorme radio-cassette crachote. Au milieu de la cour se dresse le tas de pierres qu'ils viennent d'apporter pour égaliser le terrain. Derrière, on entend des coups incessants. "Qu'est-ce que c'est ?"

Kar se dirige vers le puits. "Viens voir." A une dizaine de mètres de profondeur, un ouvrier creuse le puits au marteau et au burin.

"Tu crois qu'il y a de l'eau dedans ?

— Bien sûr ! C'est bourré de sources souterraines ici ! Je t'ai bien dit que toute la colline est gorgée d'eau, non ?" Un père blanc – un *mon père**, comme il l'appelle – se fait payer pour venir sur les parcelles avec son pendule, mais Kar a désigné l'endroit lui-même. "Si demain, nous n'avons toujours pas trouvé d'eau, nous jetterons de la dynamite au fond du puits."

Albert, le jeune contremaître, vient inspecter les lieux et bientôt la cour bouillonne de vie. On apporte des brouettes pleines de sable, un garçon remplit d'eau des tonneaux en plastique et deux ouvriers préparent du ciment. Kar commente les travaux depuis sa chaise, distribue les instructions et les compliments. Il fait régner un ordre rigoureux. Les jeunes l'appellent *patron** et *père**. "C'est une bande de voyous, dit-il. Si on ne les surveille pas, ils partent avec le ciment et il ne faut jamais leur donner une avance, sinon ils disparaissent jusqu'à ce que tout l'argent soit dépensé. Je ris et je parle avec eux, mais je leur montre toujours qui est le patron."

A l'aide d'une ficelle, Albert jalonne le contour des futures pièces. Il vient d'entendre à la radio qu'une griotte a été arrêtée ; elle avait mis sur pied un réseau de pseudo-musiciens maliens qu'elle faisait passer illégalement en France. La douane française a commencé à se douter de quelque chose quand un groupe de quinze hommes est arrivé les mains vides à l'aéroport. Un fonctionnaire futé a demandé qu'on lui apporte quelques instruments : personne ne savait jouer !

"Les musiciens – c'étaient les seuls qui pouvaient encore voyager sans qu'on les soupçonne, dit Kar, maintenant, c'est bien fini."

Albert rêve lui aussi de la France. "Mais si j'y vais, je m'y prendrai mieux, dit-il, j'attendrai la Coupe du monde, je dirai au consulat que je suis un supporter de foot."

Kar se moque de lui : "Et tu crois que, d'ici là, les Français n'auront pas prévu le coup !"

Il ouvre la porte de sa chambre. "Je vais juste chercher quelque chose." Tandis qu'il s'accroupit devant une valise ouverte, je regarde furtivement à l'intérieur de la pièce. Un lit aux draps brodés, un placard étroit et bas, une table couverte de casseroles et de vaisselle, des crochets auxquels sont suspendus des vêtements. Sa guitare est posée dans un coin. Parfois, il n'y touche pas pendant des mois, m'a-t-il dit, mais dès qu'il se remet à jouer, c'est comme s'il n'avait jamais rien fait d'autre.

Il ressort avec un paquet de photos et de coupures de journaux étrangers. Des annonces et des critiques de concerts, des photos en compagnie de la fille de John Lee Hooker et de la chanteuse béninoise Angélique Kidjo, une interview dans un magazine musical français – le genre de choses dont n'importe quel imprésario se servirait pour constituer un dossier de presse. Mais Kar garde le tout anxieusement sur ses genoux et je n'ai le droit de jeter qu'un bref coup d'œil aux articles. J'ai à nouveau l'impression de me trouver sur un terrain qu'il considère secret.

"Et ça, c'est quoi ?" Une photo d'un frimeur, en blouson noir à franges, tenant sa guitare comme s'il jouait – elle me fait l'effet d'une gifle. *Kar Kar, blouson noir**. Je suis de plus de dix ans sa cadette, mais ça, c'est une image de ma jeunesse – son regard franc me fixe à travers le temps. "Qu'est-ce que tu portes autour du cou ?"

Kar examine la photo. "Ce doit être la chaîne de Santa Maria." Santa Maria était le *grin* – un club d'amis – le plus connu de Kayes. On pouvait acheter la chaîne chez les pères de la mission ; le pendentif était une médaille représentant la Vierge Marie. "Nous avons acheté l'ensemble du stock en une fois. Tous les membres du club en portaient."

Il a d'autres photos de l'époque. Des photos de studio où, en jeans rapiécés et chaussures pointues, une guitare suspendue à son cou par une ficelle, il prend les poses les plus invraisemblables. Sur toutes, il a griffonné *Kar Kar* et parfois le lieu et l'année. Le voilà en 1965 à Mopti, avec des amis.

L'un d'eux était un fan ghanéen, qui après avoir entendu sa musique à la radio avait fait le voyage jusqu'au Mali pour le rencontrer. Ils se pendent l'un à l'autre, se bousculent, enlacent la rampe Agfa qui sert de décor dans le studio. Ils ont le haut de la chemise ouverte et portent des lunettes de soleil du dernier cri.

Kar jette tout de même un regard. "A l'époque, nous étions des *yé-yé*", dit-il. Un yé-yé avait de l'énergie à revendre et se moquait de tout, un yé-yé avait une Vespa italienne à trois vitesses qui s'appelait *Samedi soir* et lisait *Salut les copains* où l'on trouvait tous les détails des péripéties conjugales de Johnny Hallyday et Sylvie Vartan. Pendant la semaine, Kar était tailleur. Son atelier était très fréquenté : toutes ses fans s'habillaient chez lui.

Un autre grin très populaire de Kayes avait été nommé Kafa, littéralement *M'en fous*. Quand les membres de Kafa se réunissaient, les chauffeurs de taxi savaient qu'ils devaient modifier leurs itinéraires, car ces jeunes préparaient le thé au milieu de la rue et, à la moindre réflexion, ils hurlaient : *"Kafa !"*

Pendant le récit de Kar, une autre vision me vient à l'esprit. Des blousons noirs au regard lourd adossés à la façade d'un café au carrefour le plus animé de Neerpelt. Les pétarades de vélomoteurs sans pot d'échappement, qui démarrent. *Le Coin des fainéants* – la terreur des mères, le rêve de leurs filles.

"Et là, ce sont mes parents." Ils sont assis sur une chaise, droits comme des I, et regardent l'appareil d'un air digne. Debout derrière eux, légèrement incliné, Kar sourit. "J'étais le seul fils sur lequel ils pouvaient compter, dit-il, mon frère aîné, Kalilou, était parti pour devenir musicien à Cuba, Baaba s'était lancé à l'aventure en Côte-d'Ivoire et mon frère cadet, Maciré, était un enfant gâté. Je faisais tout pour eux, je travaillais la terre, je ramassais du bois mort pour ma mère et l'aidais pour le ménage."

Et voilà Pierrette. Une jeune femme séduisante, à la peau claire et à la chevelure épaisse. Sa mère était maure, son père, un militaire français. "Tout le monde disait que notre mariage n'allait pas durer parce qu'elle était métisse. On pensait qu'elle ne savait pas piler le mil, faire la cuisine ou laver les boubous. Mais Pierrette savait tout faire. Tous ses enfants ont marché à huit mois !" D'un air songeur, il regarde la photo. "J'étais jeune quand je l'ai épousée. Trop jeune peut-être. En fait, j'aurais dû attendre que mes frères aînés soient mariés, mais ils n'étaient pas là et ma mère avait besoin d'une femme pour l'aider."

Sa dévotion pour ses parents m'étonne. Pas une trace de rébellion – chez nous, les choses se passaient tout autrement. Son père et lui avaient eu bien sûr des avis différents sur ce qui devait se passer après l'indépendance. Ancien combattant d'Indochine, son père avait été cuisinier du *commandant de cercle** à Kayes. Il regrettait que le président socialiste, Modibo Keita, ait mis à la porte tous les Blancs. Et pendant ce temps-là, son fils chantait à la gloire de l'indépendance et promettait à sa bien-aimée de lui offrir des pagnes et des chaussures fabriqués au Mali.

En 1963, il enregistra pour la radio huit de ses chansons les plus populaires et devint célèbre au-delà des frontières du pays. Dans *Mali Twist*, il imitait des bruits d'oiseaux, dont le chant du coq – le morceau devint un tube, qui fut diffusé tous les matins. "Il fallait vraiment être flemmard si après avoir entendu *Mali Twist*, on ne se précipitait pas au travail", dit Kar. Tout le monde débordait d'enthousiasme à l'époque et il apporta sa contribution, il remplit son devoir. *Mali Twist* devint une sorte d'hymne national – quand les soldats le voyaient, ils lui faisaient le salut militaire.

"Ah, nous étions naïfs à l'époque, on se croyait capables de construire des avions, d'envoyer des Apollo sur la lune ! Nous aurions dû faire comme le président Houphouët-Boigny en Côte-d'Ivoire : garder les Blancs ici. Parce que le Blanc avait raison : aucun Noir n'a conçu une usine, pas même une boîte d'allumettes." Il rit. "Modibo Keita a dit que nous allions fabriquer nos propres allumettes, *eh bien** ça, on l'a regretté ! Quand on les allumait, il fallait appeler les pompiers ! Les allumettes Takala – jamais un Malien n'oubliera ce nom-là. Il fallait les tenir à bonne distance quand tu voulais allumer une cigarette, sinon tu mettais le feu à tes cheveux. Parfois, elles s'enflammaient toutes seules dans la poche de ton pantalon. Combien de maisons ont pris feu à cause des allumettes Takala ! Il y a eu tant d'accidents qu'on ne pouvait plus monter dans un taxi quand on en avait sur soi. Il existait aussi des cigarettes maliennes qui faisaient affreusement tousser. Elles s'appelaient Liberté, mais elles ont été très vite rebaptisées *crottes d'âne*."

Kar avait *donné* ses chansons au pays, comme il disait, car elles étaient bel et bien diffusées tous les jours à la radio, mais comme il n'existait pas de disque sur le marché, il n'en tirait aucun profit. "Le peuple malien m'aimait, j'étais leur Johnny Hallyday, leur James Brown, mais je n'avais même pas de quoi me payer des cigarettes."

Bientôt, il s'avéra que son patriotisme ne correspondait pas exactement à ce que le régime avait en tête. Santa Maria devint si populaire que les jeunes de tout le pays venaient à Kayes et des clubs du même nom se multiplièrent dans d'autres villes. "Certains croyaient que Santa Maria était un parti politique !" Dans un pays où tous les mouvements de jeunes étaient contrôlés par le parti, c'était intolérable. Un jour, un Kayésien influent alla voir la police en accusant Santa Maria d'entraîner sa fille sur la mauvaise pente. Dans les semaines qui suivirent, des voitures de police patrouillèrent dans les rues ; des adhérents de Santa Maria et de Kafa, qui buvaient du thé devant chez eux, furent arrêtés et emmenés au poste de police. Quand un agent demanda à un membre de Kafa pourquoi ce mot était écrit sur son T-shirt, le jeune lui répondit qu'il venait de Kafadougou – la ville de Kafa –, ce qui lui valut un coup.

Tandis que je regarde les photos, Kar surveille les ouvriers de ses yeux d'aigle et leur crie parfois quelques mots, mais les souvenirs du passé ont adouci les traits de son visage ; je commence à reconnaître le jeune homme sur les photos, à la tête d'un *gang* qui ne connaissait pas sa force. Santa Maria avait eu six mois d'existence. Ce fut une période d'une telle intensité qu'elle sembla avoir duré des années.

"Qu'est-ce que tu fais ?" Kar me regarde d'un air effaré. J'ai pris un cahier dans mon sac pour écrire. *"Ah non *!"* dit-il, déçu.

Je proteste : "Quelle différence ça peut bien faire, que j'écrive ici ou chez moi ?" Mais en rangeant mon cahier, je m'en veux terriblement d'avoir interrompu son récit.

"Tu es trop pressée, me dit-il. Si tu veux me connaître, tu devrais venir avec moi à Kayes.

— Je ne demande pas mieux." Une fois, j'y étais passée en prenant le train de Dakar à Bamako. L'arrivée du train en pleine nuit avait provoqué une certaine agitation dans la gare, mais, à l'arrière-plan, la ville respirait l'oubli. Rien ne m'incitait à descendre. A présent, bien des choses ont changé.

J'ai lu quelque part, lui dis-je, que Kayes est une des trois villes les plus chaudes d'Afrique. "Comment s'appelle cet écrivain ? dit Kar, piqué au vif. Je vais lui casser la gueule !" C'est du sabotage. Kayes est la première ville où les Français se sont installés quand ils ont pénétré à l'intérieur des terres en Afrique de l'Ouest. A l'époque coloniale, les habitants de Kayes étaient considérés comme des Français. "Les Bamakois sont jaloux de nous parce que nous avons été civilisés avant eux. Certains disent qu'il fait si chaud à Kayes que quand les lézards traversent la route, ils restent collés à l'asphalte, en plein milieu !"

Les martèlements dans le puits ont cessé. L'ouvrier se faufile à l'extérieur. Les autres se préparent aussi à partir. La journée est terminée. Kar rassemble ses photos et les range dans le dossier. "J'avais beaucoup plus de photos d'autrefois, dit-il.

— Où sont-elles maintenant ?

— C'est Pierrette qui les a…" Il sourit. "Je dois dire que ce n'étaient pas toutes des photos décentes, il y en avait avec des filles… Enfin, nous n'avions pas toujours tous nos habits." Plongé dans ses pensées, il regarde dans le vague. "Le succès, c'est pas bon. On croit que tout est permis, on se fout de tout. On n'a même pas peur du président."

Quand il devait donner un concert quelque part, des fans l'attendaient à quinze kilomètres de la ville. Dans un quatre-quatre au toit ouvert, on le conduisait à travers les rues. Des jeunes couraient derrière lui et lui proposaient leur sœur. En 1963, la femme d'un ministre envoya son chauffeur le chercher dans son atelier de couture à Bamako : elle voulait qu'il lui confectionne une robe. Il comprit rapidement ses intentions. Quand il lui livra la robe dans la chambre d'hôtel où ils s'étaient donné rendez-vous, elle lui dit qu'il avait tant de succès – elle aimerait avoir un souvenir de lui. Il lui indiqua le lit : *"Allons-y*."

À l'époque, tout se passait très vite. Quand il disait à une fille : "Tu me plais", le tour était joué. "Non, le succès, c'est pas bon, on n'est plus de ce monde, on devient fou. C'est pour ça qu'on peut facilement devenir alcoolique ou toxicomane, comme Jimi Hendrix. On croit être capable de tout, au lieu de deux comprimés on en prend quatre, puis six, puis huit – jusqu'à ce qu'on meure."

Dix ans plus tard, un après-midi, Pierrette prit la boîte de photos et la posa entre eux par terre. Elle les regarda, l'une après l'autre, s'informant de l'identité d'un tel ou d'une telle, puis remettant la photo dans la boîte ou la déchirant.

"Et comment as-tu réagi ?

— Je crois que j'écoutais un match de foot à la radio. Je n'ai rien dit, je savais que nous allions nous disputer si je disais un mot." Elle a bien déchiré deux cents photos. "Ce soir-là, au lit, elle m'a demandé si j'étais fâché. Je lui ai dit que non, qu'elle avait raison. Je n'étais plus un jeune irresponsable, qui se fait photographier avec des femmes faciles. J'étais marié, père de deux garçons, Badialo était déjà morte.

— Badialo ?" C'est un nom qui revient souvent dans ses chansons. *La mort n'épargne personne. Si la mort épargnait qui que ce soit, ç'aurait été ma Badialo.*

"C'était notre première fille. Elle avait environ huit mois, elle venait de faire ses premiers pas. La veille elle était pleine de vie, le lendemain elle était morte." Il soupire. "Quelques piqûres de pénicilline l'auraient sauvée, mais l'erreur que font beaucoup d'Africains, c'est d'aller trop tard chez le médecin. Quand mon père est mort quelques années plus tard, j'ai pu l'accepter, il avait fait son temps, mais Badialo – sa vie venait de commencer, elle n'avait pas encore eu sa chance. Sur nos onze enfants, seulement six ont survécu, mais c'est la mort de Badialo qui m'a le plus marqué. Peut-être parce que c'était la première. Ils ont tous disparu de la même manière : la veille en pleine santé, le lendemain morts. Une fois, on en a perdu deux en une semaine."

Là encore, je suis frappée par le ton révolté de sa voix. "Si je te racontais ce que j'ai souffert…" Kar se frotte le front des deux mains. "Mon frère aîné, Kalilou, est rentré de Cuba et il a monté l'orchestre Las Maravillas del Mali, qui a eu beaucoup de succès. Un matin, il s'est réveillé et ne se sentait pas bien. Deux jours plus tard, il était mort. Certains ont dit que quelqu'un lui avait jeté un *korté*. Peut-être qu'ils avaient raison, je ne sais pas. Les gens ne peuvent pas supporter qu'un autre ait du succès. La jalousie des Africains, c'est quelque chose de terrible."

Il me regarde, comme pour voir si je le suis toujours. "Les Africains sont mauvais, dit-il, ils se rendent la vie impossible. Quand un Blanc fait une découverte, ses collègues disent : montre un peu, comme c'est intéressant. Lorsqu'il meurt, d'autres essaient de poursuivre son travail. Mais tu sais ce qu'ils font ici ?" Il part d'un rire moqueur. "Ils vont tout de suite chercher un marabout pour saboter son travail !" Il secoue la tête. *Non, l'Afrique, c'est pas la peine*."*

Il s'est levé et se dirige vers le manguier. Il est temps de prier. Je laisse flotter mon regard pendant qu'il se lave les mains, le visage et les pieds, mais soudain il se tourne vers moi et dit : "Un jour je te raconterai une histoire. Tu as peut-être beaucoup voyagé en Afrique, mais ce que je te raconterai, tu ne l'as encore jamais entendu. Aucun homme ne peut supporter autant de chagrin. Tu pleureras, et tu feras pleurer tous ceux à qui tu le raconteras."

Il a préparé des macaronis, mais en les réchauffant, il s'aperçoit qu'ils ont moisi. Il est contrarié. "Ça ne fait rien, lui dis-je, encore ébranlée par ce qu'il vient de me confier, on peut aller chercher quelque chose au coin, non ?" Mais il est inconsolable. Il voulait me présenter un repas qu'il avait fait lui-même, il a passé sa matinée à le préparer ! "Et tout ça à cause de cette maudite chaleur." D'un air buté, il saisit une casserole vide et disparaît dans l'obscurité. Nous mangeons en silence. Puis sans rien dire, il sort son vélomoteur de sa chambre. "Je vais voir mes enfants. Si tu veux, tu peux venir."

"Tu t'es énervé pour rien, lui dis-je quand il ferme le portail derrière nous.

— J'ai un sale caractère, dit-il, quand quelque chose ne se passe pas comme prévu, je suis hors de moi et je vois tout sous un mauvais jour." Excédé, il démarre son vélomoteur d'un coup de pied. "Pierrette savait que, dans un moment pareil, elle ne devait pas m'approcher."

Mais quand nous arrivons chez son beau-frère Mamadou, son accès d'humeur est passé. Une fillette de dix ans se détache d'un groupe d'enfants qui jouent dans la rue et court à sa rencontre : *"Papaa !"* Elle a de courts cheveux crépus et le teint clair.

"Voilà Tanti, c'est elle qui m'aime le plus." Il la soulève en riant et la porte à l'intérieur.

C'est une maison de location comme il y en a beaucoup dans les quartiers populaires de Bamako : des pièces autour d'une cour où plusieurs familles vivent les unes sur les autres. Derrière un rideau, Mamadou regarde la télé. C'est un demi-frère de Pierrette ; quand son père, le militaire français, est retourné chez lui, sa mère s'est remariée avec un Malien.

Tanti se laisse tomber sur le canapé à côté de son père et parle sans discontinuer. Elle tient à la main un petit porte-monnaie qui renferme des cailloux et des papiers d'emballage de caramels en guise de pièces et de billets. "Mais elle a aussi du vrai argent, dit Kar fièrement. Tanti est une vraie commerçante. A l'école, elle vend des caramels à cinq francs pièce !" Le week-end, elle fourre quelques affaires dans un sac en plastique, monte la colline et vient loger chez lui. Elle lave ses vêtements, fait la cuisine, la vaisselle, et balaie la cour. Parfois, quand il rentre, il la trouve accroupie près du portail, en train de l'attendre gentiment.

Une plus petite version de Tanti passe la tête derrière le rideau. Quand elle me voit, elle se fige, intimidée. Kar la prend par le bras, l'attire sur ses genoux. "Celle-là, ils l'ont gâtée, dit-il, parce que sa mère est morte juste après sa naissance. Elle n'a jamais été nourrie au sein. Tout le monde avait pitié d'elle." Tôt ou tard, tous ses enfants ont reçu une gifle, mais jamais Zévilé. "Allah ne le veut pas. C'est trop triste d'avoir une mère qui meurt quand on est encore bébé."

Je dois m'habituer à la situation. Bien que ses enfants soient heureux de le voir, Kar se comporte comme s'il était en visite. Nous regardons le journal télévisé, la femme de Mamadou apporte du thé et, bientôt, les enfants retournent dehors pour poursuivre leurs jeux. Je pense aux nombreuses récriminations que j'ai entendues, ces derniers mois, sur les lourdes obligations familiales qui rendent la vie impossible aux Maliens modernes. Mamadou a environ trente-cinq ans. Il a deux jeunes enfants et travaille comme ingénieur dans une usine pharmaceutique. Je peux concevoir que l'arrivée des enfants de sa sœur défunte a bouleversé ses projets, qu'il s'était imaginé sa vie autrement. Mais quand, plus tard, j'en fais la remarque à Kar, il est sincèrement étonné. Dans la maison attenante vivent d'autres membres de la famille de Pierrette, ses enfants font partie de la *grande famille**. D'après lui, personne ne s'est jamais posé de questions sur le cours des événements.

Après le journal, nous partons sans grandes formalités. Dans la cour, les voisins regardent une vidéo sanglante. Devant la porte, nous croisons la fille de Kar qui a dix-huit ans, Mantchini. Elle est accompagnée de quelques amies. D'épais sourcils, un front haut, une gigantesque masse de cheveux – la ressemblance avec sa mère est frappante.

Tanti et Zévilé se sont volatilisées. Si jeunes, me dis-je, et déjà habituées à vivre sans leurs parents. Puis je pense que la situation n'a rien d'inhabituel, ici. L'écrivain malien Amadou Hampâté Bâ décrit dans son autobiographie comment, enfant, il vivait tantôt chez certains membres de sa famille, tantôt chez d'autres. Il n'en a pas moins éprouvé un sentiment d'appartenance.

Kar ne prend pas son vélomoteur ; la station de taxis n'est pas loin. Plongée dans mes pensées, je marche à ses côtés. "Comment ont-ils réagi à ton départ pour la France ? En fait, à l'époque, ils ont non seulement perdu leur mère, mais aussi leur père." Je pose ma question en hésitant, inquiète de sa réaction – certains sujets le mettent tellement en rage. Mais nos conversations des heures précédentes l'ont rendu indulgent. "Non, il ne faut pas voir les choses comme ça, dit-il. Ils étaient contents pour moi. Ils savaient que je partais travailler pour eux. Déjà au bout de quelques semaines, j'ai commencé à envoyer de l'argent et des vêtements. Et tous les dimanches, je téléphonais. C'est pour ça qu'ils m'aiment ; ils savent ce que j'ai fait pour eux à l'époque."

Il était heureux en France. Il travaillait, mangeait, dormait et ne pensait à rien. Il était débarrassé de tous ses soucis. "La France m'a aidé à oublier mon chagrin, ici je serais peut-être mort." Mais quand son fils aîné, Sambou, lui envoyait des lettres, tout resurgissait. Parfois, il les reposait après quelques lignes, tant elles le perturbaient.

*

Il tient à acheter les billets de train pour Kayes. Il refuse de me laisser payer la moitié. "Chacun pour soi, ce n'est pas bon, chez les Bambaras. Sinon, on n'a qu'à faire tout le reste séparé."

C'est un voyageur nerveux, si bien que ce matin-là nous arrivons avec une heure d'avance à la gare de Bamako. Il se dispute aussitôt avec le jeune homme qui nous aide à transporter nos bagages jusqu'à la voiture du train. Mille francs, comment ose-t-il demander autant d'argent ! Il fait un effroyable tapage, tout le monde s'en mêle. L'un crie qu'il ne faut rien payer, un autre qu'il doit appeler le service de sécurité de la gare, mais après avoir copieusement injurié le porteur, Kar prend pitié et lui donne trois cents francs. "Un drogué, t'as vu ? ronchonne-t-il tandis que l'homme prend ses jambes à son cou, il n'arrivait pas à trouver ses mots, il était complètement intoxiqué."

Un instant plus tard, il a une altercation avec une corpulente commerçante qui entasse une partie de ses bagages à l'endroit réservé aux nôtres et écrase ainsi nos sacs. Je ris sous cape en le voyant marquer son territoire. Quand l'agitation s'est calmée, les gens dans notre compartiment sont sûrs d'une chose : avec cet homme-là, on ne plaisante pas. "J'ai tout fait pour mon pays, proteste-t-il, il ne faut pas essayer de me rouler !"

Dans le couloir, des marchandes vendent des sachets de *wousoulan* – l'encens local. L'odeur est si agréable que je sors aussitôt mon porte-monnaie. "*Ah non**, s'insurge Kar, tu ne vas pas acheter ça !" D'après lui, on vaporise du parfum dans les sacs en plastique ; à l'intérieur, il n'y a que des bouts de bois qui ne sentent rien.

Nous sortons à la recherche d'un éventail, un *ventilateur africain** comme il dit, et de glace pour la glacière qu'il a apportée. Hier soir, son concert a été diffusé à la télévision ; on le salue et on le complimente de tous côtés. Il se sent flatté, comme je peux le constater, mais il ne s'y laisse pas prendre. "Ils font comme s'ils ne m'avaient pas vu depuis trente ans !"

Au troisième coup de sifflet, le train s'ébranle, gémissant et haletant. Tandis que Kar remplit la glacière de l'eau contenue dans des sacs en plastique, il se souvient de tout ce qu'il a oublié : son tapis de prière, son peigne, sa brosse à dents, une casserole pour aller chercher de la nourriture si nous nous arrêtons en route. "Mais heureusement, j'ai pensé à prendre mes gobelets en plastique !" Ce sont de jolis gobelets qu'il a rapportés de sa tournée au Canada ; avec leur couvercle coulissant, on peut les ouvrir ou les fermer. Dessus, on lit *Vancouver Folk Festival*. Il les examine affectueusement. "Je regretterai toujours de ne pas en avoir pris plus, il y en avait plein !"

Notre train vient de France, "parce que quand les Blancs en ont assez d'un train, ils le donnent aux Africains". Tous les insignes de la SNCF sont restés intacts et à l'entrée du wagon est même affichée une carte du réseau des chemins de fer français. "Nous sommes reconnaissants de recevoir un cadeau, nous ne l'abîmons pas, dit Kar. Si les Hollandais nous donnent un train, nous laisserons aussi les cartes de leur réseau de chemins de fer affichées au mur."

La distance entre Bamako et Kayes est à peine de cinq cents kilomètres. D'après Kar, un TGV français ferait le trajet en deux heures, mais avec ce train diesel wouya-wouya, nous mettrons dix heures, car il roule à une allure d'escargot et s'arrête à tout bout de champ. Chaque fois que nous approchons d'une gare, nous voyons des femmes dévaler les collines environnantes, des paniers de marchandises sur la tête. En sueur, elles défilent le long des wagons avec mangues, bananes et sandwiches. Cela dure quelques minutes, puis le moment magique de la journée est passé. Kar scrute le quai en quête d'achats éventuels. Il hisse avec satisfaction un grand sac de manioc à l'intérieur ; ils n'en ont pas à Kayes.

En cours de route, des aveugles sont poussés dans le train par des gens de leur famille. Ils ne descendent pas avant plusieurs arrêts et avancent dans les wagons d'un pas traînant en lançant de leur voix dolente : *"Un petit quelque chose, pour l'amour d'Allah !"* Un gars vend des pierres noires qui guérissent des piqûres de scorpion, un autre propose du foie. "Du foie ! Jamais de la vie. On connaît le truc, dit Kar. Si on montre qu'on est intéressé, l'homme pose son bol par terre, écarte le papier et on s'aperçoit qu'il a de tout sauf du foie. Mais en attendant, on a déjà l'odeur de viande dans les narines et on n'a plus qu'à se contenter de ce qu'il découpe."

Devant nous, deux hommes sont engagés dans une discussion animée. L'un d'eux revient tout juste de Brazzaville, où il possède une boutique. Il y a quelque temps, les militaires, que le gouvernement congolais a cessé de payer, se sont livrés à des pillages. Les commerçants sont ceux qui en ont le plus souffert. L'homme est originaire de Kayes et envisage de revenir s'installer dans sa ville natale. "Il faut espérer qu'il a une maison là-bas, murmure Kar, sinon, il sera dans le même pétrin que mon frère Baaba."

Une dizaine de rangées derrière nous, une femme chante en se balançant mécaniquement d'avant en arrière. Au début, son chant se mêlait à l'agitation ambiante, mais maintenant, de plus en plus de regards se tournent vers elle. Parfois, la mélodie se transforme en un monologue volubile, entrecoupé de rires, ou elle se frappe la tête contre le siège au risque de se blesser. Inquiet, le jeune homme à côté d'elle essaie de la calmer. Il y a deux jours, elle est sortie de sa douche en chantant, dit quelqu'un, et depuis, on ne peut plus l'arrêter. Les tranquillisants prescrits par un médecin de Bamako ne font aucun effet. Sa famille a décidé de la renvoyer dans son village, dans l'espoir qu'elle y retrouvera son calme. Bientôt, le wagon entier se mêle de son cas et les histoires les plus abracadabrantes circulent sur d'étranges événements qui se sont déroulés lors de précédents voyages. Quelques semaines plus tôt, dans le même train, un homme s'est endormi et il ne s'est plus jamais réveillé.

Le silence se fait à mesure que la chaleur augmente. Autour de nous, tout le monde somnole. Même la femme psychotique s'est lassée de chanter. A l'aide de nos éventails, nous nous efforçons de chasser la chaleur et, à chaque arrêt, nous nous approvisionnons en eau. Nous pénétrons dans des contrées plus chaudes, un paysage sépia roussit au soleil. Kar regarde plus attentivement par la fenêtre : nous approchons de sa région natale. Lors d'une halte dans une petite gare déserte, il dit : "C'est Oualia. Pierrette et moi, nous avons vécu deux ans ici." Les huttes de paille ont terni au soleil, dans les rues on ne voit pas âme qui vive. "Ici ?" Il rit de mon étonnement. "Absolument, et c'était plutôt bien par rapport à l'endroit où nous habitions avant !"

Quand Santa Maria fut interdit, il décida de partir à l'aventure comme son frère Baaba, parce qu'il ne gagnait pas assez d'argent en travaillant comme tailleur. Il se rendit à Bobo-Dioulasso, à l'époque en Haute-Volta. Là-bas, les Blancs n'étaient pas partis, on pouvait y acheter des jeans et d'autres marchandises occidentales devenues introuvables au Mali. Il faisait du commerce entre Bobo et le Mali. Chaque semaine, il envoyait de l'argent à ses parents.

Peu de temps après, il ouvrit un atelier de confection à Bobo. Au bout de la rue se trouvait le club *Normandie*. Le soir, le célèbre groupe Volta Jazz y jouait, il les entendait de son atelier. La musique n'avait pas quitté ses pensées, mais il se sentait responsable de ses parents qu'il avait laissés à Kayes avec le petit Maciré, il était venu à Bobo pour gagner de l'argent. Personne ne savait que le tailleur, penché au-dessus de sa machine à coudre, était le chanteur Kar Kar dont on entendait régulièrement les chansons à la radio.

Mais un ami attira l'attention du propriétaire du *Normandie* sur sa présence et, un soir, Kar ne put s'y soustraire : il fallait jouer. Quand on l'annonça, le public eut du mal à croire que c'était bien lui, Kar Kar. Après le concert, ses fans refusèrent de le laisser partir seul et formèrent un cortège jusqu'à son atelier. La même nuit, la jeune fille à la Vespa italienne dont tout Bobo était amoureux s'arrêta devant sa porte. A partir de ce moment-là, il donna régulièrement des concerts au *Normandie* et son atelier devint un point de rencontre célèbre.

Mais il ne s'enrichit pas pour autant et le sort de ses parents continuait de le préoccuper. Quand on lui proposa un poste d'*agent technique** au CAC, le Centre d'action coopérative, à Nioro, non loin de Kayes, il n'hésita pas une seconde : il ferma son atelier de confection et partit.

Son travail consistait à approvisionner les coopératives d'Etat en sel, lait en poudre, semences et riz que les agriculteurs pouvaient acheter à crédit. L'Etat vendait aussi à tempérament des bœufs et des outils. Pendant son temps libre, il faisait répéter l'orchestre de Nioro et, le week-end, ils donnaient ensemble des concerts. C'est à l'occasion d'une de ces représentations que Pierrette tomba amoureuse de lui.

En 1968, l'année où le président Modibo Keita fut renversé, il habitait près de Kayes, à Bafoulabé, et dirigeait un orchestre connu dans toute la région. Comme beaucoup de chanteurs de l'époque, il avait chanté à la gloire du président malien. Du jour au lendemain, on ne l'entendit plus à la radio.

"Puis on m'a muté à Kundia." Kar rit. "Ça, c'était un trou perdu ! Parfois, on ne voyait pas passer de voiture pendant six mois !" Deux ans plus tard, un responsable du CAC venu de Bamako découvrit qu'il était en poste là-bas. L'homme aimait sa musique et fut profondément choqué. "Tu vas tuer ta femme, en restant ici", dit-il. Il s'arrangea pour que Kar soit muté à Oualia, le village où nous venons de nous arrêter. "Comparé à Kundia, Oualia, c'était le paradis, dit Kar, parce qu'au moins, il y avait une gare et un train qui passait tous les jours."

Il a parlé longtemps, mais maintenant il jette un coup d'œil inquiet à sa montre. Le train a plus de deux heures de retard. Il ne cesse de s'immobiliser et fait même une halte dans une petite gare où il n'est pas du tout censé s'arrêter. "Quelqu'un du personnel du train a sûrement des affaires à régler ici", grommelle Kar.

La nuit commence à tomber, mais quand je passe la tête par la fenêtre, je m'aperçois que le soir n'apporte aucune fraîcheur. C'est comme si on s'engouffrait dans un four. Soudain, je me souviens de l'histoire du commandant de cercle français qui passait ses journées dans un tonneau d'eau. N'était-ce pas à Kayes ? Kar a lui aussi passé la tête par la fenêtre. "Il fait chaud, hein ?" dis-je. Il acquiesce. "Mais ne va pas le répéter à Bamako !"

*

A la gare de Kayes, nous nous frayons un chemin à travers la foule en direction de la sortie. On nous arrache presque nos sacs des mains, mais Kar chasse tous les importuns par quelques mouvements énergiques. Ici, il est sur son territoire et n'a pas besoin de crier – dès que les porteurs le reconnaissent, ils reculent, visiblement impressionnés.

Dehors, il regarde autour de lui. Un homme corpulent se détache de la file des chauffeurs de taxi et se dirige vers nous en arborant un large sourire. "*Kar Kar, ça va* ?*" Il nous débarrasse de nos bagages et les transporte jusqu'à la voiture.

Le taxi est une épave qui ploie sous le gigantesque poids du chauffeur, ce qui ne gâte en rien son humeur. Il est aux anges que son ami, qui passait hier encore à la télé, soit venu à Kayes. Il le connaît depuis l'époque où Kar travaillait à Nioro. En ce temps-là, il n'était qu'un enfant, mais se souvient du mariage de Kar et Pierrette comme si c'était hier. Des faire-part étaient placardés sur tous les arbres, les moutons se promenaient avec des invitations pendues à leur cou et si les fans de Kar avaient rencontré des chiens perdus, ils leur en auraient accroché aussi. Entre les jambes des adultes, il admirait le couple. "Qu'elle était belle, Pierrette ! Tous les commerçants de Nioro avaient demandé sa main. Il y en avait qui étaient bien plus riches que Kar, mais elle n'avait d'yeux que pour lui." Il cherche mon regard dans le rétroviseur cassé. "C'est pour ça qu'il ne peut pas l'oublier, dit-il soudain un ton plus bas, et c'est peut-être pour ça qu'il ne s'est toujours pas remarié."

Je suis étonnée que l'on connaisse aussi bien la vie privée de Kar ici, mais en lançant un regard de côté, je m'aperçois qu'il sourit gentiment, comme si un griot chantait ses louanges.

Le taxi s'arrête devant une maison en terre, dans une rue sans éclairage. A peine sommes-nous descendus de voiture que des enfants bondissent vers nous en criant et se jettent sur nos bagages. Quelques planches permettent le passage au-dessus d'un fossé qui longe la maison. "Attention, dit Kar en se faufilant devant moi, tout est fragile, ici."

Sous un arbre dans la cour, plusieurs personnes regardent la télévision. Le frère de Kar, Maciré, se lève et se répand en excuses ; il est venu à la gare plus tôt dans la soirée, mais personne n'a su lui dire quand le train en retard allait arriver. Il est grand, maigre, et parle d'une voix traînarde et plaintive. Sa femme, Mamou, qui attend des jumeaux, est allongée sur un sommier métallique contre le mur. Les autres téléspectateurs sont des voisins. Sous un auvent, des moutons bêlent.

Kar lance un regard circulaire. "Où est Abdoulaye ?" C'est son fils de douze ans, qu'il a laissé à Kayes après la mort de Pierrette. Elle avait souhaité qu'il soit élevé par un marabout qui dirigeait une école franco-arabe dans la ville. Il n'est pas rare que des parents confient ainsi un de leurs fils à un marabout.

"*Papaa !*" Un garçon éblouissant, à l'air presque arabe, saute dans les bras de son père. Kar sourit, le serre contre lui, lui parle doucement. Entre-temps, le marabout d'Abdoulaye est parti en Arabie Saoudite. "Pour la prochaine année scolaire, je te ferai venir à Bamako", promet Kar.

Tous les trois, nous entrons dans une chambre où un matelas pourvu d'un drap propre est installé par terre. A côté du lit se dresse un ventilateur. Sinon, la pièce est vide. "Où est le portemanteau ?" Abdoulaye rit : "Ils en ont fait du petit bois pour la cuisine." Kar secoue la tête. "Ces gens-là, ce sont des barbares !" La dernière fois qu'il est venu à Kayes, il a enfoncé quatre clous dans le mur pour suspendre une moustiquaire. Les trous y sont encore, mais les clous ont disparu. "Je me demande bien ce qu'ils en ont fait ! Ça ne brûle pourtant pas !"

Je mets un certain temps à comprendre que cette pièce était une de celles où Kar vivait avec Pierrette. Dans la pièce à l'avant, ils mangeaient, dans cette chambre, ils dormaient. Un placard aux portes en toile métallique abritait le service de Pierrette, au mur était suspendue une photo de *Kar Kar, blouson noir**. Le lit délabré où Mamou s'est allongée pour regarder la télé appartenait aussi à Pierrette. Kar l'avait acheté pour qu'elle puisse se reposer à l'ombre, dans la cour, après son travail.

En 1991, quand il était venu en visite ici après avoir passé deux ans en France, tout ce qu'il avait laissé était déglingué. Le matelas avait disparu du lit de Pierrette et des morceaux de toile métallique du placard traînaient dans la cour. "Heureusement, j'avais pris mes photos, sinon je les aurais perdues aussi !"

La fille aînée de Mamou m'apporte un seau d'eau chaude. Elle ajoute de l'eau froide et, quand je trempe la main dedans pour contrôler la température, Kar s'écrie : "Il ne faut pas faire ça !"

Il saisit un gobelet en plastique, prend de l'eau dans le seau et la verse sur sa main. "C'est comme ça qu'on vérifie si ce n'est pas trop chaud.

— Pourquoi ?

— C'est ce qu'on nous a appris."

Je me rebiffe. "Je ne vois pas la différence.

— Ma mère faisait toujours comme ça, et ce qu'elle faisait…"

Je lui demande, incrédule : "C'est écrit dans le Coran, peut-être ?

— Non, ce n'est pas ça, mais si ça vient de tes parents et que leurs ancêtres l'ont transmis de génération en génération, ça devient presque un commandement de Dieu, car nos ancêtres étaient plus proches de Dieu que nous.

— Et que se passe-t-il si on ne le fait pas ?

— Rien de spécial. Sauf que tu n'as plus la baraka."

Je jette une serviette sur mes épaules, soulève le seau et me rends, songeuse, dans le réduit où l'on se lave. La première fois que Kar m'a confrontée, chez lui à Bamako, à un de ces décrets parentaux, j'ai failli rire. Superstition ! Maintenant que je me trouve sur les lieux où sa mère lui a enseigné ces choses-là, je constate que je n'arrive plus à les écarter d'un revers de main. Les jours suivants, je plonge en cachette ma main dans l'eau chaude mais, quand il me surprend, je me sens coupable. Je peux soudain m'imaginer pourquoi on se plie à ces décrets, ne serait-ce que pour ne pas blesser ceux qui y croient.

Dans la cour, le concert de Kar à la télévision est le grand sujet de conversation. Tout le monde s'étonne de son retour en force et pensait qu'il avait renoncé à la musique, qu'il avait perdu sa voix. "C'est à toi qu'ils auraient dû donner le Grammy, plutôt qu'à Ali Farka Touré", dit Maciré. Kar rit d'un air absent. Il parle de son nouveau CD qui va bientôt sortir, d'un festival à Angoulême, où il est invité. Abdoulaye a pris un tabouret pour s'asseoir et regarde son père d'un air réjoui. Kar passe un bras sur ses épaules et dit qu'il lui a acheté une bicyclette qui l'attend à Bamako.

Autour de nous, les enfants de Mamou s'endorment et les voisins battent en retraite un à un. Kar sort un drap de son sac. Lui aussi dort dans la cour, au milieu du champ de bataille d'adultes et d'enfants étendus sur des nattes en paille dans un enchevêtrement de bras et de jambes. Epuisée, je m'effondre sur mon lit, la tête sous le souffle d'air apporté par le ventilateur. Dans la cour, j'entends les moutons remuer les faitouts vides posés sur le réchaud. Ils cherchent la nourriture dont l'odeur imprègne encore les casseroles.

Le lendemain matin, quand nous sortons dans la rue, je m'aperçois que ce ne sont pas des planches, mais des rails usés qui sont posés au-dessus du fossé. Les enfants de Maciré jouent devant la maison. Avec un bâton, ils farfouillent dans l'eau saumâtre du fossé et en retirent des boîtes de conserve remplies d'eau pour faire des pâtés de boue. L'eau, qui bouillonne et fermente, est surmontée d'un essaim de moustiques – je regarde la scène horrifiée.

"Dire qu'autrefois, nous faisions des courses de chevaux dans les caniveaux de Kayes, dit Kar.

— Des courses de chevaux ?

— Mais oui ! Certains caniveaux faisaient des kilomètres de long. Nous y jetions des petits morceaux de bois que nous avions mis une éternité à polir et nous courions le long de l'eau jusqu'au bout, en jouant les supporters comme pour de vrais chevaux. Parfois, nous étions bien quarante !

— Mais à quoi reconnaissais-tu ton cheval ?

— Ce n'était pas difficile ! Nous avions passé des heures à le fabriquer, nous l'avions peint ou décoré de petits dessins."

Nous sommes arrivés à un carrefour poussiéreux. C'est ici que le cirque montait son chapiteau autrefois. Il venait du Sénégal et restait des semaines – le soir, on entendait les éléphants barrir et les lions rugir. A présent, un monument en forme d'obélisque se dresse au milieu de la place. "C'est un cadeau de notre précédent gouverneur, dit Kar. Personne ne sait ce que ça représente. Nous l'appelons *la bougie*." Au début, une lumière brillait à son sommet. Elle était si puissante qu'on aurait dit une balise mais, quand elle s'est cassée, le nouveau gouverneur ne s'est pas donné la peine de la remplacer.

"Kar Kar ! En forme ?

— Dra ! Ça va* ?"

Dans une boutique sur la place, un homme bricole une radio. Derrière lui s'élève un cimetière d'appareils électriques. "Tout Kayes compte sur Dra, dit Kar, si ton téléviseur rend l'âme en plein milieu d'un match de foot, il te le répare avant la fin."

A l'aide d'une petite brosse, Dra retire la poussière de la radio. "Désolé, je ne peux pas interrompre mon travail, il faut que ce soit prêt tout de suite."

Kar s'adosse au comptoir et regarde le carrefour. Jusqu'à récemment, les rues étaient asphaltées, mais depuis qu'on a découvert de l'or à Sadiola, au sud de Kayes, le revêtement a été démoli. Les Sud-Africains vont construire une usine là-bas et ont débloqué de l'argent pour élargir toutes les rues de Kayes. "Mais tu vois ce qui s'est passé, l'asphalte a disparu et ça fait déjà un an que Kayes est envahi de poussière.

— Nos radios commencent à s'y habituer, dit Dra d'un ton résigné.

— Et quand vont-ils réasphalter les routes ?

— Ah ! Ça c'est la grande question ! dit Kar. Pour l'instant, tout le monde est occupé à dépenser l'argent. Si par hasard il reste quelque chose…"

Au-delà de la place se trouve la rue principale de Kayes, une voie animée, flanquée de boutiques. Kar s'arrête fréquemment pour saluer des amis. Je reconnais le ton badin qu'il a adopté lors de notre visite au marché de Bamako – ici, il est totalement dans son élément. Après avoir travaillé comme agent technique, il a ouvert à Kayes une boutique de vêtements et de produits de beauté. Tous les commerçants le connaissent de cette époque. Il cherche des clous pour la moustiquaire ; au moment où il s'apprête à payer, le vendeur fait un geste de refus.

Dans le magasin de tissus de son ami Sidi, on nous offre du Coca. "A Kayes, quand on a un frigo, on est riche, dit Kar en inspectant le contenu du réfrigérateur, parce qu'on peut vendre des boissons fraîches et de l'eau glacée." Il examine les survêtements en nylon suspendus partout. "Il n'y a rien pour Abdoulaye, dans tout ça ?"

Les tailleurs travaillent dans la rue. Certains ont tendu une toile au-dessus de leur tête ou portent un petit masque de gaze pour se protéger de la poussière ; leurs machines à coudre viennent de Chine. Nous croisons un homme coiffé d'une calotte, qui brode un motif bleu et blanc sur une housse de coussin. Kar revient brusquement sur ses pas. "Diallo, c'est toi ?" Tout heureux, il lui serre la main. "On était ensemble en France, me dit-il, on vivait dans le même foyer."

Quand Kar lui demande ce qu'il fait à Kayes, une ombre passe sur le visage de Diallo. Il est venu voir sa famille et n'a pas pu repartir. "Je n'ai pas réussi à obtenir mes papiers." Il est allé jusqu'au Congo, mais il est revenu bredouille. "Je continue à espérer, mais…" Il nous regarde et sourit courageusement, mais ses yeux sont tristes. Un instant auparavant, il était totalement absorbé par la broderie de son coussin, notre arrivée l'a perturbé.

Je m'apercevrai au cours des prochains jours que dans ces rues poussiéreuses, on rêve beaucoup de l'étranger. Ici, Kar est un homme du monde : non seulement il voyage fréquemment entre le Mali et l'Europe, mais il a même amené une étrangère à Kayes ! Il les laisse dire. Certains croient qu'il vit encore à Paris ; il ne cherche pas à les détromper.

"Tu veux voir mon ancienne boutique ?" Nous sommes arrivés à la partie couverte du marché, un labyrinthe de ruelles où les bruits sont étouffés et la lumière filtrée par la toiture en paille. On se croirait dans un souk arabe, une odeur d'épices, de thé et de poisson séché flotte dans l'air. Kar s'arrête devant une minuscule boutique. Des vêtements d'occasion entassés sur une table, des sacs de voyage suspendus aux portes en tôle ondulée. Les affaires marchaient ici ; quand le train arrivait de Dakar, des Sénégalaises affluaient au marché et lui achetaient parfois pour deux cent mille francs de marchandises en une seule matinée.

Une curieuse odeur dans la ruelle me fait éternuer. Deux boutiques plus loin, un vieil homme est allongé sur une natte, au milieu de lézards, de peaux de serpent, de griffes de chat sauvage et de petites mains de singe séchés – des ingrédients destinés à la fabrication de gris-gris. J'éternue de nouveau. "Ce magasin était déjà là, à l'époque ?" Kar acquiesce. "Ça ne te dérangeait pas ?" Il rit. "Non, pas moi !"

Je suis heureuse de me retrouver à l'air libre. Nous prenons la direction du fleuve Sénégal. De l'autre côté se trouve Kayendi, Petit Kayes. Des passagers font la navette entre les rives en pirogue, sur un pont proche du niveau de l'eau passent des voitures et des piétons. Chaque année, les Peuls viennent de Mauritanie avec leur bétail et traversent le fleuve. Juste avant la saison des pluies, ils repartent vers le nord. "Dès qu'il commence à pleuvoir, le pont est englouti par l'eau, dit Kar, mais tant que les Peuls n'ont pas mené leurs bêtes de l'autre côté, il ne pleut pas. Ils y veillent.

— Comment ça ?

— Ils empêchent la pluie de tomber ! Tous les Kayésiens en sont capables depuis leur plus jeune âge."

Il a gravi les marches d'un majestueux bâtiment colonial, au bord du fleuve. "Et maintenant, nous allons voir ce que fabrique Maciré." Maciré est l'homme à tout faire à la BIAO, la Banque internationale de l'Afrique occidentale. Il a été très peu de temps à l'école – il a obtenu son emploi par l'entremise d'un ami de la famille.

Nous le trouvons dans un petit bureau aux fenêtres maculées, en train d'écrire à une table couverte de hautes piles de dossiers. "Ah, vous arrivez juste à temps !" Il se lève d'un bond et présente à Kar une facture d'électricité. "Tu ne pourrais pas… ?"

Kar repousse la facture sans y jeter un regard. "Pourquoi je le ferais ?

— Tu sais bien qu'à partir de demain je serai en vacances ?" D'habitude, Maciré arrondit ses fins de mois en rendant divers services aux clients de la banque, mais ces à-côtés disparaissent pendant les vacances. "Il y en a pour…" Mais Kar ne veut même pas entendre le montant.

Je les observe avec intérêt. La plupart du temps, c'est moi qui suis victime de cette forme de mendicité. Chaque fois que je refuse, j'éprouve un mélange de gêne et de culpabilité. Alors voilà comment ils résolvent le problème entre eux !

Mais sur le chemin de la maison, Maciré parvient à convaincre son frère de lui acheter cent kilos de riz et de mil. Dans le magasin, il fait comme si tout lui était dû, il choisit le riz, fait glisser les grains de mil entre ses doigts et explique au porteur où livrer les sacs. Je vois Kar dans une pose qui me deviendra très familière au cours des prochains jours : penché au-dessus de son porte-monnaie, il compte soigneusement d'abord les billets, puis les pièces. *L'oncle d'Amérique**.

235

Les sacs sont déjà là à notre arrivée. Mamou profite de l'occasion pour se plaindre du lit sur lequel elle dort : elle a besoin d'un matelas. Mais Kar estime qu'il a assez dépensé. "Quand tu te seras rempli le ventre de riz et de mil, plus rien ne te dérangera, dit-il avec dureté, tu dormiras même très bien sur un sommier métallique."

A la fin du repas, la chaleur dans la cour est si paralysante que je ne sais plus de quel côté me tourner. Etendue sur mon lit, j'essaie de lire. Au-dessus du ventilateur sévit une canicule infernale. Kar et Abdoulaye sont dans la pièce de devant. C'est attendrissant de les voir ensemble. "Tanti et Abdoulaye sont mes enfants préférés, a laissé échapper Kar une fois, ils me comprennent mieux."

Allongé en caleçon sur le dos, Kar s'évente. Abdoulaye est appuyé sur le bord du lit et prend parfois la relève. Ils ne se sont pas vus depuis six mois et Abdoulaye a une multitude d'histoires à raconter, que Kar me rapportera plus tard en détail. A chaque nouvelle anecdote, il donne un coup de coude à son père : *"Papaa !"* Il passe en revue ses camarades de classe. *Le chat*, si agile qu'il peut se battre sans salir son boubou blanc ; le garçon au nombril protubérant, qui n'est pas venu à l'école pendant cinq jours parce qu'il n'arrêtait pas de jouer au foot ; la fille qui veut toujours se mêler aux jeux des garçons ; *la souris*, au tout petit visage, qui se vante depuis des mois que sa mère va lui acheter un vélo, mais personne n'a jamais vu le fameux vélo, si bien que ses camarades de classe le taquinent en lui demandant si par hasard il ne serait pas plus gros qu'une souris. Quand Abdoulaye s'aperçoit que son père s'est endormi, il pose doucement l'éventail et s'allonge à ses côtés.

Plus tard, nous nous installons dans la cour avec l'énorme radiocassette que Kar a amenée. A partir d'un morceau de plastique qu'il taille à l'aide d'un canif, il me fabrique un cheval qu'il fait flotter dans un bol bleu rempli d'eau. "Bien sûr, celui-ci n'est pas aussi raffiné que ceux que nous faisions autrefois, dit-il en regardant l'objet minable, nous les frottions pendant des heures contre le mur jusqu'à ce qu'ils soient parfaitement lisses. Tous les chevaux avaient des noms : Olympic, Lam Toro, Bel Ami. Si nous avions pu, nous serions montés dessus !"

Mamou joue avec les voisins d'hier soir à une variante nigériane du jeu de l'oie : le *Ludo game*. Le parcours présente des photos de Mike Tyson et d'autres idoles sportives noires. Les joueurs ont posé le jeu sur un seau à l'envers et sont assis sur des boîtes de lait vides. Les dés sont jetés violemment contre le plastique et les jurons et les cris fusent. Insensible au bruit, Maciré dort sur une natte à l'ombre, une radio mal réglée près de son oreille.

"Regarde-moi ça." Kar oriente mon regard vers la galerie, où un mouton est en train de savourer un cahier. Je me lève d'un bond et le lui arrache. C'est un cahier de classe d'Abdoulaye. "Pas étonnant que les choses disparaissent ici", dit Kar d'un ton résigné.

Je suis surprise de la nonchalance qu'affiche toute cette maisonnée. Le linge suspendu à une corde n'est pas maintenu par des pinces – des vêtements humides tombent par terre sans que personne ne les ramasse. La fille aînée de Mamou pile du mil pour le repas du soir dans un grand mortier où les moutons ne tardent pas à fourrer leur museau. Sa sœur Bintou – une enfant de sept ans d'une beauté émouvante – sait à peine parler. "Ça s'arrangera avec l'âge", a dit Maciré cet après-midi. Il a vingt-cinq jours de vacances devant lui. Quand je lui ai demandé quels étaient ses projets, il m'a répondu : "Rien, me reposer." Alors que de toute évidence, la maison a grand besoin d'être remise en état !

Cela m'aurait peut-être moins frappé si la différence avec Kar n'était pas aussi marquée. "Tu aurais dû voir cette maison quand j'étais jeune, dit-il, je faisais tout ici. J'élevais des pigeons que l'on venait m'acheter d'aussi loin que le Sénégal ! A la grande époque de Santa Maria, une cinquantaine de personnes se rassemblaient parfois ici pour boire du thé et écouter des disques. Nous nous installions dans la pièce de devant, que nous appelions *la casa*, ou du côté de la rue où j'avais construit une terrasse. Quand j'habitais ici avec Pierrette, je réparais toute la maison avant chaque saison des pluies. Mais maintenant…" Il jette un coup d'œil inquiet autour de lui. "J'espère qu'il va pleuvoir bien sûr, mais j'ai peur qu'il ne reste pas une seule pièce où nous serons au sec."

Aux yeux de notre entourage, Kar et moi sommes ensemble. Du coup, Kar fait tout comme. L'antagonisme entre Maciré et lui nous rapproche. Au souvenir de notre première entrevue, du terrain miné de codes inconnus sur lequel je m'étais aventurée, je m'aperçois du long chemin que j'ai parcouru en peu de temps.

Ce matin, après notre rencontre avec Diallo, qui vivait dans le même foyer que lui à Paris, Kar m'a parlé du temps où il travaillait dans le bâtiment en France. Son patron juif, qui l'aimait bien, lui avait confié de plus en plus de responsabilités. Un jour, Kar installait avec le contremaître italien un escalier de marbre dans un appartement de luxe. Tandis qu'ils transportaient une lourde plaque de marbre jusqu'en haut des marches, l'Italien se fit un tour de reins.

"Foutus Africains, jura-t-il.
— Et les Italiens alors ?" Sans prendre le temps de réfléchir, Kar le gifla.

Le lendemain matin, son patron passa chez lui. Cela faisait vingt ans qu'il travaillait avec l'Italien, dit-il. Il était désolé, mais il ne pouvait plus garder Kar à son service.

Nous avons marché en silence l'un à côté de l'autre. Je ne savais pas Kar capable de s'emporter au point de frapper un adulte. Il était plongé dans ses pensées, lui aussi. Au bout d'un certain temps, il a dit : "Voilà, je t'ai raconté une histoire sur ma vie en France."

Quand il revient de sa douche, je suis en train d'écrire dans mon cahier noir et rouge. J'ai l'impression d'être prise en flagrant délit et je crains une réprimande, mais il se contente de jeter un coup d'œil par-dessus mon épaule et me dit : "Fais attention. Ta main va enfler à force d'écrire."

Les heures les plus chaudes de la journée sont passées, les voisins sont partis, Abdoulaye est sorti avec ses amis et même Maciré s'est discrètement éclipsé. "Je crois que je sais où il traîne, dit Kar d'un air mystérieux. Viens, nous allons le surprendre."

Dans le quartier où il m'emmène, nous assistons à une scène bruyante : une femme a arraché du sol un panneau de signalisation dont elle menace d'assommer un ivrogne. La femme a raison, estime Kar ; d'après ce qu'il a entendu, l'homme lui doit de l'argent depuis des mois. "Cette partie de Kayes s'appelle la Californie." Imperceptiblement, il s'est mis à chuchoter. Le nom date de l'époque où l'on a tourné à Kayes le western *Californie, ville sans loi*. C'est un quartier mal famé, rempli de truands et de prostituées. Tout ce qui est illicite peut s'obtenir ici.

Kar pousse le portail d'un bâtiment colonial de couleur ocre, l'ancien club français de Kayes. La musique que l'on entend depuis un certain temps déjà se rapproche. A l'arrière du bâtiment, un groupe répète. Le visage impassible, Maciré joue de la guitare basse. Kar rit. "Qu'est-ce que je te disais ?"

Il trouve l'orchestre de Kayes wouya-wouya, ce qui n'empêche pas son frère de passer ici tout son temps libre. Quand il nous voit, Maciré lève la main en souriant. A quarante-sept ans, il commence à perdre ses cheveux comme Kar, mais son visage n'a aucune ride et son corps trahit son apathie. "Ma mère l'a trop gâté, dit Kar, il n'a jamais appris à se comporter en adulte."

Après la répétition, Maciré vient vers nous. "Alors, qu'est-ce que vous en pensez ?" Kar hausse les épaules, moi je marmonne quelque chose, mais Maciré dit d'un ton assuré : "Attendez un peu, encore six mois de répétitions et nous y serons !" Il s'est mis dans la tête qu'il allait se faire un nom à l'étranger, comme Kar. "L'an prochain, je t'enverrai une cassette et tu pourras te mettre au travail", me dit-il. Je proteste que je ne suis pas imprésario, mais Kar me fait un clin d'œil. "Depuis que Maciré t'a vue, il est déjà dans l'avion !"

Nous nous adossons contre un muret et regardons des jeunes qui font du sport sur la place. "A l'époque de Santa Maria, c'était une piste de danse, dit Kar. Qu'est-ce qu'on a pu faire les fous !" Pendant les concerts, quand la salle était bien chauffée, il sautait de la scène en culbutant avec sa guitare et se mêlait au public, tandis que le contrebassiste grimpait comme un singe sur son instrument.

Plus loin, on joue au football à la lumière de projecteurs. A l'époque des Français, il y avait là-bas un terrain de tennis. "Tous les joueurs portaient des ensembles blancs et nous nous battions pour ramasser leurs balles, dit Maciré. A chaque balle qu'on leur rapportait, on recevait vingt-cinq francs. Avec cet argent, nous achetions des cigarettes ou nous allions au cinéma." Les Français passaient leurs soirées au bar ou à flâner sous les citronniers, vêtus de costumes tropicaux de toile légère, un verre de whisky à la main. Maciré regarde en hochant la tête le terrain ravagé par le temps et les mauvaises herbes qui ont poussé tout autour, puis dit d'un ton de regret : *"Ah non, les Blancs, ils ont travaillé* !"*

Kar et moi échangeons un regard puis éclatons de rire. "Qu'est-ce qui t'empêche d'en faire autant ?" lui dis-je.

Mais Maciré est perdu dans ses rêves. "Des ensembles blancs, ils portaient, dit-il, d'une blancheur éclatante." Il fixe au loin le produit de son imagination : des personnages en tenue de tennis s'élancent d'un bout à l'autre du court au son des "ploc" des balles.

"Tu crois qu'on peut boire quelque chose ici ?" demande Kar, qui ne tient pas en place. Mais le bar en plein air, au-dessus duquel on peut lire en lettres sévères : *consommation obligatoire**, ne sert rien. Les wagons de boissons fraîches ne sont pas arrivés à temps de Bamako, explique le barman. Depuis, il n'y a plus de quoi se rafraîchir dans toute la ville.

"Tu vois à quel point Kayes est isolé, de nos jours ? dit Kar tandis que nous rentrons tous les trois par les rues obscures. Dès qu'un train n'arrive pas, il y a pénurie. Le président du Mali et son prédécesseur sont tous les deux originaires de Kayes, mais tu crois qu'ils ont fait quoi que ce soit pour la région ? Moussa Traoré n'a même pas construit de route jusqu'à son village natal !"

Quand Kar était enfant, le fleuve représentait encore un axe important pour le transport de marchandises. Des navires venant de Saint-Louis, sur la côte ouest de l'Afrique, remontaient le Sénégal jusqu'à Kayes, puis des camions acheminaient le fret vers l'intérieur du continent africain. On entendait le *Cap Lopez* arriver à des kilomètres à la ronde. Une chanson encourageait les mères à se rendre au port pour ramasser le sucre et le sel restés sur le quai après le déchargement. "Certains bateaux étaient si grands qu'on pouvait jouer au basket sur le pont, dit Kar, quand ils accostaient, les enfants des écoles avaient droit à une visite guidée et nous pouvions assister à une projection de film à bord, parce que les Français voulaient nous civiliser."

Le silence a envahi les rues de Kayes. Seules quelques personnes sont réunies devant la salle de cinéma ; la première séance de la soirée commence bientôt. En face, des marchandes ont installé des tables basses où sont présentées boissons, pommes et arachides. Une exclamation étouffée surgit de l'obscurité, au premier étage : "Kar Kar !" C'est le vieux projectionniste – Kar le reconnaît à sa voix.

Derrière les vitrines, les affiches du film qui annoncent *Tremors* sont froissées et jaunies, mais d'après

Kar, elles sont régulièrement changées, car on passe chaque jour de nouveaux films. C'était différent dans le temps. Il a vu au moins cinquante fois *The Last Train to Gun Hill*. "Mais je ne m'ennuyais jamais, chaque fois je découvrais quelque chose de nouveau !" Kirk Douglas, Anthony Quinn et Burt Lancaster étaient de grands héros à Kayes. Quand Kar et ses amis n'avaient pas d'argent, ils passaient par-dessus le mur.

Même après son mariage, il a continué à aller souvent au cinéma. Lors des festivals de films d'horreur, il ne manquait pas une seule séance. Des femmes enceintes d'un diable, un bébé qui ne buvait pas de lait mais du sang, des serpents qui dévoraient des voitures, des morts qui sortaient de leur tombe pour arracher le cœur des vivants – parfois, la salle se vidait au bout d'un quart d'heure, tellement tout le monde était terrorisé, mais Kar restait. D'après lui, les Américains en savent bien plus sur les diables, les fétiches et les gris-gris que les Africains. Dans les films indiens, on pleure le mieux et on ment le plus : même les chevaux et les chiens peuvent voler.

"Et les films français ?

— Français ? Non, on préférait aller boire un thé !" Kar éclate d'un rire narquois. "Dans les films français, il ne se passe rien, on ne fait que parler, surtout d'amour. Je crois qu'ils n'ont pas assez d'argent. Ils en sont encore à la première scène quand un film américain est déjà en pleine action."

Il m'entraîne dans l'escalier. "Je vais te montrer l'intérieur de la salle." C'est un gigantesque cinéma en plein air, comme j'en ai déjà vu sur la côte, à Saint-Louis. Au fond, des bancs métalliques pour les *Indiens*, comme on les surnomme : ils paient le moins cher, font le plus de bruit et doivent prendre leurs jambes à leur cou quand il se met à pleuvoir. Pour un billet de deuxième classe, on a droit à un siège au milieu de la salle. Tout en haut, sous un auvent en tôle ondulée, s'asseyaient autrefois les Blancs. Kar indique le bar vide. "Ils avaient de tout : du whisky, du gin, du Martini – il suffisait de demander."

Même le jour où il avait appris la mort de son frère Kalilou à la radio, il était allé au cinéma. "Il n'y avait rien d'autre à faire ! Le train pour Bamako ne partait que le lendemain matin et je ne voulais rien dire à ma mère, j'avais peur qu'elle ait une crise cardiaque." Mais il n'était pas le seul à avoir entendu la nouvelle et quand il arriva à la maison, sa mère était en larmes, au milieu de la foule accourue chez elle.

Maciré nous a attendus dehors, sur les marches. Le silence dans les rues de Kayes s'est intensifié. Des ampoules pendouillent au-dessus des volets en bois des boutiques et, ici et là, un gardien dort, allongé sur un morceau de carton. Arrivé au carrefour poussiéreux de ce matin, Kar s'arrête et, en faisant de grands moulinets comme un agent de la circulation, il montre différentes directions : "Par cette route, on va en Guinée, par là à Bamako, par là en Mauritanie, par là au Sénégal." Les rues sont en si piètre état qu'on imagine difficilement qu'elles mènent à un monde plus vaste, mais Kar est sérieux : chaque jour, des camions aux noms tels que *Le missile sur la terre*, *Le Sahel vert*, *Qui sait l'avenir ?*, *Tempête du désert* ou *Le destin est fatal**, commencent leur odyssée en soupirant et en haletant. Quand la bougie brûlait encore, on la voyait à des kilomètres.

Après l'indépendance, des volontaires ont élargi la route vers la Guinée. Le Mali et le Sénégal, qui s'étaient brièvement réunis dans une fédération idyllique, étaient brouillés et le président Modibo Keita souhaitait renforcer les contacts avec le régime socialiste de Sékou Touré en Guinée. "C'était l'époque où le Mali tout entier soutenait Modibo. Quand il criait : à gauche ! tout le monde tournait à gauche. Quand il changeait d'avis et disait : et maintenant, hop, à droite ! tout le monde le suivait avec la même conviction dans la direction opposée." Le cœur plein d'un enthousiasme révolutionnaire, des équipes se relayaient pour participer aux travaux. Tous les matins, des musiciens venaient les encourager en jouant du tambour, de la guitare, de la cora et du balafon. Et pendant ce temps-là, le maire de Kayes – comme on s'en apercevrait plus tard – puisait dans les caisses de la municipalité. "Nous avions progressé de quatre-vingts kilomètres, quand le Mali a refait la paix avec le Sénégal. Alors nous avons arrêté."

Peu de temps après, le président Senghor, du Sénégal, se rendit à Kayes en visite de réconciliation. La municipalité avait accumulé tant de dettes envers la compagnie d'électricité que l'éclairage de la ville était coupé. "On a demandé à tous les habitants à proximité d'un poteau électrique de suspendre une lampe devant leur maison. Tu aurais dû voir Kayes, inondée de lumière, on aurait dit un *petit Paris** !" Les ampoules au-dessus des boutiques dans le centre datent de cette époque.

A la maison, Mamou et ses voisins sont rivés au poste de télévision. "Ah, mon émission préférée : *Jaa Jugu* !" Ravi, Maciré installe des chaises supplémentaires. Chaque soir, dans *Jaa Jugu*, Mauvaises Images, un acteur populaire tourne en dérision les mœurs maliennes. Noces exubérantes, rues crasseuses et alcoolisme sont fustigés dans des sketches hilarants. Sur l'écran défilent des plans d'eau insalubres qui rappellent étrangement le fossé devant la maison de Maciré, mais dans l'assistance, personne ne semble faire le lien. Maciré est aux anges et tous ses enfants connaissent les dialogues par cœur.

Depuis des mois, *Jaa Jugu* fait fureur à la télévision malienne. Récemment, les femmes qui se blanchissent la peau ont été prises pour cible. *Tchatcho* – les multicolores –, les surnomme-t-on, les produits qu'elles utilisent laissant des traces sur la peau. Le lendemain de l'émission, des femmes se sont fait huer et lapider par des enfants dans toute la ville. La police a dû intervenir pour calmer le jeu. Le sketch n'a plus été diffusé et a été remplacé par une femme voilée qui suppliait ses assaillants de cesser les hostilités.

Après le journal, on annonce que Boubacar Traoré, *dit** Kar Kar, donnera un concert le soir suivant au palais de la Culture de Bamako, en compagnie d'autres artistes.

Je le regarde, étonné. "Tu es au courant ?

— Non, moi pas, et d'ailleurs je n'irai pas, dit-il, parce qu'on ne me rembourserait même pas mon billet de train." D'après lui, certains des artistes cités ne sont pas au Mali. Les organisateurs se servent de leurs noms pour attirer du public, puis partent avec la caisse. "Tu vois quel genre de pays c'est, le Mali ? Tu comprends pourquoi un artiste a tant de mal à avancer ? Il y a quelques années à Lausanne, on a tourné un clip d'une de mes chansons. En Côte-d'Ivoire et au Sénégal, il a tout de suite été diffusé à la télé, mais au Mali, rien. Au bout d'un certain temps, j'ai compris pourquoi : ils voulaient que je paie, comme font les griots pour passer à la télé." Kar renifle avec mépris. "Je leur ai dit : pas question ! J'ai tout fait pour mon pays, c'est vous qui devriez me payer ! Même les présentateurs à la radio s'attendent maintenant à ce qu'on leur graisse la patte. On pourrait faire danser le diable sur scène qu'on ne gagnerait toujours rien, ici, en faisant de la musique. C'est pour ça qu'il est si important pour nous de devenir connu en Europe."

Soudain, tous les enfants autour de nous se précipitent dans la rue. Kar rit de ma surprise. "Tu n'entends pas ?" Des piétinements sourds résonnent au loin, comme si un troupeau de bêtes passait en courant. "Exactement. Ce sont les Peuls qui partent, avec leurs vaches, de l'autre côté du fleuve." Il écoute attentivement. "Ils sont très nombreux. S'ils continuent comme ça, la pluie ne va pas tarder."

Dans la cour souffle une brise agréable, mais quand j'entre dans ma chambre, on dirait que toute la chaleur de la journée s'y est concentrée. Cette nuit-là, je dors dehors comme tout le monde.

Au petit déjeuner, Mamou se plaint : Maciré a bien semé du mil sur le champ de son père, et l'a même récolté, mais il a tant attendu pour le rentrer que des moutons de passage ont tout mangé. Kar écoute ses lamentations en silence.

Maciré me regarde et proteste sans trop de conviction : "Je n'ai pas de moyens pour cultiver la terre. Autrefois, il pleuvait beaucoup plus, ça poussait tout seul, mais depuis la sécheresse…

— Des excuses, des excuses, dit Kar, tu es paresseux, c'est tout.

— Kar est le seul parmi nous à savoir cultiver, poursuit Maciré imperturbable. C'est Dieu qui lui a accordé ce don. Tu aurais dû le voir quand il habitait encore ici, chaque année il récoltait des centaines de kilos de mil et d'arachides !

— La terre ne ment pas, dit Kar calmement, quand on la traite bien, elle donne ce qu'on lui demande." Il s'est levé. "On va aller voir là-bas." Il cherche du regard autour de lui. "Abdoulaye, tu viens ?"

Cette fois-ci, nous partons dans l'autre direction. Abdoulaye connaît le chemin par cœur, il le prend souvent pour emmener paître les moutons de Maciré. "Si Abdoulaye ne s'en occupait pas, ils seraient morts de faim depuis longtemps !" Kar ne vient jamais à Kayes sans se rendre sur le champ de son père, reconnaît-il, mais depuis son départ il est mal entretenu.

C'est étrange de se promener avec lui ce matin. Tout le monde a entendu à la télévision qu'il donnait un concert à Bamako et s'étonne qu'il soit encore ici. "Deux fois Kar !" s'écrie un homme. "Il croit que je suis devenu sorcier, rit Kar, que je suis à Bamako alors qu'il me voit me promener ici."

Les gens écoutent la radio devant chez eux et soudain la musique de Kar vient à notre rencontre. Un présentateur de la radio locale, qui a voyagé dans le même train que nous, évoque le temps où Kar lui a appris à jouer de la guitare à Nioro. Kar ne dit rien, mais il a la démarche souple de celui qui sait qu'il ne passe pas inaperçu. Régulièrement, il s'arrête pour serrer des mains et le sourire charmeur qu'il réserve à ses fans ne quitte pas son visage.

Abdoulaye marche devant nous et se fait interpeller à son tour par des amis. "Mon fils est connu partout, constate Kar enchanté, c'est parce qu'il joue au foot, il fréquente tous les quartiers. Comme moi à l'époque." Sa mère préparait pour la fin de chaque match des kilos de cacahuètes, car généralement ses supporters le ramenaient sur leurs épaules jusque chez lui. Mais un jour, après une blessure, il avait dû rester trois mois au lit et personne n'était venu le voir, alors elle avait dit : "Tu vois comme ce sport est ingrat ? Tu ferais mieux d'arrêter."

Elle l'emmena chez un marabout de renom : elle voulait savoir à quoi son fils était destiné, lui qui plus que ses autres enfants semblait promis à un grand avenir, et comment elle pouvait le protéger des jalousies qu'il provoquerait inévitablement.

A l'époque, Kar ne pensait qu'au football, il ne pouvait imaginer d'autre occupation, mais le marabout dit qu'il arrêterait et qu'il n'irait plus longtemps à l'école. Pas faute d'être intelligent, mais parce qu'il se produirait quelque chose qui le rendrait célèbre et ferait parler de lui. "Ma mère croyait que j'allais devenir ministre ou président !"

Le marabout dit aussi que la famille connaîtrait la discorde. "C'est impossible, dit sa mère, convaincue que les querelles de famille venaient toujours des coépouses, mon mari n'a qu'une seule femme !"

Ensuite, il prédit que Kar irait en Europe et deviendrait connu même là-bas. "L'Europe, où faut-il que des pauvres gens comme nous trouvent l'argent ! fit remarquer sa mère, incrédule.

— J'ai essayé plusieurs fois de partir, mais ça n'a pas marché." Abdoulaye est venu marcher à côté de nous et Kar pose un bras protecteur autour de ses épaules. "Peut-être que les choses devaient se passer de cette façon, peut-être que je devais me marier et avoir des enfants, et que Pierrette devait mourir avant que j'aie l'occasion de partir."

Sa voix est triste et je sens ma gorge se nouer. Il n'avait pas parlé de Pierrette ainsi depuis longtemps. "Comment se fait-il qu'après sa mort, tu aies réussi à te rendre en France ?"

Kar hésite. Même s'il parle facilement de tant de sujets maintenant, la période autour de la mort de Pierrette reste dissimulée dans le brouillard. "Mai Sangaré m'a dit que j'avais encore ma voix, que je devais essayer."

Mai Sangaré – son nom me dit quelque chose. *Si tu vas à Santa Maria, salue Mai pour moi. Mai Sangaré. Chaque chose en son temps.*

"Oui, j'ai parlé de lui dans mes chansons, dit Kar à voix basse. S'il n'avait pas été là..." Ils étaient devenus amis à l'époque où Kar vivait encore à Kayes. Plus tard, Mai partit enseigner au Gabon et ne revint au Mali que pour les vacances. "Quelques mois après la mort de Pierrette, il était à Bamako. Quand il a vu l'état dans lequel j'étais... c'est lui qui m'a dit de partir." Kar n'avait pas d'argent, pas de passeport. Mais soudain, tout ce qui dans sa jeunesse avait représenté des obstacles insurmontables fut résolu le plus simplement du monde. En deux jours, il obtint ses papiers. Par l'intermédiaire d'un ami de Mamadou, le frère de Pierrette, qui vivait en France, il reçut un *certificat d'hébergement** et Mai paya son billet d'avion.

"*Papaa !*" Abdoulaye veut savoir quel genre de bicyclette son père lui a achetée. Kar la décrit et précise qu'elle a une sonnette. "Une sonnette, dit Abdoulaye, déçu, personne n'a ça ici, c'est bon pour les sauvages !" Quand Kar promet de lui acheter des baskets à Bamako, Abdoulaye est là encore contrarié : lui et ses amis du foot ne portent que des sandales en plastique ! Kar l'attire à lui en riant. "Celui-là, il aura beaucoup à apprendre à Bamako."

Il n'est que neuf heures, mais le soleil brille déjà impitoyablement. Nous sommes arrivés près de la gare. En partie cachés derrière de la verdure se dressent trois bâtiments où, à l'époque coloniale, travaillait le personnel des chemins de fer. Ce sont de solides immeubles aux murs épais, agrémentés d'arcades et de larges galeries. D'après Kar, cent ans ne suffiront pas à en venir à bout. Les Kayésiens les ont baptisés les *cent portes**, tant ils ont de portes et de fenêtres. Dans l'un d'eux est installé l'hôtel du Rail, où descendent tous les étrangers de passage à Kayes.

Derrière se trouvent les villas où vivent les cadres supérieurs des chemins de fer. "A l'époque des Français, il y avait ici des vergers de citronniers, de mandariniers et de bananiers, dit Kar, quand on s'y promenait, on avait l'impression qu'il neigeait, tellement il faisait frais !" Je ne peux m'empêcher de rire – il sait présenter les choses de façon si imagée. "*Ah oui*, dit-il, songeur, *les Blancs aimaient faire la fraîcheur**."

Il venait souvent ici avec ses amis ; l'un d'eux guettait tandis que les autres sautaient par-dessus le mur pour voler des fruits. C'est ainsi qu'ils ont découvert les chats des Blancs. De grosses bêtes mollassonnes, très différentes des chats sauvages qui erraient dans leurs quartiers et qu'ils n'arrivaient à attraper qu'au bout d'une traque intensive, pour leur tordre le cou et les jeter dans une casserole.

"Vous mangiez de la viande de chat ?

— Bien sûr ! Nos mères étaient trop contentes de nous prêter une casserole quand nous en avions pris un ; la viande de chat, c'est bon pour les enfants, ça rend agile et protège des mauvais esprits. Pourquoi crois-tu qu'on se sert autant des chats pour fabriquer des gris-gris ? C'est surtout la peau de chat noir qui est très puissante. Malheureusement, beaucoup de vieux emportent ces secrets dans la tombe, parce qu'ils ne trouvent personne digne de les apprendre."

Les chats apprivoisés dans les jardins des Blancs les faisaient rêver. Il ne fallut pas longtemps avant qu'ils disparaissent, les uns après les autres. Me voyant frémir d'horreur, Kar rit. "Il y avait tellement de viande sur ces chats que, le soir, nous n'avions plus faim. Et que c'était tendre ! Surtout les cuisses.

— Vos mères savaient d'où venaient ces chats ?

— Non, on ne leur disait pas. Ma mère n'aurait pas été d'accord, parce que mon père travaillait pour un Blanc."

Au début, l'histoire de Kar m'a répugné, mais maintenant je l'écoute avec un malin plaisir. Les chats des Blancs que je connais à Bamako mangent de la viande que leurs boys ne peuvent même pas s'offrir. Le souvenir d'une ambulance pour animaux à Amsterdam, venue sauver un chat évanoui à la suite d'un incendie dans mon quartier, me met toujours mal à l'aise. Dire que Kar et ses amis tordaient le cou à ces symboles indolents du bien-être occidental !

"Le chat de la gendarmerie était le plus gros de tous, raconte Kar, mais aussi le plus difficile à attraper, parce qu'il passait ses journées à ronronner sur le rebord de la fenêtre du commandant. Pendant des semaines, on l'a épié, on sifflotait entre nos dents, on miaulait et on inventait des milliers de ruses – impossible de le faire bouger. Jusqu'à ce que Mani, le plus grand coquin de nous tous, ait l'idée de demander des abats chez le boucher. On en a fait une délicieuse pâtée pour allécher le chat qui a enfin quitté le rebord de la fenêtre. On a jeté sur lui un filet de pêche et on est partis en courant. En chemin, Mani n'arrêtait pas de crier : les cuisses sont pour moi !

— Quelle bande de canailles.

— Tu as raison. Parfois, le lendemain du crime, nous nous promenions le long de la villa en question et nous voyions la maîtresse de maison errer les larmes aux yeux. Comme s'il y avait eu un mort dans la famille ! Même le commandant de la gendarmerie a été tourneboulé pendant des jours, après la disparition de son chat." Humblement, il ajoute : "Quand on est jeune, on ne pense pas au mal que l'on fait. Seul Dieu pourra nous pardonner nos péchés de l'époque."

Nous sommes arrivés à l'aéroport. Peu d'avions atterrissent encore à Kayes, mais la piste est restée intacte. Ici se tenaient les courses de chevaux où rivalisaient les vrais Olympic, Lam Toro et Bel Ami. "Il y avait un Libanais – quand son cheval gagnait, il distribuait des billets de cinq francs à la ronde !" La veille d'une compétition, un griot passait dans les rues en frappant sur un petit tam-tam pour annoncer le nom des chevaux participants. Certains chevaux étaient légendaires. Lam Toro buvait de l'alcool et il fallait l'attacher avant la course, sinon il retournait tout droit chez lui. Bel Ami était entièrement blanc et tellement adoré que tout le monde pleura à sa mort ; il fut enterré comme un être humain.

"Viens voir." Kar s'est arrêté devant une termitière et montre de la pointe de sa chaussure une colonie d'insectes, occupés à transporter un fil. "Les Kayésiens pensent que les termites ont des pouvoirs secrets. C'est pour ça qu'au passage, ils laissent souvent quelque chose en espérant que les termites le prendront." Leurs nids sont de véritables silos – sa mère lui avait raconté que lors d'une année de famine, les Kayésiens avaient ouvert une termitière et découvert une tonne de mil.

"Papaa !" Abdoulaye tire à nouveau sur la manche de Kar. Nous sommes arrivés sur le champ familial, un lopin de plus d'un hectare entouré de buissons et d'arbres. Récemment, Abdoulaye est venu ici avec un ami et a tué un serpent. Il saisit un bâton et montre comment il l'a frappé. Kar rit fièrement : "Abdoulaye est comme moi, il n'a peur de rien. Quand Kalilou ou Baaba apercevaient un serpent, c'est moi qui devais le tuer et on ne les voyait plus de toute la journée, mais moi je continuais de travailler comme si rien ne s'était passé."

A Bamako, il a acheté dernièrement trois gris-gris qu'il porte autour des hanches contre le mal au dos, mais il a remarqué qu'ils tiennent aussi les serpents à distance – il n'en a plus vu un seul sur son terrain à Lafiabougou.

"Combien de fois je me suis fait piquer par un scorpion ici !

— Et qu'est-ce que tu as fait ? Tu avais toujours une pierre noire sur toi ?

— Une pierre noire, je n'en ai pas besoin ! Quand un scorpion te pique, il est complètement abruti et tu peux l'attraper facilement. Tu l'éventres et tu sors de ses entrailles quelque chose que tu frottes sur la plaie.

— C'est quoi ?

— Je ne sais pas exactement comment ça s'appelle. Quand tu te fais piquer, tu n'y regardes pas de si près d'ailleurs, tu sors tout simplement l'intérieur." Je frémis, mais Kar rit. Shekna, son fils qui est à l'école de police de Bamako, s'est fait piquer plusieurs fois par un scorpion. Il a ouvert l'animal et continué de travailler comme si de rien n'était. "Mais quand tu récites un verset du Coran en appuyant le doigt sur la plaie, tu n'as pas de problème non plus."

Kar donne un coup de pied dans un tas de paille au milieu du champ. "Voilà le travail de Maciré." Il regarde autour de lui. Si son père voyait ça ! "Mais j'ai toujours su que je ne pouvais pas compter sur Maciré", dit-il d'un ton résigné.

En 1975, quand son père est tombé malade, Kar a démissionné de son emploi d'agent technique et il est venu s'installer à Kayes avec Pierrette. Son père est mort quelques mois plus tard. Kar a ouvert une boutique dans le marché et commencé à travailler la terre. "C'est bizarre, dit-il, dès que je suis devenu agriculteur, personne ne me connaissait plus. Tous mes anciens amis m'ont laissé tomber." Il a composé une chanson où il les traite de yé-yé et de bons à rien. *L'homme est ainsi. Quand j'étais riche, j'avais des amis. Mais quand je suis devenu agriculteur, ils m'ont abandonné.* "Les gens sont ingrats, ils méprisent les paysans, ce qui ne les empêche pas de manger du maïs et du mil !"

Il ne jouait plus dans un orchestre, comme il l'avait fait pendant des années, mais on l'invitait parfois pour animer des fêtes données en l'honneur d'une naissance ou d'autres occasions spéciales. Cela lui permettait de gagner un peu d'argent supplémentaire. Il se mit à chanter des histoires, des récits épiques qu'il inventait le soir. Il s'inspirait des légendes régionales que les griots chantent depuis toujours et où des enfants de roi et des pauvres tiennent les rôles principaux. Après une visite chez son frère Baaba, en Côte-d'Ivoire, il rapporta une radio-cassette qui lui servit à les enregistrer. Il vendait les cassettes dans sa boutique. *Falaye*, *Les Trois Filles*, *Samba* – la radio locale les diffusait et certains fans veillaient à ne pas en manquer une seule pour leur collection.

Parfois, il fermait sa boutique pour aller travailler la terre avec sa mère et les enfants. Pierrette leur apportait à manger. "Ici, à l'ombre, je buvais souvent du thé." L'arbre ressemble à un saule pleureur ; ses branches sont si inclinées qu'elles touchent presque le sol. "On dirait une maison, pas vrai ? Il t'entoure complètement – on ne pourrait pas construire mieux, dit Kar satisfait. Mais mon père m'avait prévenu de ne jamais m'endormir en dessous, parce qu'il était habité par un djinn." Un après-midi, son père s'était assoupi et le djinn lui avait tapoté l'épaule puis dit : "Lève-toi !"

Kar me regarde, remarque mon sourire au coin des lèvres et ajoute : "Oui, au début, je n'y croyais pas non plus, jusqu'à ce qu'un après-midi, je m'endorme moi aussi !" Deux fois, il avait senti un tapotement sur son épaule et entendu une voix lui dire : "Lève-toi !" "Ce n'était pas un méchant djinn, précise-t-il pour l'excuser, sinon il m'aurait frappé.

— Comment as-tu su que c'était un homme et pas une femme ?

— Je l'ai entendu à sa voix !" Kar sourit. "Si ça avait été une femme, je l'aurais épousée, qui sait, elle m'aurait peut-être apporté beaucoup de bonheur !"

Le lendemain matin, il déposa du lait dans l'arbre : il voulait voir le djinn. Mais personne ne toucha au lait, si bien qu'il finit par le boire lui-même.

Il le dit en riant – au premier signe de ma part, il se taira. Les Africains savent que les Blancs ne croient pas à ce genre de choses et n'en parlent pas volontiers – on ne confie pas des secrets à un non-initié. J'aimerais en savoir davantage, mais faut-il pour cela que je feigne d'y croire ?

Mes hésitations n'ont pas échappé à Kar. "Ne fais pas comme si tu ne savais pas ce qu'est un djinn, dit-il avec une légère impatience, c'est comme un *diable**, et vous connaissez ça, vous, sinon le mot n'existerait pas en français !

— Et en France, il y a des djinns ?

— Bien sûr ! On en voit dans la rue, au marché, partout ! Ils aiment se mêler aux gens, pour raconter aux autres djinns ce qu'ils ont vu.

— Mais comment on les reconnaît ?

— Tantôt à leurs pieds, tantôt à leurs yeux. Les djinns ont des yeux qu'on ne peut regarder qu'une seule fois. Quand ils s'approchent de toi, c'est comme si un courant te traversait." Parfois, dans le métro à Paris, un compatriote et lui se poussaient du coude : il y en avait un dans le wagon.

"En fait, je ne crois pas à ces choses-là, dit-il soudain, je crois en Dieu. Mais je sais qu'elles existent." Tout le monde à Kayes connaît l'histoire du marabout qui avait loué une chambre dans une maison habitée par un djinn. Quand les autres locataires lui avaient expliqué quel chemin le djinn empruntait la nuit, le marabout s'était moqué d'eux. Le soir même, il se posta sur le trajet indiqué et se mit à lire des versets du Coran. Pendant sa lecture, il s'assoupit. Deux heures plus tard, tout Kayes fut éveillé par un cri perçant : quelqu'un avait marché sur la poitrine du marabout ! Kar rit de bon cœur. Si le marabout avait réussi à chasser le djinn, tout le monde serait venu le consulter à partir de ce jour-là. Mais en l'occurrence, il rassembla ses affaires et prit la poudre d'escampette.

"Il y a de bons et de méchants djinns. Certains mauvais djinns tuent les enfants. Ce sont souvent de vieilles femmes, des sortes de sorcières. Elles forment une association, elles peuvent même pousser une femme à manger son propre enfant.

— A le manger ?

— Pas vraiment, bien sûr. Mais un jour, l'enfant tombe malade et se vide lentement de sa vie. Comme un fruit dont on creuse l'intérieur jusqu'à ce qu'il ne reste plus que l'écorce."

J'écoute, je le laisse parler. Depuis mon premier séjour en Afrique, il y a dix ans, j'ai entendu des histoires de gens qui se transforment en crocodiles, en singes ou en cafards et qui sortent la nuit pour effrayer les autres villageois. Quand Kar m'a parlé du korté que des collègues jaloux avaient probablement lancé à son frère Kalilou, je savais de quoi il s'agissait. Empoisonnement à distance. On m'a expliqué un jour comment un féticheur parvient à faire mordre sa victime par une vipère. Il prend un morceau de tissu provenant d'un vêtement que porte souvent la victime et le pose dans la caisse du serpent. A partir de ce moment-là, il commence à affamer l'animal, à le piquer avec des aiguilles et à lui faire mal de toutes sortes de manières, si bien que le serpent finit par associer le tissu à la douleur. Puis il le libère à proximité de la victime. D'après Kar, il existe même des féticheurs capables de tuer quelqu'un de cette façon en Europe. Ils implantent une minuscule quantité de poison dans un insecte et l'envoient en France.

"Par avion ?

— Non, pas par avion ! Ils ont leurs moyens à eux. C'est aussi rapide qu'un fax, certains féticheurs sont très habiles pour ça. Mais c'est comme tout en Afrique : au lieu de mettre leur savoir au service de choses utiles, ils ne s'en servent que pour détruire."

Nous avons parcouru une bonne partie du chemin du retour, les premières maisons commencent à apparaître. "Je meurs de soif, pas toi ?" La voix de

Kar trahit son inquiétude – pas de *buvette** en vue. "Nous aurions dû prendre de l'eau", dit-il.

Sur le bas-côté de la route, trois garçons sont installés devant une glacière. Est-ce qu'ils auraient… ? Kar se dirige vers eux. L'excitation dans leurs yeux – ils l'ont reconnu. Ils ne disent rien, mais de leurs mains affairées, ils dévissent joyeusement leur récipient pour en retirer trois sachets en plastique. Le chanteur de la télé vient leur acheter de l'eau ! Kar joue le jeu, il leur donne de quoi alimenter l'histoire qu'ils raconteront à leurs amis et qui les fera envier de tout le quartier. Il plaisante, teste si l'eau est assez froide, sort son porte-monnaie et compte soigneusement les pièces.

Abdoulaye n'a pas manqué un seul moment de la scène. Il prend un sachet des mains de son père, le perfore d'un petit trou avec les dents et me fait un clin d'œil.

A la maison, Mamou est assise sur un tabouret à son *bureau**, comme elle l'appelle – un bac en fer où deux trous sont découpés. En dessous elle fait brûler du bois et au-dessus mijotent de grands faitouts. C'est là que le portemanteau a dû mourir de sa belle mort. "Tu vois la femme africaine ? dit-elle. Toujours dans la cuisine, toujours au travail."

Kar, Maciré et moi mangeons ensemble dans un bol émaillé et chassons les mouches à l'aide d'un éventail. Les enfants sont accroupis autour de petites bassines en plastique et liquident tout, même nos restes. La petite Bintou pleure souvent. Tout le monde la taquine et, comme elle a tant de mal à parler, elle n'arrive pas à se défendre. Ce matin, pour accompagner sa petite sœur à l'école, elle avait mis une robe de fête, avec le haut moulant en satin et la jupe ornée de fleurs. Elle est rentrée épuisée. Les enfants lui donnent des coups de pied, pense Mamou.

A présent, elle est assise nue contre un arbre et sa robe est au milieu d'un tas de chiffons sur le lit de

Mamou. Son plus jeune frère est le seul qui accepte de jouer avec elle. Elle le coince entre deux chaises renversées et, en le recouvrant affectueusement d'un pagne, elle lui dit : "On s'amuse bien entre nous, on ne veut pas de toi." Elle répète ce que les enfants lui disent dans la rue. "Si tu t'échappes, je te donnerai un coup de pied !" Dès que Kar s'approche d'elle, elle crie : "Dégage ou je te tranche la gorge !"

La chaleur est accablante. Même Kar s'en plaint ; il ne se souvient pas d'avoir eu si chaud ici. Après la sieste, debout dans la cour, vêtu de son seul caleçon, il dit méchamment : "Et ne va pas dire à un Kayésien qu'il fait chaud dans sa ville, sinon il te cassera la gueule !"

Mamou et les voisins se sont replongés dans un jeu de Ludo. Les seins nus de Mamou pendent lourdement au-dessus de son pagne, qu'elle a noué au-dessus de son gros ventre. La naissance des jumeaux est prévue dans un mois. Elle m'a demandé de lui envoyer des vêtements de bébé, sans réfléchir, tout comme Maciré m'a sollicitée pour m'occuper de ses intérêts musicaux en Europe.

Quand pour la énième fois de l'après-midi, des cris stridents s'élèvent du côté des joueurs de Ludo, Kar hoche la tête, incrédule. "Dommage que tu ne comprennes pas le bambara, sinon tu ne voudrais plus jamais partir d'ici. Si tu savais ce que disent ces gens-là…

— Quoi par exemple ?

— C'est intraduisible. Ils insultent mutuellement leurs mères, leurs pères et leurs enfants, ils invoquent tous les diables – rien n'est sacré à leurs yeux." Il regarde fixement dans leur direction. Certains sont vieux, d'autres jeunes, mais à les entendre, c'est comme s'ils avaient tous le même âge – les adultes n'ont aucune autorité. "Moi aussi je parle et je ris avec les jeunes, mais je veille à ce qu'ils n'oublient jamais qui est l'aîné car, comme le dit un proverbe bambara : si tu joues d'égal à égal avec des incirconcis, un jour ils apporteront un lézard dans ta chambre."

D'habitude à cette heure, on met en marche le poste de télévision, mais il n'y a pas d'électricité. A la tombée de la nuit, Mamou allume une lampe à pétrole. Maciré revient de sa répétition et rapproche une chaise, l'air malheureux : il n'aime pas l'obscurité.

Un grand jeune homme sort d'une des chambres et me salue en anglais. "C'est notre locataire nigérian", dit Maciré. Un locataire, il ne manquait plus que ça ! Le jeune homme travaille comme coiffeur au marché. J'ai vu ces salons de coiffure lors de notre promenade en ville : des cabanes en bois, où sont affichés des posters de stars de cinéma et de boxeurs noirs. J'ai pitié de lui – venir d'aussi loin pour se retrouver dans un entourage aussi désolant ! Mais Maciré trouve tout cela totalement normal. Le Nigérian est en route pour la ville côtière de Nouadhibou, en Mauritanie, d'où il espère partir pour l'Europe en passant par les îles Canaries.

Me ferais-je des idées ou y a-t-il plus de bruit que d'habitude ? Les enfants se chamaillent, Bintou est assise près du petit robinet et pleure, et soudain Mamou s'emporte, ramasse un bout de bois et administre à sa fille aînée une gifle retentissante qui l'envoie voler dans la cour comme une poule. Je reste interdite devant cette soudaine agression, mais la bouche de Kar se plisse en un sourire omniscient. "Dès que la télé ne marche plus, ils commencent à se casser la gueule."

Au moment où nous nous apprêtons à partir, Maciré nous lance un regard inquiet. "Où allez-vous ?"

Kar hausse les épaules. "On va faire un tour."

Il fait nuit noire dans la rue, mais d'après Kar, plus loin il y a de la lumière. La centrale est surchargée – ils coupent l'électricité tantôt dans un quartier, tantôt dans l'autre.

"Si on allait voir ce qui se joue au *Roxy* ?" J'ai du mal à croire que le programme m'intéressera, mais l'idée d'être assise avec Kar dans la salle de cinéma où il a passé les soirées de sa jeunesse me séduit.

"Si tu veux, bien sûr."

Ils passent *Furie*, de Brian DePalma. La copie est très abîmée. Une pâle version de Kirk Douglas évolue dans un décor aux couleurs délavées, sa voix semble provenir d'une piscine couverte. Je perds vite le fil de l'histoire, mais Kar parvient à tout suivre et, en bas, sur les bancs métalliques où sont assis les Indiens, on ne fait que rire et crier.

Le fils de Kirk Douglas, qui a des dons paranormaux, fait voltiger en apesanteur une femme à travers une pièce tandis que du sang goutte de ses chaussures. Des éclaboussures d'un rouge terne envahissent l'image. Les yeux bleus de ce fils de malheur crachent des rayons de feu. Je pense aux djinns que Kar a vus dans le métro parisien, dont on ne peut croiser le regard qu'une seule fois. Pas étonnant qu'il aime ce genre de films !

Je n'ai pas eu le temps de comprendre que le film est sur le point de se terminer, les Indiens se sont déjà levés. Kar est prêt à partir, lui aussi. Ils ont tué le méchant, c'est donc fini. Quand on entend la musique du générique de fin, nous sommes déjà dehors, où un vent violent s'est levé. Un peu plus tard, de grosses gouttes de pluie se mettent à tomber et nous courons nous abriter sous un auvent. "Qu'est-ce que je te disais ? Les Peuls sont passés de l'autre côté du fleuve, maintenant il va pleuvoir." Kar fait des gestes de chef d'orchestre. "Il faut qu'il pleuve fort, c'est le seul moyen pour que l'air se rafraîchisse. Si le ciel ne se vide pas complètement, il fera encore plus chaud." Mais la pluie s'arrête aussi soudainement qu'elle est venue. Nous poursuivons notre chemin à travers les rues, qui fument de chaleur.

Il est onze heures. Si le courant est revenu, Mamou et les voisins regardent certainement une série américaine doublée ou une vidéo épouvantable. Cet après-midi, Mamou m'a demandé si j'avais déjà vu la vidéo des dernières heures du président libérien Samuel Doe. Les images doivent être atroces, car en 1990, Doe a été torturé à mort par les rebelles. Tandis qu'il pleurait et suppliait, les hommes de Prince Johnson lui ont coupé les oreilles. Oui, oui, a dit Mamou en riant, elle a vu tout ça – si je voulais, elle pouvait aller me chercher la cassette.

Nous passons devant une pâtisserie que nous n'avions pas remarquée auparavant. "C'est nouveau, ça", dit Kar. A l'intérieur tournent de grands ventilateurs et dans un patio qui donne sur la rue, des gens sont assis, cachés par des arbustes. Mon regard inquisiteur n'a pas échappé à Kar. "Tu veux qu'on aille voir ?" Il a déjà traversé la rue.

Sous les ventilateurs, la chaleur est étouffante, si bien que nous aboutissons dans le patio. Kar remplit les verres de bière et replace la capsule sur la bouteille – notre visite au *New Galaxie* me revient à l'esprit. Mais nous sommes dans sa ville natale et par la fenêtre ouverte de la cuisine s'échappe une mélodie que je reconnais. Je m'adosse à mon siège et distingue un homme qui, dans la pénombre, nettoie un four en le raclant à l'aide d'un couteau. Sans lever les yeux, il fredonne doucement pour lui-même – il a dû nous voir entrer.

"*Falaye*, dis-je, ce n'est pas ta chanson *Falaye* ?" Abdoulaye l'écoutait sur son lit, cet après-midi. C'est l'histoire d'un jeune homme pauvre qui quitte sa famille dans l'espoir de faire fortune et revient après d'innombrables aventures dans sa région natale pour y régner.

"C'est *Falaye*, oui." Cette salutation si discrète, si agréable, fait aussitôt planer une bénédiction sur cet endroit.

Plus tôt dans la soirée, nous sommes passés devant la maternité de Kayes. "C'est là que Pierrette a accouché de Shekna", m'a montré Kar. La clinique venait d'ouvrir à l'époque, les trous rectangulaires dans les murs sont les emplacements où se trouvaient autrefois des climatiseurs. Je n'ai pas osé poser de questions, mais maintenant que nous sommes assis ici et qu'il me regarde d'un air presque engageant, comme cela lui arrive plus souvent ces derniers jours quand je n'ai pas posé de questions depuis un certain temps, je prends soudain courage.

"Non, dit-il, Pierrette n'est pas morte ici, mais à Bandiagara." Bandiagara, c'est la ville natale d'Amadou Hampâté Bâ, l'ancienne capitale du royaume toucouleur du Macina, la porte du Pays dogon – un nom qui n'éveille en moi que d'agréables associations. "Son frère vivait là-bas – elle était partie lui rendre visite avec les enfants. C'est dans cette ville qu'elle a accouché.

— Et toi, où étais-tu ?

— J'étais à Kayes, je tenais la boutique, je travaillais la terre." Presque quarante jours après la naissance de Zévilé, il a reçu un coup de téléphone : Pierrette était gravement malade. Il était à plus de mille kilomètres. "Quand je suis arrivé à Bandiagara, les femmes pleuraient déjà devant la porte." Kar regarde la rue silencieuse derrière moi. "J'ai commencé à te raconter l'histoire de Pierrette, constate-t-il.

— Oui", dis-je.

Il jette un coup d'œil autour de lui. Les clients des tables voisines viennent de se lever, le cuisinier est rentré chez lui et, assis sur une chaise dans la rue, le jeune serveur attend de pouvoir fermer. "Si je te la racontais jusqu'à la fin, nous serions encore là pendant des heures."

J'acquiesce. Soudain, je suis envahie d'une immense fatigue. Est-ce dû à la bière ? Notre promenade de ce matin au champ de son père, le vacarme dans cette cour étouffante, le film irréel de Brian DePalma – j'ai le sentiment que nous venons de vivre une journée interminable.

"Je crois qu'il est temps de partir", dit Kar.

C'est une nuit sans étoiles. Je marche prudemment à côté de lui. Je m'étonne moi-même. Combien de temps n'ai-je pas attendu son histoire – et maintenant qu'il est sur le point de me la raconter, j'ai l'impression de ne plus vouloir l'entendre.

Mais avait-il vraiment l'intention de me la raconter ? Lui aussi repousse l'échéance. Cela commence à devenir un jeu entre nous. Quand je connaîtrai son histoire, je serai prête à partir. Nous sommes en train de retarder ce moment. Il ne la divulguera pas aussi facilement, je le sens. Il faudra que je la mérite, bien que je ne sache pas comment.

"Un jour, je te raconterai ce qui s'est passé, dit Kar, mais pas maintenant. Aucun homme n'a souffert autant que moi. Tu pleureras et tout le monde qui l'entendra pleurera." Quand m'a-t-il déjà dit cela ? Cette répétition presque mot pour mot renferme une promesse qui me rassure.

Cette nuit-là, il commence à pleuvoir, si bien que dans la plus grande panique nous rassemblons nos affaires et courons à l'intérieur. Dans l'entrebâillement de la porte, Kar et moi regardons les trombes d'eau qui tombent du ciel. Des marmites roulent dans la cour, les branches des arbres claquent tels de redoutables fouets, mais dans les chambres derrière nous, l'air est plus oppressant que jamais. "C'est un vent qui renverse des camions et des voitures dans la rue, mais qui s'arrête au seuil de ta porte", dit Kar, révolté. Quand enfin je m'endors, l'auvent au-dessus des moutons dégringole à côté de ma fenêtre dans un immense fracas.

Le lendemain matin, nous mesurons l'ampleur des dégâts. La maison est une vraie passoire, il y a des flaques d'eau partout et des traces de boue marquent les murs de haut en bas – nos vêtements, suspendus à des clous, ont viré au marron et sont trempés. Mais le soleil brille de nouveau et, dehors, tout le monde regarde bouche bée les restes du réduit aux moutons.

J'ai promis à Mamou de m'occuper du petit déjeuner. Sur un réchaud à charbon de bois, j'essaie de préparer une omelette aux oignons et aux tomates. Abdoulaye me tend tout et observe mes gestes attentivement. La prochaine fois, il se débrouillera tout seul, dit-il. Tandis que nous faisons la cuisine, la pluie recommence à tomber. Mamou arrache le linge du fil, nous fuyons vers la galerie, où nous trouvons à grand-peine un lieu sec. Les enfants se dépêchent de recueillir de l'eau dans de petites bassines. Le seul qui ne s'inquiète de rien est Maciré. Il a pris une chaise, tient sa radio contre son oreille et regarde avec satisfaction la manière dont je m'acquitte de mon *petit déjeuner vitaminé*, comme il l'appelle – un avant-goût de ce qu'il mangera quand il ira en Europe. "Non, les Blancs, ils savent faire la cuisine !"

Je sens la pluie me dégouliner dans le cou et, incommodée, je change de position. "Avant d'aller en Europe, tu devrais peut-être réparer ta maison", lui dis-je.

Maciré fait un large geste du bras. "Oh, tu vas voir, dans quelques années, tout ça sera réglé."

"Dans quelques années ! se moque Kar. Si ça continue, demain nous flotterons tous sur nos matelas dans les rues de Kayes !"

Kar et moi partons voir le pont qui enjambe le fleuve et qui est déjà recouvert d'eau. Des conducteurs et des chauffeurs de taxi font la queue pour laver leur voiture à l'entrée de ce pont en voie de disparition. Le bateau du capitaine français Gallieni a sombré près d'ici. Autrefois, les enfants allaient fouiller dans la coque et repêchaient des cuillères, des assiettes et autres objets précieux, et des forgerons découpaient toutes sortes de pièces à la scie. Pendant longtemps, on continua de distinguer la carcasse dans l'eau quand le fleuve était à son niveau le plus bas, mais maintenant, tout a disparu sous la vase. Quant au bac rouillé amarré au quai, le même sort l'attend.

Kar laisse planer son regard au-dessus de l'eau. "Dans le temps, le plus beau jour de l'année était le 14 Juillet, dit-il. Quand les Français célébraient leur fête nationale, on montait des tribunes tout le long du fleuve. Des gens traînés par des bateaux à moteur glissaient au-dessus de l'eau sur une *petite chose**." J'ai droit à une démonstration : les bras tendus, il penche le haut du corps légèrement en arrière. "Tu veux dire qu'ils faisaient du ski nautique ?" Il hausse les épaules. "Je ne sais pas comment vous appelez ça, mais les Français adoraient. Quand quelqu'un tombait de sa *petite chose**, on criait de joie dans les tribunes."

Au milieu du fleuve, on lâchait des canards et les enfants les rejoignaient à la nage – celui qui arrivait à en attraper un pouvait l'emporter chez lui. Au carrefour poussiéreux où s'élève aujourd'hui la bougie éteinte, on enfonçait des poteaux dans le sol. Ils étaient enduits d'une substance glissante et des cadeaux étaient suspendus à une roue fixée à leur sommet : une bicyclette, une poupée, un canard, un vêtement. Celui qui parvenait à grimper tout en haut pouvait prendre ce qu'il voulait. Chez eux, les enfants se frottaient avec de la colle pour éviter de glisser jusqu'en bas. Kar rit. "Il a fallu un certain temps aux Français pour s'en apercevoir !"

Les entrepôts le long du quai, où des bateaux comme le *Cap Lopez* déchargeaient leurs marchandises, sont laissés à l'abandon. Devant l'abattoir, un échafaudage en fer rouillé cliquette au vent. Kar le regarde tristement. Autrefois, on tannait ici des peaux qui étaient expédiées par bateau en Europe. "Ce sont les Blancs qui ont construit tout ça, dit-il, et après, les Noirs ont tout détruit."

Les boutiques des Libanais autour de la place du marché étaient célèbres. Certains Libanais parlaient mieux le bambara que les habitants de Kayes. Il existait une *charcuterie** où on vendait de la viande aussi fine que du papier. Un des commerces avait été baptisé par les Kayésiens la *Boutique du divorce**, parce qu'on pouvait y acheter tant de belles choses que les hommes n'avaient pas les moyens d'offrir à leurs femmes. "A l'intérieur, ça sentait le parfum de luxe et on y trouvait de magnifiques mousselines et des bas fins. On se serait cru au paradis !"

Les Français furent chassés par Modibo Keita. Quant aux Libanais, qui ne faisaient pas de bonnes affaires sous le régime socialiste, ils partirent d'eux-mêmes. Les Russes vinrent prendre leur place. A Kayes, on n'en revenait pas : ils achetaient tout le pain à la boulangerie, comme s'il n'y aurait plus rien le lendemain. Ils prenaient dix kilos de pâte d'arachides d'un seul coup. "Le contingent suivant était déjà plus civilisé, ils avaient compris que chez nous, il n'y avait pas besoin de faire la queue pour acheter à manger."

Ils étaient d'une tout autre trempe que les Français. Ils n'essayaient pas d'embellir leur cadre de vie, ils n'entretenaient pas leur maison, ils ne plantaient pas de jardin. Ils n'avaient même pas de bacs à fleurs sur leurs balcons, comme les Français que l'on voyait à tout bout de champ un arrosoir à la main. "Nous sentions qu'ils n'avaient pas l'intention de rester, dit Kar. Et nous n'avons pas fait de progrès avec eux, car les Russes n'étaient pas modernes, ils ne nous envoyaient que des vieux trucs."

Les jours suivants, nous errons sans fin dans les rues de Kayes. Chaque jour, Kar m'emmène voir un autre quartier. Liberté, Plateau, Khasso – pas le moindre recoin de sa ville natale ne lui est étranger. A Plateau avait lieu chaque dimanche la célèbre course cycliste du Tour du Plateau ; à présent, l'asphalte est rempli de trous. A Khasso se trouvait une plage où les Français venaient nager et jouer aux boules. Il y avait toujours un peu d'argent à gagner : en transbahutant des glacières, en cirant des chaussures – quand les Français criaient *"hé, petit* !"*, ils se précipitaient vers eux. A la fin de la journée, ils avaient cent francs en poche.

il me montre la maison que Mai Sangaré a construite ici. "Parce que Mai n'est pas aussi bête que Baaba, dit-il. Il sait qu'il ne restera pas toute sa vie au Gabon, qu'un jour on chassera tous les étrangers du pays, comme cela arrive partout tôt ou tard. Baaba croyait que sa vie était ailleurs. Il l'a bien regretté quand il a dû quitter la Côte-d'Ivoire. Il avait tout, mais maintenant il n'a plus rien, parce qu'un homme qui ne possède pas de maison est pauvre."

Comme Bamako, Kayes a un nouveau quartier qui s'appelle Lafiabougou et où l'on construit à tour de bras. Le tribunal est financé par les Saoudiens. Les Maliens avaient promis d'y appliquer le droit islamique, mais dès qu'ils ont touché l'argent, ils se sont écriés qu'il n'était pas question de trancher des mains. "Moussa Traoré était encore au pouvoir à l'époque. Les Kayésiens ont dit : d'accord, s'il faut que des têtes tombent, que celle de Moussa soit la première !" Le bâtiment est équipé de tout le confort possible, mais l'électricité n'arrive pas jusqu'à cette partie de la ville, si bien que les juges et les avocats crèvent de chaud dans les pièces en béton. La salle du tribunal est loin d'être terminée, même si les Saoudiens ont payé plus que ce qu'ils avaient l'intention de dépenser. D'après Kar, l'argent est sournoisement détourné.

Bien que ses souvenirs me fassent prendre conscience de la ville coloniale qui se greffe autour de sa ville natale, le Kayes d'aujourd'hui commence à m'intéresser de plus en plus. C'est une petite ville active et quand, le soir, je ferme les yeux, les Sidi, les Dra et les Diallo défilent dans leurs minuscules ateliers poussiéreux. De nombreux commerçants travaillaient auparavant la terre et ne se sont lancés dans les affaires que depuis la grande sécheresse des années soixante-dix.

Kar se promène à pas lents et ne refuse jamais de s'arrêter quand on lui adresse la parole, même s'il est en train de raconter une histoire ou si nous risquons d'arriver trop tard à la gare pour acheter nos billets de retour. Certains pensent que je suis Pier-rette, d'autres que je suis la nouvelle femme de Kar, qu'il a amenée d'Europe, et le bruit court que nous ne logeons pas chez Maciré, mais à l'hôtel du Rail. Quand, un jour, on me serre la main en me deman-dant si je suis *madame**, j'entends Kar répondre que je suis un auteur néerlandais qui écrit un livre sur lui.

Au début, il parlait à contrecœur des textes de ses chansons, mais maintenant nous cherchons une per-sonne susceptible de les traduire. Nous fixons un rendez-vous avec un jeune homme qui sait écrire aussi bien le bambara que le français et nous lui achetons un cahier pour qu'il puisse se mettre au travail. Comme il ne se montre pas, Kar rouspète : "On ne peut pas compter sur un Africain. Peut-être qu'on lui a dit qu'il aurait dû demander de l'argent ou qu'il pense que tu vas partir avec son travail pour faire fortune en Europe."

S'il ne s'agissait que de lui, il ne pousserait pas l'affaire plus loin, il connaît les Kayésiens, mais pour me montrer qu'il a raison, nous rendons visite au jeune homme. Il fournit une vague excuse ; il devait se rendre à une fête donnée pour une naissance. Kar lui reproche de ne pas nous avoir prévenus, ce qui met l'autre en colère : Kar ne doit pas s'imaginer que, parce qu'il est une vedette, il peut venir l'insul-ter dans sa propre maison !

"Qu'est-ce que je te disais ? dit Kar d'un air triom-phant quand nous nous retrouvons dans la rue. Il y en a qui ne veulent pas avancer.

— Mais pourquoi ?

— Parce qu'ils ne veulent pas être heureux. Il y a des Kayésiens – si on les emmenait au paradis, ils crieraient : laisse-moi partir ! Ils préfèrent aller en enfer !"

Nous racontons l'histoire à Maciré. "Vous pouvez vous estimer heureux qu'il ne se soit pas mis au tra-vail, dit-il, il est capable d'aller raconter que c'est lui qui a écrit et composé les chansons de Kar !"

Après la sieste, nous nous installons sur des chaises devant la maison. Le chauffeur d'un taxi qui passe entame les premières notes de *Mali Twist,* en signe de reconnaissance. Récemment, un humoriste malien a chanté une parodie du vieux tube de Kar, où il énumère tous les maux de l'indépendance et encourage les Maliens à quitter le pays en masse.

Un petit voisin farfouille dans le fossé à l'aide d'une pelle – une odeur aigre vient dans notre direction. Quand il se rapproche avec sa pelle et que Kar fait une remarque, le garçon hausse les épaules d'un air indifférent. Kar se lève d'un bond et en un rien de temps lui assène une gifle. Je le regarde interloquée. "Tu as frappé l'enfant des voisins !

— Et alors ? Tu as vu ce qu'il a fait ? En bambara, on dit que quelqu'un qui ne respecte pas son aîné insulte son propre père."

Entouré d'un groupe de femmes, le garçon nous toise. Penaude, je me soumets à leurs regards furieux, mais Kar garde les yeux fixés droit devant lui. "Les jeunes n'ont plus de respect pour les vieux, dit-il, et ça va leur coûter cher, parce que beaucoup de secrets que les vieux confiaient autrefois aux jeunes vont se perdre."

Dernièrement, à Bamako, une jeune fille est montée dans un douroudourouni. Elle s'était pomponnée pour sortir et prenait un air dégoûté à cause d'un vieux monsieur assis à côté d'elle : il puait, disait-elle. A peine avait-elle prononcé ces paroles qu'elle se mit à déféquer dans sa culotte. "Les passagers ne supportaient pas l'odeur, ils ont supplié le vieux monsieur d'annuler le sort qu'il avait jeté à la jeune fille.

— Où as-tu entendu cette histoire ?

— Tout Bamako en a parlé !

— Je ne croirai jamais une chose pareille avant de l'avoir vue.

— Oui, c'est sûrement ce qu'aurait dit cette jeune fille dans le douroudourouni, mais elle a pourtant bien inondé la voiture de merde !"

Kar jette un regard furieux au petit voisin. "Autrefois, son père m'aurait tendu un bâton pour que je frappe son fils, mais de nos jours…, quand on donne une claque à un enfant on est convoqué par la police !"

Le soir avant notre départ, Kar m'emmène à l'aéroport, où de tout temps les Kayésiens viennent *prendre le vent*. Il est d'humeur joyeuse. En marchant sur la piste de décollage, il m'indique le hangar, *la maison de l'avion*, comme il dit. Quand il me raconte à quel point tout était bien entretenu ici, du temps des Français, j'imite la voix geignarde de Maciré : *"Ah non, les Blancs, ils ont travaillé* !"*

Kar rit. "Recommence, pour voir ?"

Je passe en revue tout le répertoire de Maciré, depuis ses récriminations sur le riz qu'il digère mal parce que son estomac sensible ne supporte que la nourriture européenne, jusqu'à ses discours sur son départ imminent pour l'Europe. Kar trouve mon imitation parfaite, je dois la répéter à d'innombrables reprises, jusqu'à ce qu'il en ait les larmes aux yeux.

Nous buvons une bière dans un café en plein air où, à l'époque de Santa Maria, il jouait devant un public de couples qui dansaient puis allaient flirter dans l'herbe non loin de là. C'est une soirée magnifique, le ciel est rose et Kar écoute la conversation de la table voisine, où un homme est installé en compagnie de deux belles femmes. Je regarde Kar et m'aperçois que je ne parviens presque plus à me représenter l'homme méfiant et revêche du début ; tant de visages se sont entre-temps superposés dessus.

A la tombée de la nuit, quand je lui fais remarquer qu'il est temps de prier, Kar rit avec insouciance. "Ça ne fait rien. Dieu sait que je l'aime."

J'ai appris à connaître la cour de Maciré comme un monde dépourvu de rituels, mais le soir de notre départ, tout le monde entre soudain en action. Nous sommes escortés à la gare par une compagnie haute en couleur. Mamou a mis une robe rouge cramoisi et elle est coiffée d'une perruque. Elle nous a préparé un poulet, qu'elle porte devant elle dans un récipient en plastique. Même la voisine est de la partie. Les enfants se chargent chacun d'un de nos bagages et Kar marche à l'avant, comme un pacha, les mains libres. Au dernier moment, Maciré arrive en courant sur le quai. Quand je fais une photo de la compagnie rassemblée sous l'horloge de la gare, il dit : *"Ça y est, je suis parti pour l'Europe*."*

Kar a repéré un Blanc dans notre compartiment couchettes. "Tu as vu ce *salaud** ?" chuchote-t-il. Il lui dit à peine bonjour et me regarde en silence engager la conversation avec lui, si bien que le personnage méfiant de notre première rencontre refait malgré tout son apparition. Mais plus tard, il invite l'homme à partager notre repas et insiste quand il ne se sert pas assez.

Nous passons devant l'usine de ciment de Diamou, que les Russes ont construite juste après l'indépendance. A l'époque, elle était inondée de lumière la nuit, mais sous le régime de Moussa Traoré, les patrons sont partis avec la caisse et maintenant c'est devenu une usine wouya-wouya où seulement quatre faibles ampoules restent allumées. "Non, dit Kar, quand on pense à ce que les Maliens ont fait de leur pays, il y a de quoi devenir fou."

A peine une heure après notre départ, la lumière dans le train s'éteint et nous restons à l'arrêt pendant un long moment. Kar regarde par la fenêtre d'un air sombre : *"Non, le Mali, c'est pas la peine*.* Il faut encore tuer beaucoup de *patrons** avant d'arriver à quelque chose." Nous avons pris ce que l'on appelle le train du week-end, qui quitte Bamako le vendredi soir et y revient le lundi matin à cinq heures. "Le train du week-end ! peste Kar, avec un peu de chance, on arrivera demain dans l'après-midi !"

J'ai le sommeil agité. Tandis que le train fonce dans la nuit à une vitesse effrayante, des histoires de déraillement me hantent l'esprit. En dessous de moi, les roues semblent continuellement chercher les rails. Le matin, je retrouve Kar, plongé dans ses pensées, devant la fenêtre du couloir.

"A quoi songes-tu ?

— A mon mouton qui est resté sous la pluie. Et à mes mangues – elles doivent être mûres maintenant."

A Kati, à environ quarante kilomètres de Bamako, le train s'arrête longuement. On révise les freins, car Bamako est située dans une vallée et, d'après Kar, si le train continue de foncer comme la nuit dernière, il entrera tout droit dans le bureau du maire.

Dès que nous repartons, Kar sort la tête par la fenêtre. "Tu sens comme il fait frais ici ?" J'acquiesce avec enthousiasme, alors il me lance un regard sévère. "Ne va pas… !"

*

A Bamako, une surprise m'attend : Kar doit se rendre dans quelques jours au Festival des musiques métisses à Angoulême. Il sera absent une semaine, peut-être plus. Il semble avoir été au courant depuis quelque temps déjà. Quand je lui reproche son silence, il dit : "Attends, je ne suis pas encore parti, tout peut encore arriver." Après ses voyages en Angleterre, en Suisse, au Canada et aux Etats-Unis, son agent avait planifié une nouvelle tournée de soixante concerts qui n'a jamais eu lieu. Depuis, il ne croit à rien avant de l'avoir vu se produire.

Il a déjà eu un premier contretemps. Quand il est passé chercher son nouveau passeport au Service de Sûreté*, un fonctionnaire a dit qu'il lui fallait une carte d'artiste. "Une carte d'artiste ? Tu ne me connais pas ?" a demandé Kar. Le fonctionnaire a haussé les épaules. Peu lui importait qui il était, quand on allait donner des représentations en France, il fallait être en possession d'une carte d'artiste.

Au ministère de la Culture, on lui dit qu'il devait attendre l'année suivante, il n'y avait plus de cartes. "Sûrement vendues à des gens qui savent qu'un artiste a plus de chances d'entrer en France", dit-il, amer. Il retourna au Service de Sûreté et entra dans le bureau du colonel. Celui-ci le reconnut aussitôt et fit venir le fonctionnaire récalcitrant. "Cet homme (il montra Kar du doigt) a fait des choses pour son pays à une époque où tu n'étais même pas né." Demain, l'affaire serait réglée, lui promit le colonel.

Cet après-midi, Kar frappe des coups de marteau dans sa chambre. Il essaie de briser en deux quelque chose de dur – une racine ? –, vise à côté et sort en tenant son pouce dont jaillit du sang. Plus tard, je remarque qu'il a mis une moitié de racine dans un sac en plastique à l'intérieur de sa valise. Maintenant que sa mère n'est plus là, il doit assurer sa propre protection.

La veille de son départ, Tanti vient le soir. Nous mangeons dehors, à une petite table que Kar a achetée au bord de la route, plus tôt dans la journée. Il l'a payée mille cinq cents francs – quinze francs français.

"Cet après-midi, Tanti m'a demandé si j'allais t'épouser, dit Kar.

— Que lui as-tu répondu ?

— Que mon heure n'est pas encore venue." Il est seul depuis plus de six ans. C'est exceptionnellement long, tout le monde s'en étonne. Mais pour une raison ou une autre, il n'a pas encore réussi à trouver une femme pour s'occuper de ses enfants. "J'ai demandé à mon frère Baaba de m'en chercher une.

— Seulement une femme pour s'occuper de tes enfants ?

— Si elle aime mes enfants, je l'aimerai aussi." En attendant, il envisage de prendre une bonne, pour que les enfants puissent déjà habiter chez lui.

Tanti débarrasse et me prend d'un air compatissant la casserole que je veux nettoyer ; de ses mains industrieuses, elle la récure avec du sable. La valise de Kar est prête et sur le réchaud à charbon de bois, un seau d'eau chauffe pour la douche. Maintenant, il n'a plus qu'à donner à manger à son mouton. J'ai du mal à imaginer qu'il va quitter ce monde au rythme lent pour aller en Europe et m'inquiète presque à sa place : ses papiers sont-ils bien en ordre, est-il certain qu'une voiture vient le chercher ?

Au loin, au-dessus de l'aéroport, s'élève un avion. Kar le regarde. "Bientôt, l'écran de cinéma va se baisser et les chariots vont passer dans le couloir pour l'apéritif."

"Et demain ce sera ton tour."

Il sourit. "Il faut le voir pour le croire."

*

Le lendemain de son retour, je trouve Kar dans sa cour, entouré de sa famille et de connaissances venues écouter comment s'est passé son voyage. Je m'étais secrètement attendue à ce que son séjour en France l'ait changé, je craignais de rencontrer un homme plus mondain, plus présomptueux, mais rien dans son apparence ne trahit de modification particulière. Vêtu de ses habits de tous les jours – une chemise à manches courtes sur un pantalon bleu vif, il est installé dans sa chaise et fait comme toujours des commentaires sur tout. Ai-je remarqué qu'en son absence, on a peint tous les taxis en jaune et tous les douroudourounis en vert ? C'est le gouvernement qui l'a décidé. "Le prochain gouvernement va sans doute crier : et maintenant, il faut peindre tous les taxis en rouge !"

Ce matin, il a acheté un coq blanc. Au marché, l'animal avait l'air gros, mais quand Kar l'a ramené chez lui, le coq s'est avéré beaucoup plus petit que ses poules. Elles le bousculent – Kar regarde la scène à regret. "Tu pleurerais si tu savais combien j'ai payé pour cet animal."

Comme les fils de son frère Baaba se préparent à partir, il disparaît dans sa chambre et revient avec deux chemises sous cellophane qu'il a rapportées de France. Quant à moi, il me donne une écharpe de Radio France Internationale et un exemplaire du magazine français *Revue noire*, qui contient son nouveau CD. "Tu ne dois dire à personne que je te l'ai donné, prévient-il, parce qu'il vient de sortir – je n'ai réussi à en avoir que deux." Le CD s'appelle *Les Enfants de Pierrette*, d'après la chanson-titre où il évoque le chagrin de ses enfants pour la mort de leur mère. Il a été enregistré dans un studio à Bamako, avec la participation de plusieurs musiciens maliens, dont Ali Farka Touré. "Quand Farka a entendu cette chanson, il a secoué la tête. Peut-on chanter sur des sujets aussi tristes ? m'a-t-il demandé. Je lui ai dit : Pourquoi pas ? Tout cela s'est vraiment passé."

Il devait donner deux concerts à Angoulême. Les organisateurs étaient si enthousiastes qu'ils voulaient le réinviter pour l'année suivante. A la fin de chaque représentation, il était submergé de fleurs, sa chambre d'hôtel en était remplie. "Ces Blancs, dit-il, des fleurs, quel gaspillage ! Je ne savais pas quoi en faire, je ne pouvais même pas les emporter. Ils n'auraient pas pu avoir une meilleure idée ? Quelque chose que j'aurais pu donner à mes enfants ?"

Il a pris beaucoup de photos, mais dans l'avion du retour, il a engagé la conversation avec un père français qui vit dans le Pays dogon, ce qui l'a distrait au moment de sortir. Une fois rentré chez lui, il s'est aperçu qu'il avait perdu son appareil photo. Il était dans la poche de son manteau, de même qu'une pellicule qu'il avait utilisée.

"Qui dit qu'il est perdu ? S'il était dans l'avion, on l'aura sûrement mis de côté pour toi.

— Non, laisse tomber, c'est trop compliqué. Ce qu'on a perdu est perdu. Il ne faut pas chercher à remettre la main dessus." Je suis étonnée de son attitude résignée. Un coup de téléphone à la compagnie aérienne et il en saurait davantage. Mais il a l'air tellement décidé que je n'insiste pas.

Vers midi, chacun va son chemin et nous restons seuls dans la cour. Je feuillette *Revue noire*, lis ce que l'on écrit sur lui.

"Je te donne le seul exemplaire que j'ai en plus du mien et tu n'es même pas contente", dit Kar.

Je lève les yeux, surprise. "Bien sûr que si.

— Non, tu fais comme si c'était parfaitement normal que je te le donne, alors qu'il y a tant d'autres candidats !" Il est adossé à sa chaise et regarde au loin, derrière moi, ses poules qui essaient de pousser dans ses derniers retranchements le coq sous-dimensionné. Je m'apprête à répondre, mais je me sermonne – il est souvent difficile, ça passera tout seul. J'examine le CD, m'aperçois que les textes de ses chansons ne sont pas traduits. "Nous pourrions nous en occuper dans les jours qui viennent", lui dis-je.

Kar hausse les épaules.

"Ou non ?

— Toi et tes textes – ça va te servir à quoi !

— Mais… A Kayes nous avions commencé, pourquoi ne pas terminer ?"

Il hausse une fois de plus les épaules. "On verra bien."

"Je suis allée à la radio, lui dis-je après un moment.

— Ah oui ?

— Ils m'ont donné une copie de tes premiers tubes.

— Ç'aurait été plus facile pour moi d'arranger ça ! Pourquoi n'as-tu pas attendu mon retour ?

— Je ne voulais pas t'embêter, je croyais que je ferais mieux de…

— Ils ont sûrement demandé de l'argent.

— Oui, un peu, pour la cassette, mais ça m'a paru raisonnable…

— Raisonnable, raisonnable ! Ce sont des voleurs, je t'avais prévenue. Mais toi, tu ne veux rien entendre,

275

il faut toujours que tu…" Il se tait, brusquement. "Ah, tant pis."

Déconcertée, je reste figée sur ma chaise. Voilà dix jours qu'il est parti. La confiance laborieusement instaurée au fil des semaines précédentes a totalement disparu. "D'ailleurs, pourquoi n'as-tu pas téléphoné au magasin de Baaba pour savoir si j'étais rentré ? dit-il. Pourquoi attends-tu de l'apprendre par d'autres ?

— Au magasin de Baaba ?" Au tout début, j'ai appelé une fois. Un homme m'a répondu qui ne parlait que le bambara. J'entendais des voix, des rires. Baaba n'était pas là, pas plus que Kar. "Je n'ai pas voulu le déranger, dis-je, hésitante.

— Tu ne le déranges pas, il n'y a rien de plus normal que d'appeler mon frère pour demander si je suis de retour, mais tu fais le *petit malin**, tu essaies de l'apprendre par des voies détournées, je n'aime pas ça."

Je me tais, blessée. J'étais heureuse de le revoir, curieuse d'entendre ses histoires sur la France, mais si c'est comme ça…

"Dans les jours qui viennent, je ne serai pas là, dit-il soudain.

— Comment ça, tu repars ?

— Oui, je dois aller quelque part. Pas longtemps, seulement quelques jours."

Je sais que je ne dois plus poser de questions, mais ne peux m'en empêcher. "Où ça ?"

Il fait un geste vague. "Voir quelqu'un. Près de Ségou."

Un long silence s'installe. "Tout le monde a le droit d'avoir des secrets", dis-je enfin, mais je suis totalement découragée. "Quand pars-tu ?

— Je ne sais pas. Dès que possible. Peut-être ce soir."

Après le déjeuner, sous un soleil de plomb, nous parcourons le centre de Bamako en quête d'un ami de Baaba qui possède un car dans lequel il pourrait voyager. Je devrais m'en aller, mais je n'y arrive pas.

Remplie de sombres pressentiments, je marche à ses côtés. Pourquoi a-t-il tellement hâte de partir et pourquoi n'ai-je pas le droit de savoir où il va ? A-t-il emprunté de l'argent qu'il doit rendre d'urgence ou va-t-il consulter un marabout ? Mais quand Kar rencontre des connaissances, je remarque qu'il se redonne un air joyeux. Dans un magasin, il se renseigne sur le prix d'un vélo pour Tanti. Le vendeur le regarde d'un air interrogateur et lui demande : "C'est toi, Kar Kar ?" En riant, il dit : "Non, c'est la photo de Kar Kar !"

Après avoir longtemps cherché, nous finissons par tomber sur l'ami de Baaba. Le car part le soir même à sept heures. J'entends Kar réserver une place. Puis nous nous regardons en silence. L'agitation autour de nous me fait penser à notre départ à Kayes et une immense mélancolie s'empare de moi. Si je le laisse partir maintenant, je le perds.

"On se revoit dans quelques jours ?" Kar veut me serrer la main. "Il faut que je rentre chez moi pour prendre mes affaires, dit-il nerveusement.

— Pourquoi ne m'emmènes-tu pas avec toi ?"

Il me regarde, étonné. "Ce n'est pas le train pour Kayes ! C'est un car wouya-wouya et les voyages la nuit sont deux fois plus long que le jour. En plus – je sais quand je pars, mais pas quand je reviens : pendant la saison des pluies, il y a toujours le risque de rester coincé.

— Ça m'est égal ! Au Zaïre, je mettais parfois deux jours pour faire cent kilomètres !" Je le vois hésiter. "Peut-être que tu n'as pas envie que je vienne.

— Non, non, ce n'est pas ça. Mais une Blanche n'a pas l'habitude de ce genre de voyage, tu n'as pas idée de ce qui t'attend."

Je comprends trop bien ce qu'il veut dire. Aucun Blanc ne s'aventure à l'intérieur du Mali après le coucher du soleil ; les routes sont infestées de chauffards qui ne tiennent le coup qu'en consommant des amphétamines ou d'autres drogues. Mais si Kar l'ose, pourquoi pas moi ?

Il m'observe d'un regard sceptique. "Tu es sûre que tu veux m'accompagner ?"

J'acquiesce d'un signe de tête. "Tu n'es pas obligé de m'emmener jusque là où tu vas, tu n'as qu'à me laisser quelque part en chemin pendant que tu règles tes affaires.

— Tu peux être à sept heures moins le quart à la gare routière ?" Soulagée, je respire. "Mais ce ne sera pas un voyage facile, je t'aurais prévenue !"

*

Il m'attend à la gare routière, assis sur un petit banc de bois, un sac à dos RFI en tissu noir sur les genoux. "Les Blancs sont malins, dit-il. Ce sac à dos a l'air petit, mais on peut tout y mettre !" Même les deux éventails qu'il vient d'acheter y entrent, constate-t-il avec satisfaction.

Le car est déjà là : une épave, qui jadis a eu la couleur jaune et porte les traces de longues années de négligence. Le chauffeur a disparu et les passagers patientent d'un air résigné à côté de leurs bagages, tandis que d'autres cars arrivent sur la place dans un nuage de gaz d'échappement. Au bout d'un quart d'heure, je me sens sale de la tête aux pieds. Kar, qui, il y a quelques jours encore, voyageait dans le TGV d'Angoulême à Paris, soupire : "*L'Afrique est en retard**. Après trente-cinq ans d'indépendance, on aurait quand même pu devenir adultes, mais nous sommes encore des petits enfants."

Un douroudourouni passe dans un hurlement de sirène d'ambulance. "Une sirène ! rouspète Kar. Autrefois, il n'aurait pas fallu essayer, parce qu'on se retrouvait en prison en un rien de temps ! Mais depuis la démocratie, tout le monde se croit tout permis."

Le car de Mopti arrive, ce qui provoque une grande agitation car la semaine dernière, une épidémie de choléra s'est déclarée dans la ville – tous les jours, le journal annonce de nouveaux cas de contamination.

Quand un des passagers sort du car en portant une bouteille de quatre litres d'eau, quelqu'un s'écrie : "C'est de l'eau de Mopti ? Demain tu auras le choléra !" L'homme regarde d'un air de défi celui qui l'interpelle. " On est partis depuis déjà trois jours, s'il y avait du choléra là-dedans, il a disparu depuis longtemps ! Regarde !" Sous les rires des autres passagers, il met la bouteille à sa bouche, puis la tend aux autres de manière ostentatoire.

Un cireur de chaussures nous tourne autour. Kar l'écarte avec agacement. "Pourquoi je ferais cirer mes chaussures, bientôt elles seront recouvertes de la poussière de ce maudit pays." Piqué au vif, l'homme à ses côtés lui lance un regard de travers. Maudire son pays, ça ne se fait pas, surtout en présence d'une Blanche. Il lui jette un nouveau coup d'œil. "Kar Kar ?" Il vient de Nioro – ils s'aperçoivent qu'ils se connaissent.

"Tu as vu comme il était choqué de ce que je disais, dit Kar en riant, une fois l'homme disparu. Mais quand il a vu qui j'étais, il n'a plus rien dit – il sait ce que j'ai fait pour mon pays. Même au président, je dirais la même chose, parce qu'il était encore un gamin qui jouait dans la rue quand moi j'étais déjà quelqu'un."

Je m'assois en silence à côté de lui. Sa saute d'humeur de ce matin continue de me tarauder, mais l'excitation du voyage a pris le dessus et il faudra que j'avale bien plus de poussière avant qu'il m'entende protester.

Dès que les portes du car s'ouvrent, une foule se bouscule à l'entrée. C'est un car chinois – visiblement construit pour des gens plus petits que nous – que l'on remplit à craquer. Kar et moi, nous nous retrouvons sur un seul strapontin cassé, dans le couloir central. Certains passagers se plaignent d'avoir payé pour une place entière et pas pour un demi-siège, mais tout le monde veut partir le soir même ; après une violente bataille, nous demeurons tous fraternellement serrés les uns contre les autres.

Kar, qui connaît le chauffeur et ses assistants, ne se gêne pas pour les insulter copieusement. Le volant du car est si difficile à tourner que le chauffeur peut à peine manœuvrer à travers l'intense circulation. "Vous auriez pu faire contrôler ça avant le départ, mais personne ne pense à entretenir ce car, tout ce qui vous intéresse, c'est d'encaisser le plus d'argent possible !" Réjouie, j'observe son tapage : je le retrouve. "Maintenant je comprends pourquoi l'ami de Baaba avait trois cars au départ, puis deux et à présent plus qu'un seul, dit-il, bientôt, celui-ci va aussi rendre l'âme, et il fera quoi après ?"

Quand nous prenons de l'essence de l'autre côté du Niger, cinq passagers parviennent encore à se faufiler à l'intérieur. Ils nous enjambent pour s'entasser dans les rangées à l'arrière. Kar est sorti un moment et quand nous redémarrons je m'aperçois qu'il est contrarié : pourquoi je parlais avec mon voisin de gauche tout à l'heure, je le connais peut-être ? Je ne dois pas m'adresser aux gens qu'il ne m'a pas présentés, le car est rempli de voleurs. Ils se rendent tous au marché hebdomadaire de Niono pour régler des affaires puis reviennent par le même car la nuit suivante.

Le chauffeur est un maigre qui a l'air d'autant plus chétif derrière son énorme volant peu maniable. De l'obscurité surgissent les phares de camions roulant à une telle vitesse qu'ils nous chassent chaque fois de la route. Les six assistants – qui ont tous dû céder leur place aux passagers – se tiennent debout autour de lui, comme des supporters sur un terrain de football, et poussent des soupirs de soulagement chaque fois qu'il réussit à éviter un camion. Je commence à comprendre ce dont parlaient les Blancs à Bamako et me demande si là où nous sommes, à l'avant dans le couloir central, nous avons une chance de nous en tirer au cas où nous nous ferions happer par un de ces mastodontes. Le sort de notre chauffeur n'a pas échappé à Kar non plus. "Il était déjà mort avant que le voyage commence !"

Vers deux heures du matin, nous nous arrêtons dans un petit village qui vit au rythme de la circulation de nuit. Partout, des femmes sont assises derrière de grands faitouts remplis de viande et de riz, de petites lampes à pétrole romantiques éclairent les étalages présentant des arachides, des cigarettes et des bonbons collants, et à de longues tables en bois on sert du Nescafé au lait concentré sucré. Le chauffeur d'un camion qui vient de s'arrêter demande un *café noir**. "Regarde bien", me dit Kar. Le serveur jette deux cuillères à soupe de Nescafé dans un fond d'eau chaude, ajoute une cuillère de sucre et bat le mélange de façon routinière, puis le chauffeur le boit d'une seule goulée. Kar l'épie du coin de l'œil. "Encore un comprimé à vingt-cinq francs et il va se mettre à vibrer." En effet, maintenant que j'y prête attention, je ne vois que des hommes speedés autour de la table. D'après Kar, les comprimés viennent du Nigeria – on peut en acheter de toutes sortes et de toutes tailles.

Même les *talibés* – les enfants qui fréquentent l'école coranique et que leurs marabouts envoient mendier – travaillent ici la nuit. Des boîtes de conserve de tomates vides attachées par une ficelle autour du cou, ils passent entre les clients qui mangent accroupis, et psalmodient des versets du Coran de leur voix poignante. Certains de nos compagnons de voyage, allongés sur le sable au bord de la route, se lèvent en gémissant quand le car donne le signal du départ. Une fois dans le véhicule, ils se rendorment aussitôt et, même moi, je m'assoupis un moment, en dépit du tapage des assistants qui me résonne dans la tête.

Nous passons Ségou et arrivons vers cinq heures à Markala, où Kar demande au chauffeur de s'arrêter. Le marché de Markala est encore plongé dans l'obscurité. Kar marche devant moi en direction de la station d'essence, éclairée par un néon. "Il faut attendre que le jour se lève, dit-il. A ce moment-là, nous trouverons sûrement une voiture qui va de notre côté."

Il sort de son sac à dos un drap qu'il étend sur le sol en ciment à côté du bâtiment. Nous venons à peine de nous allonger, épuisés, près de nos bagages quand un gardien surgit et nous dit que nous ne pouvons pas rester ici. Kar replie docilement son drap. "Il a dû nous prendre pour des clochards ! dit-il en riant sous cape une fois que nous avons trouvé un banc, dans le marché en face. Chez lui, il n'a peut-être même pas de chaise pour s'asseoir et je pourrais probablement acheter la maison de son père sans problèmes. Mais pour lui, nous sommes des clochards. Voilà le lot de l'étranger : il ne compte pas." Il parle, penché en avant, son sac à dos sur les genoux. "Il y a une chanson là-dessus dans mon dernier CD. *Qu'on possède des villas, qu'on vienne d'une famille noble, personne ne se soucie de l'origine d'un étranger.*

— Quand as-tu écrit ça ?"

Agacé, il hausse les épaules. "Qu'est-ce que ça peut te faire ?"

Mais plus tard, il finit par me le dire. Ce devait être au début des années quatre-vingt-dix, quand il vivait à Paris. C'est là qu'il en avait pris conscience pour la première fois. "Mais comme tu vois, il n'y a pas besoin d'aller si loin, cela peut t'arriver aussi à Markala ! Comme le dit un proverbe bambara : *Il faut honorer l'étranger et la femme enceinte.* Car on ne sait jamais ce que représente cet étranger dans son pays – peut-être est-il le fils d'un roi ; quant à la femme, elle attend peut-être l'enfant d'un roi."

Le marché commence à s'animer. Un jeune homme qui était endormi par terre ouvre sa boutique et met de l'eau à chauffer pour du café. Une femme attise un feu de charbon de bois à l'aide d'un éventail. Bientôt, une odeur de beignets nous parvient.

"A Angoulême, nous prenions nos repas tous les jours dans une grande salle à manger, raconte Kar. Tous les musiciens ensemble – après le repas, nous faisions de la musique avec nos couteaux et nos fourchettes." Lors de son premier concert, on l'avait annoncé comme "le John Lee Hooker du Mali", si bien que tout le monde l'appelait par ce nom. Un après-midi, il avait vu à quelques tables de distance un homme avec qui il avait passé plusieurs jours aux Etats-Unis. Ravi, il s'était dirigé vers lui. L'homme parlait à quelqu'un ; il vit Kar, lui fit un bref signe de tête puis poursuivit sa conversation. Dès qu'il eut terminé, Kar retourna le voir. "Tu ne me reconnais pas ?

— Bien sûr que si, dit l'homme, tu es Boubacar Traoré." Puis rien ! A l'époque, l'homme était fou de sa musique, il lui avait promis de tout mettre en œuvre pour le faire revenir aux Etats-Unis, mais une fois de retour à Bamako, Kar n'avait plus jamais eu de nouvelles. Il lui demanda si ses lettres étaient bien arrivées. L'homme prétendit ne jamais les avoir reçues. Quand une troisième personne se présenta à sa table, l'Américain se tourna vers elle, et Kar partit, blessé.

J'imagine parfaitement la scène. L'imprésario américain, à la recherche de nouveaux talents, se fait accoster par un chanteur malien qu'il a fait venir des années auparavant aux Etats-Unis. Ce genre d'homme vit à un rythme dont Kar n'a pas idée. "C'est typique d'un imprésario américain, dis-je pour le consoler, il s'enthousiasme pour une musique, puis pour une autre.

— Non, tu ne saisis pas. C'était comme s'il me connaissait à peine ! Alors qu'aux Etats-Unis, nous étions de très bons amis !

— C'est comme ça que ça marche dans ce monde-là, j'en ai peur.

— Alors tu trouves ça normal, tu ne serais pas choquée si ça t'arrivait !" Il me regarde, sans comprendre. J'ai fait une erreur, je m'en aperçois, bien que je voie mal comment j'aurais pu l'éviter sans être hypocrite. Je sais ce qu'il a dû ressentir, lui, le fier Kayésien, qui s'est levé deux fois de sa table pour saluer un homme qui le reconnaissait à peine. Mais je conçois tout aussi bien la réaction de l'Américain.

"N'en parlons plus, dit Kar, parce que cela me met en colère quand j'y repense. Tu es la première à qui je le raconte, mais j'aurais mieux fait de le garder pour moi, parce que tu ne peux pas comprendre." Il est assis à côté de moi, fermé et de mauvaise humeur, seul avec ses pensées. Le malaise d'hier a resurgi entre nous et je m'en veux de ne pas lui avoir laissé terminer. Si je m'étais montrée aussi choquée que lui, il m'en aurait dit plus, j'ai l'impression. Mais quoi exactement ?

Nous buvons du café, mangeons des beignets et nous laissons gagner par l'agitation matinale. La nuit blanche dans ce car déglingué nous a éreintés et, malgré notre chamaillerie, Kar est plein de sollicitude, il me demande sans cesse si je ne me sens pas trop fatiguée et part chercher de l'eau pour que je puisse au moins me laver le visage.

A la station de taxis de Markala, où nous attendons une voiture, un pick-up chargé de trois énormes vaches noires passe devant nous. "Celui-là, il va à Bamako. Sûrement un riche homme d'affaires qui va faire un sacrifice", dit Kar avec un regard averti. D'après lui, ce sont les vaches noires qui conviennent par excellence à une telle occasion.

Peu de temps après, nous montons dans un *bâché* – un pick-up aux banquettes en bois abritées par une bâche. J'entends Kar prononcer le nom Sansanding, un village au bord du Niger que je connais à travers les histoires d'Hampâté Bâ. Au début du siècle, Mademba Sy, un facteur que les Français avaient couronné roi, y faisait régner la terreur. Il devait entrer dans l'histoire sous le surnom de *pharaon du Niger*.

Nous poursuivons notre route, au milieu de passagers transportant des poules, des moutons et des sacs de riz. Le chauffeur s'arrête pour acheter des mangues, puis il fait un énorme détour afin d'aller chercher un passager supplémentaire. "Je crois que nous passons par la Mauritanie, note Kar d'un ton pince-sans-rire, en tout cas, notre chauffeur prend son temps. S'il arrive dans deux jours, pour lui ça ne change rien, parce que la route, c'est sa maison."

Kar engage la conversation avec un paysan qui part travailler sa terre. "Nous parlons d'un chef de village de la région, dit-il au bout d'un certain temps, en riant. Dans un lointain passé, un marabout a décidé qu'il devait quitter son village tous les matins et tous les soirs ; il ne faut pas qu'il y voie le soleil se lever ou se coucher. S'il ne se réveille pas à temps une seule fois, il mourra la même année. Tu imagines, cet homme-là n'a pas de vie ! Surtout pendant la saison des pluies, quand il doit partir de chez lui par tous les temps !"

Le soleil s'abat sur nos têtes quand nous sortons du bâché. Nous prenons nos sacs à dos et nous mettons à marcher sur un chemin de sable désert en direction du village, situé à bonne distance de la route principale. Kar me jette un regard oblique. "Ça va ?" J'acquiesce. "On ressemble à des touristes", dit-il en riant. Il n'a aucune idée de l'endroit où habite la personne que nous allons retrouver.

"Alors tu ne l'as jamais rencontrée ?

— Si, mais c'est la première fois que je lui rends visite ici." Il ignore même si l'homme est à Sansanding. "Mais ça, on le saura assez vite !"

A l'entrée du village, il demande comment aller à la *medersa* – l'école coranique. Un jeune homme nous accompagne. C'est un grand village, où plusieurs mosquées dominent les maisons en terre. Notre guide évite le centre, ai-je remarqué, il passe par la périphérie de Sansanding, comme s'il ne voulait pas nous exposer aux regards des curieux. Kar ne dit toujours rien de notre destination, mais je me doute qu'il va voir un marabout, car tous les marabouts influents ont leur propre école coranique.

Près de la medersa, on nous dit que le marabout vient de rentrer chez lui. Bientôt, nous entrons dans une grande cour, soigneusement balayée et entourée d'un nombre incalculable de pièces. On nous mène sous un auvent en paille, où deux hommes attendent. Quelqu'un nous apporte de l'eau à boire et déroule un tapis en plastique pour nous. "Allonge-toi, n'hésite pas, dit Kar, ils savent que nous venons de loin." Les hommes regardent en silence. La présence d'une Blanche est inhabituelle dans cet environnement et je suis reconnaissante à Kar de ne pas avoir envisagé un seul moment de me laisser quelque part en chemin.

Autour de nous se déploie l'activité d'une ruche. Des femmes nettoient la cour à l'aide de balayettes et de jeunes disciples du marabout sont en train de construire une terrasse. Mais le bruit qui accompagne généralement ce type de besogne est absent. Pas de radio braillarde, pas de rires ou de cris. On dirait que je viens d'arriver à l'ermitage d'Achel, l'abbaye des trappistes où je me rendais à vélo, l'été, avec mon petit frère, quand nous avions une fois de plus vendu un paquet de cartes de la mission pour père Angelus. Partout des pères s'affairaient, mais le seul bruit que nous entendions était l'horloge qui annonçait le quatre-heures. On nous donnait du lait et des sablés, et, dans la boutique des pères, nous avions le droit de choisir un objet en remerciement des cartes vendues : une croix imitation or incrustée de faux petits diamants, un livre d'enfant ou un angelot en porcelaine. Parfois, le père Angelus nous emmenait derrière l'abbaye, dans les bois qui étaient parcourus par un ruisseau à la même odeur acide que le Dommel à Neerpelt. La tête posée sur mon sac à dos, je m'endors subitement.

A mon réveil, je vois Kar appuyé sur un coude, qui regarde la cour d'un air distrait. Les deux hommes ont disparu. Le marabout travaille actuellement pour quelqu'un ; Kar ne lui a pas encore parlé, mais l'homme sait qu'il est là.

"Tu vois cette parcelle ? chuchote-t-il. Elle est aussi grande que Bamako tout entière !" Il savait déjà que ce marabout était fortuné, car il vient parfois à

Bamako, où des hommes d'affaires et des politiciens influents le consultent. Là-bas, on n'arrive jamais à le rencontrer tellement il est occupé.

"Salam aleikum !" Un homme vêtu d'un boubou bleu ciel vient vers nous à pas rapides. Je ne sais pas exactement ce que je m'étais imaginé, mais pour un marabout, il a plutôt l'air d'un homme du monde. Il a environ trente-cinq ans, il est petit, solidement bâti, et son sourire est franc, joyeux. Il me serre la main – ce que beaucoup de musulmans pratiquants refusent de faire – et me prie de l'excuser son mauvais français. Nous devons certainement être fatigués de notre long voyage. Cette nuit, nous sommes ses hôtes, il va demander à sa femme de nous préparer tout ce qu'il faut. Il donne à un jeune garçon des instructions pour qu'il m'apporte un seau d'eau et invite Kar par un geste de la main à le suivre.

Quand je sors de la douche, des matelas pourvus de draps propres sont installés de l'autre côté de la cour, sous le grand manguier, et la femme du marabout prépare le repas. Elle fait la cuisine dans d'énormes faitouts sur plusieurs feux à la fois et envoie la nourriture dans de plus petites casseroles vers tous les coins de la propriété. L'entretien de Kar avec le marabout ne dure pas longtemps. L'homme a encore quelques affaires à régler, dit Kar après sa douche, mais il a promis de se mettre au travail ce soir.

Nous sommes des voyageurs venus d'aussi loin que Bamako, par conséquent tout le monde trouve normal qu'après le repas, nous nous rendormions et que nous passions le reste de l'après-midi à paresser à l'ombre du manguier. Entre-temps, le marabout se rend à l'école coranique et une foule de talibés le raccompagnent en chantant.

Kar recommence à parler du festival à Angoulême. L'imprésario américain refait soudain surface. Kar me répète toute l'histoire, comme si je n'avais pas bien compris ce matin. Aux Etats-Unis, ils étaient de grands amis, mais quand il l'a vu dans la salle à manger…

287

"Qui sait combien de chanteurs cet homme a rencontrés depuis !

— Alors toi, tu ferais la même chose !

— Non, ce n'est pas ce que je veux dire, mais un imprésario américain…

— Alors si je te rencontre un jour à Amsterdam, tu me diras bonjour et puis plus rien ! Ou peut-être que tu me diras : salut Kar, comment ça va, et que tu poursuivras ton chemin !

— Non, pas moi, mais…"

Kar secoue la tête, désespéré. "Comment je peux croire ce que tu me dis si tu donnes raison à cet Américain ? Pourquoi ne ferais-tu pas la même chose ?"

Je me maudis de lui avoir une fois de plus coupé la parole. Pourquoi ne l'ai-je pas laissé finir, pourquoi suis-je si impatiente ? Ce n'est pas de cette manière que je découvrirai jamais ce qui le contrarie. Mais depuis que je suis ici, mes réticences n'ont fait que croître. Il est paranoïaque, me dis-je avec malveillance.

Kar a allumé une cigarette et détourné son regard vers le manguier, où le marabout est assis avec ses élèves : l'homme lit à haute voix dans un cahier posé sur ses genoux, tandis que deux talibés l'éventent. Parfois, il ajoute un commentaire ou pose des questions, après quoi ses disciples se mettent tous à jacasser en même temps. Je pense au bon père Angelus vêtu de son habit blanc qui nous emmenait chaque fois au même endroit au bord de l'eau. De quoi nous parlait-il, déjà ? Il parvenait toujours à nous faire oublier la puanteur du ruisseau qui, chez nous, nous donnait la nausée.

C'est une leçon joyeuse, où l'on rit beaucoup et de bon cœur. J'ai été témoin de cours bien différents : certains marabouts frappent à tour de bras. Je suis soulagée que Kar vienne demander conseil à un homme aussi proche du monde séculier et pas à un marabout qui marmonne dans sa barbe à l'intérieur d'une petite pièce remplie de griffes de chat et d'autres objets occultes dont il fait des gris-gris.

"Je vais te raconter une autre histoire, dit Kar. Tu comprendras peut-être ce que je veux dire." Il y a plusieurs années, un Malien qui avait été en contact avec sa maison de disques en Angleterre fit annoncer à la radio malienne que Boubacar Traoré était prié de se signaler, une tournée étant prévue au Canada et aux Etats-Unis. "Cet homme a tout gâché.

— Comment ça ?

— Personne ne lui avait rien demandé – j'avais déjà reçu tous les fax concernant la tournée ! Je réglais discrètement mes affaires, mais il a claironné ça à travers tout le Mali ! Les gens se sont mis à croire que j'allais gagner des tonnes d'argent et ça a fait des jaloux. Tu ne connais pas les griots ici, ils ne supportent pas qu'un autre ait du succès, ils sont capables de tout gâcher." Traditionnellement, ce sont les seuls musiciens dans le pays – ils chantent à la gloire des familles nobles et gagnent ainsi leur vie. Des chanteurs comme Kar, qui n'appartiennent pas à la caste des griots, représentent une concurrence redoutable. "Quand tu les rencontres, ils sont tout miel, mais derrière ton dos…"

Sa tournée au Canada et aux Etats-Unis a bien marché, il est rentré avec des piles de bonnes critiques et de cartes de visite d'agents, d'animateurs radio et de journalistes. Tout le monde allait lui écrire, une nouvelle tournée était déjà prévue. "Et puis… silence. Le silence total. Pas de lettres, pas de fax, rien. On ne répondait pas à mes lettres. C'était comme si quelqu'un s'était arrangé pour que mon nom soit effacé de toutes les mémoires." Il soupire. "Si, j'ai reçu une nouvelle : mon agent avait déménagé au Brésil, par conséquent ma nouvelle tournée était malheureusement annulée."

Cela doit arriver si souvent, me dis-je ; pendant une tournée réussie, on échafaude des projets qui s'avèrent plus tard impossibles à réaliser. Parce que l'un a fait faillite et l'autre décidé d'investir son argent dans un tout autre projet. Kar avait presque cinquante ans quand il est entré dans ce monde incertain : un homme qui a sa propre logique sur le fonctionnement des choses. Je commence enfin à comprendre pourquoi sa rencontre avec l'Américain l'a tant bouleversé. Pour la première fois, il a retrouvé une personne de cette époque et il a pu vérifier ce dont il s'était douté depuis tout ce temps : quelque chose s'était passé qui avait amené cet homme à pratiquement oublier son existence.

"Les Européens ne savent pas à quel point les Africains se sabotent entre eux, dit-il. Mais moi, j'ai de l'expérience. C'est pour ça que je règle mes affaires discrètement, j'en dis le moins possible sur ce que je fais. Plus les gens sont au courant de ta vie, plus ils peuvent te faire du mal. Si tu savais ce que j'ai souffert… Aucun homme ne peut survivre à ça, mais moi j'ai survécu. Depuis, je ne fais plus confiance à personne." Il me jette un coup d'œil, comme pour s'excuser. "Même pas à toi.

— Pourquoi tu ne me racontes pas ce qui t'est arrivé ? lui dis-je en hésitant. Peut-être que je comprendrais tout beaucoup mieux."

Kar secoue la tête. "Depuis ce matin, j'essaie de t'expliquer comment les Africains se sabotent entre eux, mais tu me regardes comme si j'étais idiot. Si tu ne comprends même pas ça, comment peux-tu comprendre le reste !"

La leçon du marabout est terminée. Kar envoie un jeune garçon chercher deux cigarettes. "Tu n'as pas idée, dit-il soudain plus doucement. Les gens peuvent même s'arranger pour que nous nous disputions, tous les deux. Rien de plus facile."

Comme ses lettres restaient sans réponse, une amie d'enfance attira son attention sur un marabout de Sansanding, qui se trouvait à ce moment-là à Bamako. "Il y a beaucoup de marabouts wouya-wouya au Mali, mais celui-ci a bonne réputation. Il s'est mis à travailler pour moi, mais trop tard, le mal était fait. Pourtant, je savais qu'un jour, j'aurais une nouvelle chance. Cette fois-ci, je suis venu plus tôt, pour lui demander sa protection."

Sur le troisième lit qu'a préparé la femme du marabout, un jeune homme s'est allongé. Il donne des cours à la medersa du marabout. Quand nous nous levons pour aller nous promener, il propose de nous accompagner.

Kar se dirige aussitôt vers le Niger ; quand on arrive dans un nouveau lieu, il faut au moins savoir comment coule le fleuve, dit-il. Sansanding somnole paisiblement sous le soleil couchant. Mais tandis que nous marchons au bord de l'eau, le professeur nous raconte que cet endroit n'est pas aussi tranquille que nous nous l'imaginons. Notre hôte se trouve au cœur d'une lutte de pouvoir acharnée entre plusieurs marabouts. Pendant des années, il a bénéficié du soutien du Koweït ; il a pu faire construire une mosquée et envoyer bon nombre d'élèves boursiers là-bas. Cela a suscité des jalousies. Depuis la guerre du Golfe, l'aide s'est arrêtée. Le professeur nous a accompagnés pour éviter que nous nous rendions au centre du village, car si les villageois s'aperçoivent que le marabout a de la visite, les spéculations iront bon train sur l'existence d'un nouveau mécène.

Kar approuve d'un air grave. Maintenant il comprend pourquoi notre guide de ce matin – une relation de notre hôte – nous a fait faire un détour. "Dans un village non loin d'ici, c'est encore pire, dit le professeur. Il y a de telles dissensions qu'on y a construit huit mosquées !"

Kar a ramassé quelque chose sur la rive et l'étudie attentivement. C'est un crapaud séché. Il est plat comme une crêpe, mais sa peau est entièrement intacte et la tête et les pattes y sont encore attachées. "Tu as vu ? Il ne s'est pas décomposé du tout, pas une fourmi ne l'a touché." Il retourne la carcasse séchée. "C'est un animal magique. Tu savais que le venin du serpent vient à l'origine du crapaud ?" D'un grand geste circulaire, il le jette dans l'eau. "Et voilà, dans quelques semaines, il recommencera à nager !"

Je me ressaisis. "Tu n'es pas sérieux !

— Bien sûr que si ! C'est incroyable, mais vrai. Je t'avais dit que c'était un animal magique, non ?"

La biologie n'était pas mon fort à l'école, mais le retour à la vie d'un crapaud mort... Kar est allé cinq ans à l'école. N'aurait-il pas suivi de cours de biologie pendant ces années-là ? Ou les leçons de son père l'ont-elles davantage marqué ? Nous regardons la carcasse partir au fil de l'eau. "Pourquoi ne l'avons-nous pas emporté ? Nous aurions pu voir si c'est vrai", dis-je. Mais Kar rit – il n'a pas besoin de ce genre de preuves.

Sur la parcelle du marabout, tout le monde est plongé dans la prière du soir. Depuis que la controverse sur sa personne a éclaté, le marabout ne prie plus à la mosquée, nous a raconté le professeur. Kar ne se joint pas à eux, mais déroule son tapis sous le manguier. Le marabout appartient à une *confrérie** qui suit d'autres rituels que les siens. Le chant que les disciples entonnent après la prière dure bien une heure. Nous l'écoutons en silence. Kar me regarde en souriant : "Tu comprends ce que je veux dire ?"

Le matin, Kar est convoqué par le marabout. Il revient avec un paquet d'herbes, qu'il fourre dans son sac à dos RFI. Un talibé lui apporte un bout de papier qu'il recopie soigneusement, puis il range sa version dans son porte-monnaie. Nous sommes prêts. Le marabout a réservé pour nous deux places dans le taxi-brousse qui se rend chaque matin à Markala. Un de ses disciples nous accompagne et veille à ce que nous partions bel et bien.

*

Quelques jours après notre voyage à Sansanding, je remonte la colline de Lafiabougou et un homme en boubou vert, coiffé d'une calotte blanche, me rattrape. *"Anitié !"* Tout sourire, il continue de marcher à côté de moi. Il porte un tapis sous le bras, il revient de la mosquée. C'est Kar ! "Tu ne m'as jamais vu dans cette tenue ? C'est celle que je porte tous les vendredis !"

Une fois chez lui, il se change. Il ne redevient tout à fait lui-même que lorsqu'il a remis sa casquette à carreaux. Je pense à la vidéo de son premier concert à la télévision en 1987, où il portait un bonnet peul en tricot bleu, un accessoire farfelu qu'il s'était procuré pour l'occasion. Même Pierrette lui avait fait une réflexion à ce sujet. A Paris, il avait acheté une casquette à carreaux. Il la portait quand un photographe anglais l'avait photographié pour la promotion de sa tournée, puis elle devint son signe distinctif.

Quand il prend au-dessus de l'auvent la nourriture du mouton, je vois qu'il porte en haut du bras une lanière de cuir – une version plus large des gris-gris autour de ses hanches. Les jours suivants, je remarquerai d'autres traces de notre visite au marabout. Après la prière, il se frotte avec un liquide transparent provenant d'une grande bouteille et dans sa chambre flotte parfois l'odeur pénétrante d'herbes brûlées. Nous n'en parlons pas, mais il ne me cache rien non plus. A la recherche de mon sac, j'entre un après-midi dans sa chambre. Il est penché au-dessus de son encensoir, où il a jeté des herbes. Je veux me retirer, mais il me fait signe que ce n'est pas grave et me montre où j'ai posé mon sac.

"Ça pue, ce truc, lui dis-je quand il sort de la pièce.

— Tu trouves ?" Il y retourne, prend le vaporisateur d'eau de toilette à côté de son lit et s'en asperge. "C'est mieux comme ça ?"

C'est amusant de voir avec quelle facilité il combine toutes ces choses. Elles ne me sont d'ailleurs pas totalement étrangères, elles me rappellent le passé. Ma grand-mère n'allait jamais se coucher avant d'avoir embrassé la relique dans sa table de chevet : un fil de la robe de sainte Thérèse, étendu sur un coussinet de velours rouge. Sur sa table de toilette était posée une statuette en verre de la Vierge contenant de l'eau bénite de Lourdes. Tous les matins, elle dévissait la couronne bleu ciel de la tête de Marie et prenait un peu d'eau dans le flacon pour se signer. Quand elle avait perdu quelque chose, elle furetait dans la maison en priant, la statuette d'Antoine de Padoue – le saint des objets perdus – à la main. Dès qu'elle avait retrouvé l'objet, j'enfourchais mon vélo pour aller jeter une pièce de un franc dans le tronc à l'église.

Une phrase de V. S. Naipaul ne cesse de me revenir à l'esprit : *"Ils sont différents de nous, ils croient à la magie."* À l'époque, j'avais éprouvé en entendant ces mots un certain scepticisme, mais maintenant ils sont presque une consolation.

Les liens entre Kar et moi se sont resserrés depuis le voyage à Sansanding. Il ne s'attendait pas à ce qu'une Européenne soit capable de faire un voyage aussi pénible. Que j'aie enduré toutes ces épreuves pour lui ! "Maintenant, je ne peux plus me fâcher contre toi, dit-il, parce que tu connais non seulement ma famille et ma ville natale, mais même mon marabout."

Entre-temps, sa cassette *Les Enfants de Pierrette* est sortie sur le marché de Kayes et le Centre culturel français de Bamako, qui a participé à sa production, a fixé un rendez-vous avec la télévision malienne pour un clip vidéo. L'équipe de tournage est constituée d'hommes très sûrs d'eux, qui n'ont pas de temps à perdre, mais Kar plaisante avec eux et les traite comme des petits morveux. Ils ont choisi la chanson qui évoque le temps où il était agriculteur. Ils le conduisent aux jardins ouvriers le long de la route de Koulikoro et le plantent là avec sa guitare, sur fond de huttes en paille. *L'homme est ainsi. Quand j'étais riche, j'avais des amis. Mais quand je suis devenu agriculteur, ils m'ont abandonné.* Quand sa voix triste se répand dans le champ, des larmes me montent aux yeux. Des bribes de phrases me trottent dans la tête. *Ce que j'ai souffert... Si quelqu'un m'avait dit à l'époque que je recommencerais un jour à chanter... Je remercie Dieu qu'il m'ait permis de garder ma voix...* Sa présence ici a quelque chose de si improbable, et pourtant on dirait qu'il n'a jamais rien fait d'autre.

Récemment, il m'a montré une photo de l'époque où il tenait une boutique à Kayes. Un moustachu maigrichon, insignifiant, au milieu des pots de crèmes, des parfums bon marché, des culottes d'enfant et d'autres bricoles. Je ne l'aurais jamais reconnu. Aucune trace de cette assurance insolente des folles années de sa jeunesse, aucune trace non plus de son charme et de son allant d'aujourd'hui, qui fait qu'on le remarque en n'importe quelle compagnie. Comme si, à la moitié de sa vie, il en était venu à se tenir à l'ombre de lui-même.

Que s'est-il donc passé, à l'époque, qui l'a tant affecté ? Et pourquoi peu de temps après, Pierrette l'a-t-elle laissé seul à Kayes ? Elle n'aimait pas Bandiagara, m'a dit son frère Mamadou. Sa sœur y était morte à l'âge de cinq ans. Tout le monde prétendait que les Dogons l'avaient *mangée* parce qu'elle était si belle. Pourquoi était-elle partie là-bas, alors que, de surcroît, elle était enceinte ? Elle était à Bandiagara depuis quatre mois quand elle a accouché de Zévilé. C'était une ville de brousse, bien moins équipée que Kayes. Pourquoi y était-elle restée si longtemps ? "D'autres se le sont aussi demandé", m'a dit Kar. Mais il n'a pas donné la réponse.

Tandis qu'il chante au milieu du champ, le drame de sa vie s'impose à moi une fois de plus. Cela s'est passé à Kayes, il l'a laissé transparaître à plusieurs reprises. Voilà pourquoi ses enfants n'y sont pas restés après la mort de Pierrette, pourquoi il est lui-même parti et pourquoi Abdoulaye les rejoindra bientôt à Bamako.

"Tu peux t'asseoir là-bas ?" Le réalisateur a installé un tabouret devant une hutte et Kar recommence de bonne grâce. Sans doute la vie lui a-t-elle apporté peu de confort, mais dans sa musique, il est à l'aise. La guitare n'a pas de secrets pour lui ; quand il la prend, le soir même il a composé une nouvelle chanson. C'est un don de Dieu, dit-il. D'abord il entend la mélodie – puis les mots viennent d'eux-mêmes.

Quelques jours plus tard, on diffuse son clip à la télé. Quand je lui fais remarquer que cette fois-ci au moins, il n'a pas dû payer, il dit : "Moi pas, mais tu peux être sûre que le Centre culturel français a dû casquer. Je connais ces gars-là !"

On l'entend régulièrement à la radio et sur Klédou, la radio libre, on diffuse même sa musique pendant une heure d'affilée. De nombreux voisins ont acheté sa nouvelle cassette et la mettent à fond quand ils le voient monter la colline sur son vélomoteur. *"Kar Kar, ça va ?"* retentit de plus en plus souvent et de plus en plus fort.

Kar laisse faire. Dans sa cassette précédente, il chantait : *J'ai eu du succès, j'étais connu à l'Est comme à l'Ouest. Mais les enfants d'aujourd'hui ne savent plus qui je suis. Quand tu as de l'or, tu es connu de tous. Quand tu n'as rien, même ta famille t'ignore.* "Tu vas voir, dit-il, dans les semaines qui viennent, comme par hasard, les gens vont être de plus en plus nombreux à se souvenir de moi !"

Ce week-end, il donne un concert à Bamako en compagnie d'autres musiciens maliens. Pendant la pause, il reste près du bar et je le regarde de loin. Il serre des mains, discute, rit, se laisse photographier avec un fan. Mais dès que ses collègues se mettent à parler entre eux, son regard se perd dans le vide. Quand il me voit, ses yeux s'éclairent et il m'adresse un signe de la main. Appuyés contre le bar, nous regardons la foule. A cet instant-là, je sens qu'en dépit de nos *malentendus*, comme il les appelle, il me fait plus confiance qu'à bien d'autres. Et s'il s'exclame qu'un jour, nous nous disputerons pour de bon, il dit aussi d'autres choses. Ses enfants ne m'oublieront jamais, m'a-t-il confié hier. Même après sa mort, ils continueront de parler de moi.

Après le concert, il disparaît. Je cherche son vélomoteur près de l'entrée. Envolé. A-t-il un rendez-vous ou est-il rentré chez lui ? Quelle impression cela va lui faire de se retrouver soudain seul après toute cette effervescence ? Je décide de le suivre. Quand le taxi s'arrête devant sa maison, je vois qu'une bougie brûle dans sa chambre. Il est assis en caleçon dans sa cour, la radio allumée. Il est content que je sois venue, que j'aie quitté la réception en bas pour le rejoindre.

"Tu aurais dû rester, lui dis-je. Le ministre de la Culture était là.

— Le ministre de la Culture – qu'est-ce que j'en ai à faire ! Même si sa tête était en diamant ! La seule chose que j'aie à lui dire, c'est que j'attends une décoration depuis des années."

Il est tard quand il me raccompagne jusqu'à la route asphaltée, au pied de la colline. La nuit, les tarifs des taxis augmentent – je frémis à l'idée de la scène que Kar va bientôt déclencher. Mais le taxi ne demande que mille francs. Soulagée, je monte dans la voiture. Pendant tout le trajet, le chauffeur sourit timidement derrière son volant. Puis il rassemble son courage et demande : *"Donc vous connaissez notre Kar Kar* ?"* Il n'était qu'un bébé quand Kar a chanté ses premiers tubes. "Mais quand mon père l'a vu à la télé l'autre jour, il s'est levé et s'est mis à danser dans le salon ! On n'en revenait pas !"

*

J'aimerais aller à Bandiagara. Kar aussi, dit-il, il doit se rendre sur la tombe de Pierrette depuis déjà plusieurs années. Mais rien ne semble indiquer qu'il en a réellement l'intention, car il passe son temps à investir dans sa maison l'argent que sa musique lui a permis de gagner. Cinq nouvelles pièces sont en construction. Dans la cour, les briques que les ouvriers ont fabriquées sont alignées ; tous les soirs, des femmes montent la colline, portant sur la tête de grandes bassines en plastique remplies d'eau qui sert à asperger les briques.

Kar a acheté un deuxième mouton – une brebis, qui est sur le point de mettre bas et doit être protégée du bélier, resté longtemps seul et cherchant sans arrêt à la couvrir. La charge de dynamite dans le puits n'a libéré qu'un misérable filet d'eau. "Ne t'en fais pas, dit Kar quand il me voit regarder au fond d'un air dubitatif, le puits est encore rempli des éboulements de l'explosion – tu vas voir, après !" C'est la meilleure eau du monde entier, assure-t-il, et il y a déjà de la vie au fond ; une souris est tombée et s'efforce désespérément de surnager.

Du jour au lendemain, Kar a pris une bonne à son service. Le réduit où vivaient les poules a été repeint et transformé en *magasin**. C'est là qu'elle range les casseroles et la nourriture, c'est là qu'elle dort l'après-midi avec sa fille, sur un morceau de tissu par terre.

Les vacances arrivent et Sambou, le fils aîné de Kar qui est professeur dans l'ouest du pays, rentre à la maison. Il est passé par Kayes et a amené Abdoulaye qui, tout excité, donne un compte rendu de l'orage qui s'est déchaîné là-bas.

"Tu ne devineras jamais ce qui s'est passé, dit Kar.

— Quoi donc ?

— Les pièces où j'ai vécu avec Pierrette et les enfants se sont effondrées." Il a écouté la nouvelle sans trahir la moindre émotion. "Attends un peu, bientôt tout le reste de la maison leur tombera sur la tête !"

Abdoulaye prend son nouveau vélo pour aller voir ses sœurs en bas de la colline et crève aussitôt un pneu. A Kayes, c'était un garçon réfléchi, qui tentait de mettre un peu d'ordre dans la maisonnée chaotique de Mamou. Tous les matins, il entraînait par une patte les moutons vers la rue pour les faire paître sur le champ de son grand-père. Mais maintenant qu'il sent l'ordre qui règne sur la parcelle de son père, d'un coup il commence à se conduire comme un enfant. Le matin, il part sur la pointe des pieds avant même que son père ait pu lui demander quoi que ce soit, bientôt sa bicyclette bringuebale de partout et son ballon de foot est troué. Il a tôt fait d'adopter la démarche des petits durs de Lafiabougou : le pas souple, les épaules relevées, le nez au vent. "Celui-là va vite avoir affaire à moi", prévient Kar.

L'occasion ne se fait pas attendre. Quand en circulant à vélo, Abdoulaye perd les clés de sa chambre, Kar l'injurie devant ses nouveaux amis et lui donne une violente gifle. Abdoulaye se cache le visage dans les mains en pleurant et ses amis battent en retraite. "Tu es beaucoup trop sévère, lui dis-je, choquée, c'est un garçon si doux.

— Si doux ! Perdre ses clés !" Attristé, il regarde un ouvrier creuser un énorme trou dans le mur à l'aide d'un marteau et d'un burin, jusqu'à ce que la porte se dégage de la serrure.

Mais l'incident est vite oublié. L'après-midi du lendemain, je vois Abdoulaye assis avec ses amis le long de la route, autour d'une grande casserole de viande. Ils rient quand je leur demande ce qu'ils mangent. *"Chat*, dit Abdoulaye, deux chats*."* Il montre, plus haut sur la colline, les pierres parmi lesquelles rôdent toujours des chats sauvages et imite de manière déchirante les sifflements et les miaulements des bêtes quand ils se sont jetés sur elles, armés de leurs bâtons. Il parle des cuisses délicieuses et se frappe les fesses pour bien se faire comprendre.

Je poursuis mon chemin, légèrement écœurée. Mais Kar rit quand je lui en parle. Abdoulaye, il mange des rats, des lézards, des petits oiseaux, des souris, de tout ! "D'ailleurs, ils ont fait vite, dit-il rempli d'admiration, il y a deux heures, ils sont venus me dire qu'ils avaient vu des chats se promener dans les pierres, et là ils les mangent déjà !"

En fin de journée, nous fuyons la cour pour nous installer sur un terrain en jachère en face de chez Kar, où l'air est plus frais. Les crapauds coassent, ce qui d'après lui est signe de pluie. Il montre le nouvel éclairage sur la route asphaltée en contrebas : une ligne jaune en pointillé qui relie Lafiabougou au centre de Bamako. Au moins, ce gouvernement fait quelque chose pour la population – on ne pouvait pas en dire autant du précédent. "Moussa Traoré ne s'intéressait qu'au pouvoir, il disait : faites ce que vous voulez, du moment que vous ne touchez pas à ma place. De son temps, quand quelqu'un devenait riche, on savait que c'était un voleur."

D'habitude, Sambou va boire du thé avec ses amis après le repas, mais ce soir il reste à la maison. Nous parlons de Kassama, le poste en brousse au sud de Kayes où il enseigne. Il y vit dans une hutte, privé de tout le confort moderne. Kassama est à moins de deux cents kilomètres de Kayes, mais la route est si mauvaise et les moyens de transport si rares que, pendant la saison des pluies, il faut bien une semaine pour y arriver.

Apparemment, toute la région est en proie à la ruée vers l'or. De nombreux professeurs ont déserté l'école et les champs des environs sont laissés à l'abandon, si bien que Sambou a obtenu sans aucune difficulté un lopin de terre sur lequel il cultive du maïs. "Mon fils peut survivre partout, dit Kar fièrement, c'est parce que, enfant, il a vécu en brousse et que je l'ai toujours emmené avec moi quand j'allais travailler la terre."

Les vieux de Kassama avertissent les jeunes : la terre est remplie de djinns, il faut les laisser tranquilles. Mais les chercheurs d'or refusent d'écouter et vont dans des villages voisins pour se soustraire au regard des anciens. Parfois, ils ne trouvent rien pendant longtemps. Pour s'attirer la bienveillance des djinns, ils décident alors de sacrifier quelqu'un. "Quand on te désigne, tu ne peux pas t'échapper, dit Sambou. Même si on te prévient et que tu évites de descendre dans la mine pendant quelque temps, tu n'y échappes pas : le jour où tu y retournes, la carrière de sable s'effondre et tu es sûr de te faire ensevelir." Combien de gens n'ont-ils pas disparu dans les carrières au fil des années. Les parents le supplient de garder les enfants à l'école, car les élèves sont une proie recherchée.

"Plus que les autres ?"

Sambou rit. *"Ah oui ! Les diables aiment trop les élèves** *!"*

Quand on cherche de l'or, on est avec le diable, estiment les vieux de Kassama. Un chercheur d'or qui veut s'enrichir pour construire une maison ne trouvera jamais rien. Il faut vouloir dépenser cet argent sur les femmes et au jeu pour avoir de la chance.

Kar approuve Sambou ; il connaît ces histoires depuis l'époque où il travaillait comme agent technique et vivait dans la brousse au sud de Kayes. Il n'y a pas seulement de l'or dans la région, mais aussi des diamants. Dernièrement, il a vu un garçon à la télévision qui en cherchant une pierre pour son lance-pierre était tombé sur un diamant valant des millions. Autrefois, dans certains villages, on trouvait de l'or tout bonnement dans la rue, mais personne n'osait le ramasser parce que cela portait malheur. Toutefois, depuis que des aventuriers du Burkina Faso, de Guinée et d'autres pays voisins sillonnent la région avec un regard fiévreux et que l'on construit une usine d'or à Sadiola, personne n'écoute plus les avertissements des anciens.

"Les gens qui construisent l'usine à Sadiola – ils sont aussi avec le diable ?

— Non, eux ils travaillent avec des machines, dit Sambou, et tout le monde sait que les diables ont peur des machines !"

Même au centre de Kayes, il y avait des djinns autrefois, d'après Kar. Parfois, la nuit, on entendait un cheval invisible trotter à travers les rues, une poule et des poussins passaient en trombe ou une femme inconnue surgissait soudain pour demander une cigarette. Mais les voitures, les camions et les engins lourds ont fait fuir ces djinns vers la brousse.

La cour est plongée dans l'obscurité. Seules les braises du réchaud sur lequel Sambou prépare du thé donnent un peu de lumière, ainsi que la lampe de poche que Kar, incapable de tenir en place, allume parfois pour aller chercher quelque chose dans sa chambre ou pour remettre de l'ordre dans la cour.

Je suis étonnée que le père et le fils ne se contredisent pas une seule fois sur la présence de djinns dans la région de Kayes. Sambou a fait les beaux-arts, je m'attendais à plus de réserve de sa part. Mais depuis qu'il vit à Kassama, les coutumes et les histoires qui circulent là-bas ont déteint sur sa pensée. Il existe dans la région une *forêt classée**, raconte-t-il. Si on se risque à y ramasser du bois, on ne peut plus le décoller de sa tête. On ne parvient à le retirer que si on le rapporte là où on l'a pris.

Au début, les gens de Kassama l'étonnaient. Parfois, au milieu d'une conversation, son interlocuteur se levait brusquement pour ramasser une bouse de vache fraîche devant sa hutte et la jeter dans un pot en terre spécialement prévu à cet effet. Comme ça, à mains nues ! Dans les premiers temps, il observait le tout avec dégoût, mais par la suite il s'y est habitué. La bouse de vache sert à réparer les huttes avant la saison des pluies.

Les habitants de Kassama sont chrétiens, mais ils ne sont pas imprégnés de chrétienté. "Quand on cherche de l'or, on n'a pas le temps de prier." Au centre du village vit un père blanc. Dans sa maison est suspendue une représentation du Christ que Sambou ne se lasse pas de regarder. "Si on fait bien attention, on s'aperçoit que parfois il ferme les yeux, parfois il les rouvre !" Cela le fascine et l'effraie en même temps.

"Mais c'est une illusion d'optique !" lui dis-je. J'essaie de lui expliquer, mais il ne comprend pas. Le crapaud séché que Kar a rejeté dans l'eau me revient soudain à l'esprit. Je peux encore comprendre que Kar n'ait pas suivi de cours de biologie, mais comment se fait-il que Sambou n'ait jamais entendu parler d'illusion d'optique en étudiant les beaux-arts ?

Ce n'est pas une question d'enseignement, me dis-je. Je l'ai si souvent constaté que j'aurais dû m'en douter. Au Zaïre, les étudiants qui se sont retrouvés dans la province des diamants ne parlaient, eux aussi, que d'esprits souterrains attirant leurs victimes. Toutes les connaissances accumulées à l'université semblaient s'être évaporées devant les récits de leurs ancêtres. Ces histoires avaient bien plus de force et faisaient naître une angoisse bien plus grande.

Enfant, Sambou accompagnait souvent son grand-père pour aller à son champ derrière l'aéroport de Kayes. L'arbre sous lequel il ne fallait pas s'endormir parce qu'un djinn y habitait, les termites et leurs pouvoirs secrets – il a été élevé en entendant les mêmes histoires que Kar. Quand il voit une chose qu'il ne comprend pas, il cherche une explication magique. Ainsi, la technologie des Blancs lui apparaît aussi miraculeuse que la magie de ses ancêtres. "Après le téléphone et le fax, les Blancs n'ont plus qu'à inventer un appareil qui leur permette d'apparaître ailleurs en chair et en os", dit Kar. Il pense qu'il ne faudra plus attendre longtemps : dans les films américains, c'est déjà possible.

Sambou croit lui aussi aux possibilités illimitées de la technique. D'après lui, tous les Maliens aimeraient se rendre à la Coupe du monde. Un ami lui a raconté qu'il n'y a pas besoin d'aller en France, qu'au stade Modibo-Keita à Bamako, on pourra assister à tous les matches en direct.

"Par satellite ? je demande.

— Non, on est assis sur les gradins et on les voit jouer sur le terrain, comme si on était en France !

— Mais comment alors ?

— Je ne sais pas exactement, dit Sambou, mais je crois que ça marche par rayons laser."

Shekna, un des frères cadets de Sambou qui est élève à l'école de police, dort parfois à Lafiabougou, lui aussi. Tanti vient de plus en plus souvent et le dimanche, la fille aînée de Kar, Mantchini, fait la cuisine, si bien que la maisonnée en haut de la colline commence à ressembler à une vraie famille. Seule Zévilé, la cadette, y est rarement. Elle est différente, dit Kar, on sent qu'elle n'a pas été élevée par Pierrette. Tous ses enfants sont discrets, réservés, même Tanti, qui n'avait que quatre ans quand sa maman est morte. Ils savent garder un secret et ne demandent jamais rien. Zévilé est bavarde et mendie toujours des cadeaux.

Ce dimanche-là, Baaba, le frère de Kar, vient lui rendre visite. Il reste la journée entière, même s'il ne semble pas avoir grand-chose à dire. Shekna est parti tôt au stade Modibo-Keita, où il doit maintenir l'ordre pendant le match de football Mali-Ghana. Kar arrose ses arbres, ses plantes et ses briques, Baaba et Sambou discutent de tiercé. Nous prenons notre repas ensemble, puis Sambou et Baaba écoutent le match à la radio pendant que Kar fait la sieste. Il n'y a pas un souffle de vent et la chaleur dans la cour est paralysante. Je regarde vers les collines, où Abdoulaye a emmené paître les moutons. En haut, sous les manguiers, il doit faire frais. Mais autant renoncer à l'idée que quelqu'un m'accompagnera là-bas.

Je sens l'apathie des dimanches d'autrefois s'insinuer en moi. Pourquoi suis-je ici, qu'ai-je donc à y faire bon sang ! *Tu es trop pressée* – combien de fois Kar ne me l'a-t-il pas reproché. Moi qui suis pourtant une vraie limace ! Et quand je m'adapte à son rythme, qu'est-ce que j'obtiens en retour ? Ça ? Cette histoire qu'il va peut-être me raconter – je sais que je ne l'entendrai pas sur cette parcelle. Nous devrons quitter ce calme apparent. Partir pour Bandiagara.

Quand Kar se réveille, je suis totalement remontée. "Nous pourrions au moins aller faire un tour", dis-je. Il sourit à Baaba : "Tu entends ? La reine veut se promener !" Mais une fois que nous avons raccompagné Baaba au douroudourouni, il dépasse sans rien dire sa maison et regarde derrière lui en riant. "Tu avais envie d'aller là-haut, non ?" Il sait que les Européens aiment se promener, dit-il – à Paris, tout le monde flânait le dimanche.

En altitude souffle une brise légère. Assis sur une pierre, nous regardons en bas. A nos pieds s'étend le Niger – une étroite bande bleu ciel. "Il ne pleut pas assez, dit Kar inquiet, dire que certaines années, le Niger déborde de son lit et inonde toutes les maisons des environs !" Dès qu'il commence à pleuvoir à Lafiabougou, on ne voit plus personne dans les rues, car les gens n'ont pas d'imperméables et pas de chaussures non plus. Ils attendent que cela cesse, puis pataugent dans la boue, chaussés de babouches en plastique.

Quand je lâche le mot Bandiagara, Kar me regarde d'un air agacé. "Toi, tu veux toujours bouger ! Tu ne peux jamais rester tranquille quelque part ?

— Peut-être que Sambou pourrait m'accompagner ?"

Il réfléchit. "C'est possible, ce n'est d'ailleurs pas une si mauvaise idée. De toute façon, Sambou ne travaille pas lourd et il n'est pas allé sur la tombe de sa mère depuis des années." Tout en parlant, il observe attentivement sa maison. Le bélier, grimpé sur un mur, regarde dans la rue, où une vieille femme se fait huer par une bande de jeunes garçons. *"Tchatcho ! Tchatcho !"* Multicolore – le sketch à la télé a disparu, l'insulte est restée. En poussant des cris perçants, les garçons se dispersent quand la femme les prend en chasse. Mais dès qu'elle se retourne, tout recommence.

Un vélomoteur orange monte la colline à petite allure. A la hauteur de la fonderie, le conducteur bifurque et entre dans la cour de Kar. Un peu plus tard, une silhouette se tient dans l'encadrement de la porte et se met à gesticuler dans notre direction. "Mais c'est mon beau-frère, Mamadou !" Kar m'aide à me lever. "Allez viens. On va voir ce qu'il a à nous dire."

*

Ma proposition de partir pour Bandiagara avec Sambou s'avère un coup de maître. "Quand veux-tu y aller, au juste ?" me demande Kar un jour. Il ne parle pas de Sambou – il est clair qu'il a l'intention de m'accompagner lui-même. La construction de sa maison est momentanément interrompue et maintenant qu'il a une bonne, ses enfants peuvent très bien se passer de lui.

Cette fois-ci, nous partons de la grande gare routière sur l'autre rive du Niger. Le responsable de la société de transport reconnaît Kar et griffonne deux billets gratuits pour Mopti. Quand les portes du car s'ouvrent, nos noms sont appelés en premier. "Certaines personnes savent se comporter comme il faut, dit Kar tandis que nous prenons place au milieu du car. Après tout ce que j'ai fait pour mon pays, je devrais toujours voyager gratuitement."

Il a apporté sa glacière, qu'il avait reléguée dans un coin de sa chambre depuis notre retour de Kayes et dont le petit robinet ne fonctionnait plus très bien. Hier, il l'a démontée, vérifiée, rincée, puis il a nettoyé le filtre et décrassé l'extérieur, si bien qu'elle est en parfait état. Il la pose à ses pieds avec précaution.

Nous voyageons sous une bonne étoile. Ai-je remarqué la foule à la gare routière ? C'est le septième jour du mois lunaire – un jour idéal pour voyager. Ce qui ne nous empêche pas de tomber en panne à quinze kilomètres de Ségou. Quatre assistants se glissent sous le car, mais ne parviennent pas à remédier au mal. Le chauffeur annonce que nous devons attendre qu'un car vide vienne de Ségou nous chercher.

Nous descendons tous de voiture. Je prends mon foulard RFI dans mon sac, Kar se prépare un petit lit de feuilles sur lequel il s'étend avec satisfaction. "Nos ancêtres voyageaient jusqu'au Ghana à dos d'âne pour aller acheter des noix de kola, dit-il. Ça se passait très bien. Nous n'avons commencé à avoir des problèmes qu'avec l'apparition des cars et des voitures." Des passagers se sont installés à l'ombre d'un arbre, d'autres ont disparu dans les fourrés ou se promènent. D'après Kar, s'il y avait des Maures parmi nous, ils prépareraient du thé.

Nous arrivons vers deux heures à Ségou, où nous nous arrêtons au restaurant *Tanti, j'ai faim.* Kar emporte sa glacière et attire l'attention d'une femme qui vend de l'eau glacée. Soudain, le voilà reparti à jurer. Cent francs, elle lui demande, au lieu de dix, qu'est-ce qu'elle croit, qu'il est nigérian ou gabonais ? Il fait un tel esclandre que la femme finit par battre en retraite sous les regards accusateurs des autres passagers. "Voilà, dit Kar réjoui, elle ne recommencera pas, celle-là."

Un petit vendeur de journaux a observé la scène, les yeux écarquillés. Il demande timidement à Kar quand sa cassette va sortir. Kar lui pose le bras sur les épaules en riant et dans le quart d'heure qui suit, nous sommes assurés d'un fidèle serviteur qui repère une place pour nous à la terrasse du restaurant, va chercher de l'eau glacée et des plats, et enfin porte, rayonnant de fierté, la glacière de Kar jusqu'au car.

Après Ségou, nous nous engageons sur la route qui mène à Bandiagara. Il y a six ans, il a fait le même trajet : un maigre commerçant de Kayes, fatigué du long voyage en train, rempli de sombres pressentiments face à la catastrophe qui l'attendait. Il n'avait pratiquement pas un sou en poche, car sa boutique marchait mal – un détail que je ne tiens pas de lui, mais de Mamadou, le frère de Pierrette, qui s'était précipité à la gare routière de Bamako pour lui apporter un peu d'argent.

Mais les pensées de Kar ne s'attardent pas sur le passé. Comme toujours en voyage, il est plein d'énergie et de gaieté et fait profiter tout le monde de ses inspirations. Nous nous arrêtons dans un village où l'on fabrique des paniers colorés. Le chauffeur achète un petit avion en paille qui se balance à un arbre. "Hé, chauffeur ! Si on montait tous dans cet avion, ça irait bien plus vite !" lui lance Kar. Il traduit la conversation des hommes devant nous, qui parlent du choléra à Mopti, il rit d'une grosse femme à la langue si bien pendue que tout le monde dit que c'est une griotte. Il l'épie du coin de l'œil. "Ce genre de femme… il suffit qu'on les touche pour qu'elles se mettent à crier. Sans parler de…" Il aimerait traduire ce qu'elle dit, mais elle s'exprime en soninké. Le poular, le songhai – on parle dans ce car bien d'autres langues qu'il ne connaît pas.

A chacune de nos haltes, nous sommes entourés de femmes qui vendent des sacs en plastique contenant des fruits de karité. Tout le monde se bourre de ces fruits verts et mous et le sol est bientôt jonché d'épluchures. Une odeur rance s'élève dans le car. Je refuse poliment lorsque Kar m'en propose un. Depuis que j'ai mangé un jour une coupe de glace au karité, je garde le souvenir du goût âpre de la chair de ce fruit collant. Mais Kar en ingurgite une bonne quantité et, en un rien de temps, il en a englouti deux sacs entiers. D'après lui, les fruits de karité sont conseillés contre au moins quatre-vingt-dix-neuf maladies.

Les champs labourés des deux côtés de la route sont craquelés par la sécheresse. Ici aussi ! Kar n'avait pas idée de la gravité de la situation. "Quand on n'a pas vu ce qu'est la sécheresse, on ne peut pas l'imaginer", dit-il. Pendant la grande sécheresse du début des années soixante-dix, il vivait à Nioro. Les Maures passèrent la frontière à dos de chameau par centaines, les gens avaient le ventre ballonné de faim. Trois fois par jour, des camions arrivaient de Dakar chargés de sacs de vivres. *Le Mil rouge*, on l'appelait. Cela venait des Etats-Unis – le bruit avait couru que les Américains donnaient ces aliments au bétail.

A San, Kar sort du car en chancelant : les fruits de karité lui ont donné mal au ventre et il a une soif terrible. Nous buvons du Coca devant un stand au marché. Il semble bien connaître son chemin dans cette petite ville. "C'est parce que j'ai habité ici, dit-il.

— Ici aussi ?"

Il montre un arbre sur une place : les affiches qui annonçaient ses concerts étaient toujours placardées là. C'était en 1965 ; il était parti, comme Baaba, pour gagner de l'argent. Il transportait du poisson séché vers ce qui s'appelait alors la Haute-Volta et achetait des jeans et des vêtements d'occasion sur le chemin du retour. Quand ses affaires périclitèrent, il vendit à l'association pour la jeunesse de San la guitare électrique que son frère Kalilou lui avait donnée avant de partir pour Cuba et envoya l'argent chez lui.

Au moment de quitter la ville, Kar dit en regardant par la fenêtre : "Ici, j'ai connu une femme que je n'oublierai jamais." Il vivait avec un ami au premier étage d'un bâtiment qui donnait sur une grande cour. Un jour, il était sur son balcon quand il la vit marcher en bas. Elle était grande et mince, et elle avait ce teint clair et satiné des Peuls que les Maliens qualifient souvent de *rouge*. *Fanta rouge** – elle était réputée dans tout San pour sa beauté. Elle sortait rarement, car son mari était très jaloux.

La prochaine fois qu'il se pencha au-dessus de son balcon, il sentit qu'elle l'avait remarqué. Il n'était pas anonyme dans cette ville, il donnait un concert presque tous les samedis et on l'entendait quotidiennement à la radio. Peu de temps après, il la croisa au marché et elle lui sourit.

Il n'osait pas l'approcher par crainte de son mari, mais se tint de plus en plus souvent à son balcon pour la regarder. Toutes les femmes de San étaient à ses pieds, mais en bas de chez lui vivait une femme aussi désirable qu'inaccessible. Il ne parvenait pas à se l'expliquer, ils n'avaient jamais échangé un mot, mais au bout d'un certain temps, il sut qu'une histoire avait commencé entre eux. Quand un jour il réapparut à son balcon, elle se dirigea, un seau d'eau à la main, vers l'espace à ciel ouvert où l'on se douchait. Dans la cour, des femmes préparaient à manger et des enfants jouaient dans le sable. Personne ne vit ce qu'il vit : sans détacher ses yeux de lui, elle se déshabilla lentement.

Le soleil se couche au-dessus des champs desséchés et Kar regarde dehors en silence. "Je ne crois pas avoir jamais autant désiré quelqu'un de ma vie. Elle paraissait me comprendre, elle savait exactement ce que je voulais." Debout dans le réduit, elle commença à se caresser. C'était comme si elle faisait glisser ses mains sur son corps et qu'elle se donnait entièrement à lui.

Il devint totalement fou d'elle – il avait l'impression d'avoir couché avec elle alors qu'il ne lui avait pas même serré la main. Son colocataire était au courant de tout, et quand un jour, en se promenant en ville, ils faillirent se heurter à elle au détour d'une rue, il s'éclipsa discrètement. Kar serra la main de la femme. Il savait que son mari ne la laissait pas souvent sortir, lui dit-il, mais connaissait-elle le club où il jouait ? Au-dessus se trouvait une pièce où il aimerait un jour passer quelques heures avec elle. Les mots étaient lâchés avant même qu'il s'en rende compte ; il devait se dépêcher, tous ceux qui les voyaient ensemble au coin de la rue auraient pu le répéter.

Rien ne lui aurait fait plus plaisir, dit-elle, mais il y avait un problème… "Mon mari m'a travaillée", avoua-t-elle alors d'un ton bref.

Kar soupire. "Je me suis effondré de désespoir, sur le chemin du retour, mon ami a dû me soutenir, tellement j'étais brisé. Son mari l'avait travaillée !" Il me regarde. "Tu sais ce que ça veut dire ?

— J'imagine, dis-je prudemment.

— Quand une femme a été travaillée, son amant peut devenir impuissant ou tomber malade ou alors elle, elle peut attraper une maladie. En tout cas… quand un homme entend une chose pareille, il est tout de suite découragé."

Il a parlé dans le vide, totalement absorbé par son histoire. "*Fanta rouge**", elle s'appelait, dit-il rêveur.

Ah, c'est beau d'être jeune. J'ai beaucoup appris ces années-là. C'est parce que j'étais toujours en voyage – pas comme les jeunes d'aujourd'hui qui passent leur temps à regarder la télé et ne bougent jamais. Ils croient tout savoir, mais ne savent rien."

Il fait nuit à présent et le car s'arrête de plus en plus souvent pour déposer des passagers, si bien que Kar remarque astucieusement que nous sommes devenus un *douroudourouni*. Nous n'avons pas besoin d'aller jusqu'à Mopti, nous pouvons descendre à Sévaré puis prendre une voiture jusqu'à Bandiagara. "A moins que tu veuilles passer la nuit à Mopti...

— Non, non", dis-je. Mopti est une des attractions touristiques du Mali. Des pirogues colorées au bord du Niger, des mosquées en terre, un marché regorgeant d'étoffes – la ville n'est qu'à douze kilomètres de Sévaré, à n'importe quel autre moment, je n'aurais pas hésité. Mais maintenant...

Nous arrivons à Sévaré vers dix heures. Une demi-heure plus tard, nous nous retrouvons dans un break Peugeot déglingué, en route pour Bandiagara dans un entrechoquement de bouteilles de boissons fraîches et de bière. Le chauffeur devra poursuivre sa route le lendemain matin vers Sanga, au cœur du Pays dogon, pour approvisionner un hôtel. Kar dit que nous allons l'accompagner. "C'est ce que tu voulais, non ? dit-il en riant quand il voit mon regard étonné, vous les Européens, vous parlez toujours des Dogons, pas vrai ? Alors moi aussi j'aimerais les voir."

Les vitres de la Peugeot ne se remontent pas, de la poussière rouge pénètre à l'intérieur. J'attache mon foulard blanc RFI et Kar m'appelle *petite sœur*. Tandis que la voiture fonce à travers la nuit, nous nous endormons. La glacière à côté de nous se renverse, mais nous ne nous en apercevons qu'à notre réveil, quand un jeune homme passe sa tête par la fenêtre ouverte.

"Où allez-vous ?

— A Bandiagara", dis-je ivre de sommeil.

Il ouvre la portière. *"Eh bien, voilà* !"*

Il est minuit passé, mais pas moins de trois adolescents nous emboîtent le pas. Ils parlent de *guide, pays dogon, Sanga** et *pas cher**. Kar est trop fatigué pour protester. Tel un somnambule, il se dirige vers la maison en terre de Barou, le frère de Pierrette. C'est là qu'il était tombé sur les femmes en pleurs. Il prend nos sacs des mains des garçons, marmonne un au revoir et me précède dans une cour éclairée par la lune.

Nous sommes venus sans prévenir, mais ce n'est pas un problème dans un poste de brousse reculé comme Bandiagara. Après quelques allées et venues chaotiques, Barou est parfaitement réveillé. Il approche des chaises, tandis que sa femme Anta sort des matelas et des draps. Leurs enfants, qui dorment sur des nattes dans la cour, se retournent nerveusement dans leur sommeil et les moutons s'agitent dans leur coin. Il y a du vent et un des enfants a une vilaine quinte de toux. Je constate qu'il est entièrement nu, mais personne ne s'en préoccupe.

"Là-bas dans la brousse, ils font n'importe quoi", m'a dit le frère de Barou, Mamadou, avant mon départ. D'après lui, Pierrette était très faible après la naissance de Zévilé et elle continuait à saigner, mais Barou n'a pas eu l'idée d'en informer la famille. Peut-être n'avait-il pas d'argent pour téléphoner. Ce genre de situation était inconcevable, en ville, mais dans la brousse, cela se produisait souvent, surtout quand on devait s'en sortir – comme Barou – avec un salaire d'instituteur. Mamadou trouvait qu'il était grand temps que Barou revienne à Bamako, car à Bandiagara, il commençait à se transformer en un mouton de la brousse.

"Que penses-tu de Barou, on dirait un Peul, non ? dit Kar. Et là, il ne porte même pas son bonnet en tricot. Attends un peu de le voir demain !"

Barou rit. C'est un bon gars, comme l'a annoncé Mamadou. Son père était originaire de Bandiagara et après sa mort, Barou – qui était l'aîné – a considéré qu'il devait s'installer dans la maison familiale, alors qu'il connaissait à peine Bandiagara, tout comme ses frères et sœurs. Il vit ici depuis quinze ans. Les seules fois où il a dû se rendre à la capitale, il s'est senti profondément malheureux. Sa vie se déroule entre sa maison, l'école et la mosquée, il n'a besoin de rien de plus. Il n'y a pas d'électricité à Bandiagara – certains habitants possèdent un groupe électrogène ou une télé à piles. Dans son quartier, il y a une cour où tout le monde regarde la télévision, mais il ne sait même pas où elle se trouve.

Anta a apporté un seau d'eau dans le réduit où l'on fait sa toilette et m'indique que je peux me laver. Tandis que sous le doux éclairage de la lune, je m'asperge d'eau à l'aide d'un gobelet, je m'aperçois soudain que la palissade du côté de la rue est si basse que je suis à moitié nue dans le village. Je pense aux adolescents qui nous ont accompagnés jusqu'à la porte et m'estime heureuse de n'être pas venue en touriste, d'être associée à ceux de la cour.

De bon matin, Kar sort son porte-monnaie et envoie Barou chercher du Nescafé. Il revient avec deux minuscules sachets. "Que veux-tu qu'on en fasse ! s'écrie Kar, qui semble avoir oublié que lors de mes premières visites chez lui, il m'a aussi donné un de ces petits sachets. Il fallait acheter une boîte !

— Une boîte ? Mais ça coûte bien six cents francs ! proteste Barou.

— Exactement ! C'est ça qu'il nous faut !"

Tandis que Barou, vêtu de son boubou délavé et coiffé de son bonnet en tricot, attend la bouillie de mil au lait caillé que sa femme prépare, Kar annonce que nous partons pour le Pays dogon. Barou nous regarde, épouvanté. "A Sanga ? Aujourd'hui ?

— Oui, oui, nous allons faire un peu de tourisme. Toi aussi tu vas venir, parce que, à Bamako, tout le monde s'inquiète pour toi. Mamadou dit que tu deviens un *broussard**."

Barou hausse les épaules, l'air indécis. "Non, ça ne me dit rien, je préfère rester ici.

— Des gens viennent du monde entier pour voir les Dogons et toi qui vis à une quarantaine de kilomètres de chez eux, tu n'y es jamais allé !

— Pour quoi faire…"

Kar secoue la tête en riant. "Non, Barou, toi… Quand on n'a pas voyagé, on ne sait rien. Qu'est-ce que tu apprends aux enfants à l'école, au juste ? Allez viens, c'est les vacances, on part pour la journée !"

Anta a posé devant nous une calebasse remplie de bouillie de mil fumante et Barou me met une cuillère en bois dans la main. De la *crème**, appelle-t-il affectueusement ce plat. Grâce aux Peuls, on ne manque jamais de lait ici, dit-il en montrant son petit ventre rond. Ses enfants mangent rassemblés autour de leur mère. Il en avait huit, maintenant il n'en reste plus que cinq. Ai-je vu les traces de brûlures sur la tête de sa petite fille ? C'est une des jumelles qu'Anta a réussi à sauver d'un incendie dans la chambre des enfants, l'an dernier.

"La petite est une *sorcière**, dit Kar, elle a mangé sa jumelle !" Sa remarque me choque, mais Barou et lui rient. Seule Anta a l'air penaud. Plus tard, Kar me racontera qu'Anta a affirmé qu'elle était à la maison quand l'incendie s'est déclaré. Alors comment se fait-il qu'elle n'ait pas entendu les enfants pleurer ? D'après lui, c'est impossible sur une petite parcelle comme la leur. Peut-être avait-elle laissé brûler un encensoir en allant au marché et, à son retour, elle a trouvé la chambre en flammes. Evidemment, elle n'a pas osé avouer par la suite qu'elle avait laissé les enfants seuls.

La voiture wouya-wouya d'hier soir s'arrête devant la maison. Hésitant, Barou se lève. Kar est plus âgé que lui – il peut difficilement refuser son offre, mais il n'est pas très enthousiaste. "Tu as vu Barou ?" dit Kar, qui est monté à l'avant. En riant, il regarde le petit personnage soucieux sur la banquette arrière. "Barou, *chef de famille** !"

Des maisons en terre, des chemins de sable sur lesquels des hommes font avancer des vaches et des moutons – si les livres d'Amadou Hampâté Bâ ne m'avaient pas fait connaître Bandiagara comme une ville à l'histoire mouvementée, je serais persuadée d'avoir échoué dans un coin perdu. Kar me montre un bâtiment jaune. "C'est là que vivent les sœurs italiennes." Elles se sont occupées de Zévilé quand Pierrette s'est avérée trop faible pour lui donner le sein, elles ont fourni à Pierrette les médicaments qu'il a trouvés dans sa chambre après sa mort. "J'ai reçu quarante cartons de lait quand je suis parti pour Bamako avec Zévilé. Quarante cartons, tu imagines, et tout ça gratuitement !" Mamadou m'a déjà parlé, lui aussi, du lait des bonnes sœurs. S'ils n'en avaient pas eu, Zévilé n'aurait peut-être pas survécu.

Pas d'argent pour téléphoner, ni pour acheter des médicaments ou du lait – jusqu'à présent je ne m'étais pas vraiment rendu compte à quel point ils étaient pauvres à l'époque. Kar rapporta aux sœurs les médicaments qui restaient. Il y en avait bien pour trente mille francs.

Je ressens une empathie de plus en plus forte pour la défunte Pierrette. Sa mort a suscité tant de chagrin, mais ne faut-il pas y voir le résultat d'une négligence ? Kar taquine Barou pour sa simplicité et sa naïveté, mais il a pourtant bien laissé sa femme mourir chez lui ! Or visiblement, Kar n'éprouve pas de rancœur et ne lui attribue aucune responsabilité dans sa mort.

A Bamako, j'ai rencontré un médecin français qui avait fait des recherches sur les morts de femmes en couches, à l'intérieur du Mali. Etre sage-femme dans une maternité était un symbole de prestige, disait-il, on n'avait pas besoin de posséder la moindre compétence. Pendant leur grossesse, les femmes étaient à peine contrôlées et beaucoup mouraient après l'accouchement d'une perte de sang trop abondante, ce que l'on pouvait éviter facilement avec un peu de savoir-faire. Quand j'en ai parlé à Kar un jour et que je lui ai demandé si c'était peut-être aussi le cas pour Pierrette, il a dit d'un air absent : "Non, non, pour Pierrette, c'était encore autre chose."

Et Pierrette ? N'a-t-elle pas senti venir sa mort ? Pourquoi n'a-t-elle pas essayé de prévenir son mari ? "Pierrette était très croyante, m'a dit Mamadou. Quand ses forces ont diminué… peut-être qu'elle pensait que c'était la volonté de Dieu."

Mais comme cela arrive souvent, les versions divergent. Quand, à brûle-pourpoint, je demande à Barou si Pierrette savait qu'elle allait mourir, il dit : "Non, les derniers jours peut-être, mais avant… Elle se sentait un peu faible, mais sinon tout allait bien. Elle avait presque dépassé les quarante jours risqués après l'accouchement quand brusquement elle a ressenti de fortes douleurs dans le ventre. Deux jours plus tard, elle était morte." C'est comme l'histoire des jumelles dans la chambre en feu : ils l'ont modifiée.

Mamadou avait été surpris quand Pierrette, en route pour Bandiagara, s'était soudain retrouvée devant sa porte avec Mantchini, Abdoulaye et Tanti – à l'époque, Sambou et Shekna faisaient déjà leurs études à Bamako. "Pourquoi vas-tu à Bandiagara maintenant, demanda-t-il, l'année scolaire vient de commencer !" Les affaires à Kayes marchaient mal, avait-elle dit, il n'y avait pas d'argent – elle espérait que les enfants et elle pourraient se reposer à Bandiagara. Il ne savait pas qu'elle était à nouveau enceinte.

Une autre chose la chiffonnait, mais il ne parvint pas à savoir quoi. Pierrette n'était pas le genre de personne à imposer ses problèmes aux autres. A la gare routière, elle avait pleuré. *Occupe-toi de mes enfants, Kar va essayer d'aller en France.* Il avait à peine prêté attention à ces mots, mais il allait s'en souvenir plus tard. "C'était comme si elle savait qu'elle allait à la rencontre de son destin", avait-il dit avec cette même résignation que tout le monde adopte pour parler de sa mort.

"Pourquoi l'as-tu laissée partir, lui ai-je demandé, pourquoi n'as-tu pas essayé de la retenir à Bamako ?

— Mais comment aurait-elle survécu ici ? J'étais célibataire, je commençais tout juste à travailler, je louais une chambre quelque part – je n'avais rien à lui offrir." La vie à Bamako coûtait cher, disait-il. A Bandiagara, Pierrette n'aurait pas de loyer à payer et il y avait toujours du lait et de la viande pour les enfants.

Nous sommes arrivés dans une région rocheuse et Barou écarquille les yeux. Voilà les petites femmes dogons au teint bistre qu'il croise toujours au marché de Bandiagara. Les tomates qu'elles vendent sont les plus grosses de tout le Mali. Viennent-elles de si loin en portant leurs lourds paniers sur la tête et doivent-elles refaire tout le chemin le soir ? Il n'en revient pas.

La Peugeot dans laquelle nous roulons appartient à l'hôtel *Femme Dogon**, un des deux hôtels de Sanga, et nous voilà soudain intégrés à l'industrie touristique locale. Nous pourrons rentrer avec lui tout à l'heure, dit le chauffeur. Ce qui signifie que nous avons tout juste le temps de faire ce qui s'appelle un *petit tour** au village dogon de Banani.

La bouteille d'eau que nous achetons au restaurant de l'hôtel coûte mille francs. Barou nous regarde sans comprendre. Au mur est affiché un poster *Coca-Cola un jour, Coca-Cola toujours**. Qu'on paie pour une boisson fraîche, d'accord, mais pour de l'eau ? Kar lui tape sur l'épaule en riant. "Mais oui, Barou, nous sommes devenus des touristes !" Notre guide nous revient à quatre fois ce montant – nous nous gardons bien de le lui dire.

Nous grimpons à pied en haut d'un sentier rocailleux de plus en plus étroit. Le soleil brille sans merci et, bientôt, de la sueur perle sur le front de Barou.

317

"Où allons-nous, en fait ?" Le guide pointe dans une vague direction. "Si loin ?" Il s'arrête de plus en plus souvent pour se reposer. Des Dogons portant du bois et des sacs de farine sur le dos nous croisent d'un bon pas. "T'as vu ça !"

Voilà les célèbres petites maisons que les Thélèmes, dans un lointain passé, ont creusées dans la falaise. Ils vivaient de la chasse et de fruits sauvages qu'ils cueillaient dans les bois. Quand les Dogons – qui sont cultivateurs – ont commencé à abattre les forêts, les Thélèmes sont partis. Maintenant, seul le *hogon*, le doyen d'âge du village, vit encore dans la falaise et les morts sont hissés jusqu'en haut par des cordes en écorce tressée.

Nous observons la paroi, de structure alvéolaire. "Dire que des gens s'engouffraient par ces ouvertures, s'exclame Kar impressionné, elles ont l'air d'être à peine assez grandes pour un petit oiseau !" Le guide nous montre où vit le hogon. Dès qu'on l'a élu, on le hisse en haut et il ne redescend plus jamais. Nous essayons de déceler un signe de vie, mais ne voyons rien. D'après le guide, tout se fait à l'abri des regards humains, le hogon vit entièrement seul. Il n'y a que les vieux du village qui lui rendent parfois visite pour lui demander conseil.

"Mais qu'est-ce qu'il mange alors, demande Kar, et comment il se lave ?

— Une jeune fille du village lui prépare ses repas, explique le guide, et tous les matins, un serpent le lèche pour le nettoyer. Le jour où le serpent ne viendra plus le laver, il saura qu'il va mourir."

Je n'en crois pas mes oreilles, mais Kar et Barou acquiescent, satisfaits. De la part d'un peuple qui vit dans des nids d'oiseau, on peut s'attendre à bien d'autres bizarreries. "Il faut que t'écrives ça, me dit Kar, ça, ce sont des informations intéressantes !"

Au loin on distingue Banani, un joli village formé de maisons minuscules et de silos en terre aux toits coniques en paille, où l'on stocke le mil. *"Ah non, le Dieu a travaillé* !* soupire Kar. J'avais déjà beaucoup entendu parler des Dogons, mais il faut le voir pour le croire."

Barou a découvert là, en bas, un petit marché où l'on vend des souvenirs et qu'ont pris d'assaut une quinzaine de Blancs. Ils sont là depuis une semaine déjà, dit le guide – ils sont venus vivre un certain temps avec les Dogons. "Comment sont-ils arrivés là ? demande Barou, je ne vois nulle part de route où une voiture…

— A pied évidemment, dit le guide. Attends, tu vas te rendre compte par toi-même, parce que nous y allons, nous aussi." Tout en bas ! Barou nous lance un regard de reproche. S'il avait su ! "Tu n'es pas encore fatiguée ?" me demande-t-il, plein d'espoir. Quand je lui fais signe que non de la tête, il dit : *"Les Blancs aiment souffrir*."*

Le village me rappelle le musée en plein air de Bokrijk où, quand j'étais enfant, mes parents m'emmenaient et où des faux paysans en sarrau bleu se réchauffaient près de l'âtre dans des fermes du XVIIIe siècle. Ici, sous des auvents, des hommes tressent des cordes d'écorce tandis que plus loin, un plat typiquement dogon mijote sur un feu de bois. Dans la *maison des règles**, où les femmes se retirent lors de leurs menstruations, deux jeunes filles nous regardent d'un air malheureux. Pendant cinq jours, elles vivent dans l'isolement le plus total, explique le guide. J'ai honte de m'immiscer ainsi dans leurs vies, mais Kar et Barou observent la scène avec intérêt.

Sur le chemin du retour vers Bandiagara, nous apercevons deux hommes masqués, vêtus d'une parure colorée, qui courent à travers les vergers d'arbres de karité. L'espace d'un instant, j'ai l'impression qu'on nous offre un spectacle gratuit, en plus de notre *petit tour**, mais le chauffeur nous assure de leur authenticité. Les hommes ont pour tâche de protéger les vergers car, en cette saison, les gens ne volent pas seulement les fruits, mais aussi le bois. Kar approuve d'un signe de tête : ils font le même travail que les gardes forestiers.

Barou est soulagé de se retrouver chez lui, où en compagnie de plusieurs voisines, Anta trie des arachides dans la galerie. Au milieu de leur conversation et de leurs rires, il s'endort sur un matelas. Plus tard, un collègue de l'école vient lui rendre visite et Barou raconte avec force détails les choses étonnantes qu'il a vues. Les Dogons ont la vie dure, il en est profondément convaincu. Toute cette escalade le long des petits sentiers rocailleux, non – il peut s'en passer. Et ce chemin qu'ils doivent parcourir pour arriver à leurs petits lopins de terre !

"Il n'a pas encore plu, là-bas non plus ?" demande son collègue.

Barou secoue la tête. "Non, c'est archisec.

— Il faudrait que vous sortiez un peu le vieux au soleil, comme ça la pluie va tomber toute seule", dit le collègue en indiquant une petite pièce. Pour la première fois, j'apprends qu'une autre personne vit ici. C'est un vieil oncle éloigné de Barou, dont les enfants, très occupés, vivent à Bamako. Ils viennent rarement le voir et, depuis un certain temps, le vieil homme supplie Barou de l'emmener à Bamako pour voir ses enfants. "Alors qu'il ne peut même pas aller aux toilettes tout seul !"

Plus tard dans l'après-midi, Barou apparaît soudain avec lui dans l'encadrement de la porte. *"Le monstre est sorti* !" lance-t-il tout en le poussant devant lui comme un automate, vers les toilettes. Je suis surprise par son manque de respect, mais Kar et Anta n'en peuvent plus de rire.

"Tu sais ce qu'il fait ? dit Kar une fois remis de son fou rire. Il le lave." Il regarde dans la direction où Barou a disparu. "Peu de gens en feraient autant, dit-il rempli d'admiration, Dieu le récompensera."

A la tombée de la nuit, Kar ne s'est toujours pas rendu sur la tombe de Pierrette. A-t-il envie d'y aller seul ? Ou un jour de la semaine serait-il plus propice qu'un autre, de même qu'il vaut mieux cueillir le jeudi les feuilles de l'arbuste aux pouvoirs curatifs qui pousse sur son terrain, et distribuer les aumônes le vendredi ? Je ne lui demande rien – le moment venu, je le saurai.

Un calme bienfaisant règne entre nous ces derniers jours. L'époque où chaque mot, chaque geste pouvait entraîner un violent malentendu semble révolue. L'effet Kayes se fait à nouveau sentir : à Bandiagara, nous sommes des citadins qui avons beaucoup voyagé et la naïveté de Barou nous rapproche, tout comme la nonchalance de Maciré. Barou, il ne connaît pas le mal, dit Kar – même quand on lui donne un coup de pied.

"Au fait, où peut-on regarder la télé dans le quartier ?" demande Kar après le repas. Ce soir, il y a une émission musicale où l'on passe souvent son clip. Barou demande à un petit voisin de nous accompagner.

Nous arrivons dans une cour où une cinquantaine de personnes sont assises devant un téléviseur. Kar regarde l'écran, surpris. "Ça fait déjà plusieurs jours qu'ils ont diffusé cette émission." Il s'avère que Bandiagara ne reçoit pas les images de la télévision malienne ; tous les matins, une vidéo qui contient les programmes de la veille est envoyée de Ségou à Mopti. Là-bas, on la copie et on la diffuse dans toutes les directions. Mais Mopti a une politique singulière en la matière ; quand un programme ne lui plaît pas, elle le remplace par un enregistrement vidéo de son choix. Si bien qu'au bout du compte, sous la lune croissante à Bandiagara, nous assistons à un épisode très endommagé de *Derrick*.

"Toi, tu peux rester à la maison", dit Kar quand, le matin, Barou se prépare à nous escorter dans Bandiagara, mais il ne veut rien entendre : aujourd'hui, c'est lui notre guide. Il a les jambes un peu raides après notre voyage devenu entre-temps légendaire au Pays dogon, mais il y met vraiment du sien. A tout bout de champ, il nous attire dans une maison où nous nous arrêtons pour saluer quelqu'un, car il ne peut marcher le cœur tranquille dans Bandiagara sans nous avoir présenté le chef du village, le marabout, le directeur de l'école, les membres de la famille d'Anta et de la sienne. Des vieillards respectables vêtus de larges boubous et coiffés de chapeaux pointus en paille sont réunis dans les pièces à l'avant de leur maison ; leurs lunettes ont beau tenir grâce à du sparadrap et des élastiques, et les matelas sur lesquels ils s'assoient sont sans doute sales et usés, ils n'en rayonnent pas moins de sagesse et de dignité.

Partout, Barou présente Kar comme le veuf de sa sœur Pierrette qui est morte à Bandiagara. La plupart des gens se souviennent du drame et les femmes, surtout, réagissent avec émotion. Elles portent leurs mains à leur front, invoquent Dieu, agrippent Kar et demandent si le bébé a survécu. Quand Kar leur dit que Zévilé est maintenant en première année d'école élémentaire, elles s'écrient "*alhamdu lillah*, Dieu soit loué", et s'enquièrent de ses autres enfants.

Kar n'aime pas le protocole ; entre une maison et une autre, il ne cesse de pester contre Barou, mais cela ne l'empêche pas de le suivre docilement et de recevoir les condoléances tardives en acquiesçant, tête baissée.

Les ancêtres de Barou étaient des disciples d'El Hadj Omar Tall, le conquérant toucouleur qui, au siècle dernier, vint de ce qui est aujourd'hui le Sénégal avec son armée pour étendre à l'est l'influence de l'islam. Après sa mort, ils suivirent jusqu'à Bandiagara son neveu Tidjani Tall, qui y fonda la capitale du royaume toucouleur. Barou nous conduit à l'ancien palais d'Aguibou, le fils de Tidjani Tall. De la propriété protégée par des murs d'enceinte, il ne reste plus que la façade en terre, mais un projet de restauration existe. L'an dernier, le ministre de la Culture a posé la première pierre. "Et ça en restera là pour l'instant", dit Barou à regret.

"C'est certain, dit Kar, dans la capitale, ils auront sûrement une meilleure idée pour dépenser cet argent."

Sur les portes des boutiques sont collées des affiches aux grosses lettres noires qui mettent en garde contre le choléra et où l'on exhorte la population à maintenir les toilettes propres. Barou, qui dans son boubou décoloré ressemble à un ange déchu, passe devant avec insouciance, voletant vers le prochain site.

Nous nous arrêtons devant le lit de ce qui, à la saison des pluies, est un fleuve. Des femmes ont creusé à la main des cuvettes dans le sable pour faire surgir des flaques d'eau où elles font la lessive. Un peuple qui extrait de l'eau du lit asséché d'un fleuve – c'est triste à voir.

Le quartier le plus aisé de Bandiagara est baptisé le *quartier millionnaire**. "Qui habite ici ?

— *Oh, les gens des projets**", dit Barou. Des gens qui participent à des projets de développement – à l'intérieur des terres en Afrique, c'est une classe dont on parle avec un respect croissant. "De quels projets s'agit-il ?"

Barou rit. "Je vais vous montrer tout de suite !" Plus tôt ce matin, il nous a fait visiter son école, un ensemble de petites bâtisses pitoyables aux volets en fer à la place de fenêtres. Quand il pleut à Bandiagara, on ferme les volets et les enfants restent dans le noir, si bien que les cours s'arrêtent d'eux-mêmes. Heureusement, pendant ses études en Suisse, le directeur de l'école s'est lié d'amitié avec quelques généreux autochtones qui lui envoient chaque année du matériel scolaire et des vêtements d'occasion, sinon aucun élève n'aurait de cahier pour écrire et pas un instituteur n'aurait de pantalon à se mettre, car lorsque les vêtements arrivent, le corps enseignant a bien entendu le premier choix.

A présent Barou nous emmène au bâtiment où s'installera bientôt l'Inspection régionale de l'Education. Il franchit respectueusement le portail, nous montre le gigantesque groupe électrogène dans la cour, nous précède dans les couloirs déserts et ouvre une à une les portes de pièces vides.

C'est un projet allemand. Le directeur a fait construire une villa dans le quartier millionnaire, mais il n'est jamais là – il est trop occupé à aller et venir entre le Mali et l'Allemagne.

"Oh là là !" dit Kar quand Barou ouvre la porte de la *Salle de conférences**, où une grande table poussiéreuse attend les honorables participants, "ces gens-là vont tous dépenser un paquet d'argent. Ça va faire des jaloux ! Tous les marabouts de Bandiagara et des alentours devront fabriquer des gris-gris pour les protéger."

En riant sous cape, Kar et moi visitons cette usine de bonnes intentions, mais Barou a l'innocence de l'enfant qui vient de naître. N'est-ce pas un magnifique bâtiment ? Toutes les pièces ont l'air conditionné ! Il veut aller chercher une clé chez le gardien pour nous montrer une autre salle vide, mais Kar pose le bras sur ses épaules fluettes et dit : "Assez, Barou, assez ! Nous avons tout vu !" Il m'adresse un clin d'œil. "Barou ! Il est capable de nous faire faire un détour pour trois fois rien, pour une petite tomate qui pousse quelque part ! Il pense que nous sommes aussi enthousiastes que lui, que nous n'avons jamais pris l'avion !"

Sur le chemin du retour, Kar et Barou parlent d'un habitant de Bandiagara qui avait amassé une fortune en Côte-d'Ivoire. Il s'appelle Tembely, il était devenu si riche et influent que même le président Houphouët-Boigny était de ses amis. Un jour, il a décidé de faire construire à Abidjan une villa pour épater tout le monde. Quand elle fut prête, il donna une grande fête à laquelle il invita tous ses amis. Ses hôtes visitèrent sa maison comme un musée, ils admirèrent le sol de marbre, les lustres en cristal, les trouvailles architectoniques, les tableaux sur les murs. "Alors, qu'en pensez-vous ?" demanda Tembely quand, à la fin de la soirée, il ne resta plus que quelques amis intimes – dont le président. Tout le monde exprima son admiration, seul Houphouët-Boigny restait silencieux.

Finalement, Tembely, quelque peu intimidé, lui demanda s'il avait une remarque à faire. "C'est une belle maison, dit Houphouët-Boigny, mais quelque chose ne va pas.

— Comment ? s'écria tout le monde étonné et indigné. Mais quoi donc ?"

Le président s'interrompit un instant, comme plongé dans ses pensées. "Les fondements sont mauvais.

— Comment ça ! protesta l'architecte vexé, les fondements n'ont aucun défaut – le sol est parfait, nous avons tout étudié au préalable !"

"Ce n'est pas ce que je veux dire", précisa le président. Il se tourna calmement vers Tembely. "Cette maison n'est pas construite sur le bon sol. Pourras-tu l'emporter quand tu retourneras au Mali ? Non. Tu aurais dû la construire au Mali, pas ici."

C'est Kar qui a raconté l'histoire, comme s'il avait assisté à cette conversation entre amis. Sa voix vibre d'une étrange intensité, qui m'amène à tendre l'oreille. "Et que s'est-il passé ?

— La même semaine, Tembely a envoyé deux camions de médicaments à Bandiagara et, peu de temps après, il a commencé à bâtir une villa ici." Quand elle fut terminée, des gens vinrent de loin pour la voir. "Depuis, des villas bien plus luxueuses ont été construites au Mali, mais dans les années soixante-dix, c'était la plus belle de tout le pays. On en entendait parler jusqu'à Kayes !"

Après la sieste, Barou nous y emmène. A travers la grille en fer bleu autour de la propriété, nous épions à l'intérieur. C'est une villa des années cinquante, une villa sortie d'un film de Jacques Tati, remplie de trouvailles et de frivolités. Dans le jardin, des lampadaires entourent des bassins peints en bleu ciel, dans la galerie sont suspendus des lustres de verre qui cliquettent doucement dans la brise. "Autrefois, le soir, tout était baigné de lumière", dit Barou qui s'est mis à chuchoter sans s'en apercevoir. Tembely n'était pas là souvent, mais quand il venait, les habitants de Bandiagara l'attendaient à l'entrée de la ville et l'escortaient en triomphe chez lui. Il organisait des fêtes magistrales, pendant lesquelles des rues entières étaient fermées et les meilleurs cavaliers de la région poussaient leurs chevaux aux acrobaties les plus invraisemblables. Dans le jardin zoologique derrière sa maison, il conservait des tortues géantes et des oiseaux rares provenant de Côte-d'Ivoire.

Mais à présent, l'argent de Tembely s'est *gâté*, comme celui de Baaba, le frère de Kar, et sa maison est dans un état lamentable. Les lustres dans la galerie pendent de travers, les bassins sont vides et pas un seul animal n'a survécu. Tembely vit maintenant à Bamako et n'est pas revenu depuis des années. Barou se demande même s'il n'a pas vendu son groupe électrogène.

"Allez, on s'en va, dit Kar, las de jouer au garnement qui regarde à travers les barreaux de la grille.

— Non, non, dit Barou avec précipitation, ce n'est pas fini ; nous n'avons pas encore visité l'intérieur !"

A l'arrière de la propriété, là où logeait le personnel, un gardien, sa femme et ses enfants sont restés. Le contraste avec la façade de la maison est édifiant. Nous entrons dans une cour africaine : entre des poules et des moutons, une femme fait la cuisine, assise devant un feu de bois. Le gardien va chercher un trousseau de clés suspendu à un mur, puis il nous conduit en silence vers la porte de la cuisine. Il nous mène docilement d'une pièce à l'autre et attire parfois notre attention sur un détail qui autrement nous aurait échappé. Tembely a deux femmes, dit-il en nous montrant la grande chambre à coucher où son maître dormait avec l'une, tandis que l'autre passait la nuit dans la chambre voisine.

Quelque peu gênée, je regarde le lit. Du kapok s'échappe de trous dans le matelas. Mais Barou évolue dans la maison comme s'il était chez lui ; de toute évidence, il n'en est pas à sa première visite dans ce musée des rêves envolés. Autrefois, un portrait de Tembely était accroché dans le couloir, dit-il ; le gardien doit l'avoir changé de place.

Au début, Kar n'avait pas envie d'entrer – il n'aime pas fourrer son nez dans les affaires des autres. Mais maintenant, lui non plus n'a pas assez de ses yeux pour voir. Dans le salon plongé dans la pénombre, au milieu des meubles italiens poussiéreux aux volutes clinquantes et dont la dorure s'écaille, il secoue la tête. "*L'argent est mauvais**", dit-il, je l'ai constaté pour Baaba – ça n'attire que des ennuis.

— Que va devenir cette maison ?" Il me paraît peu probable que quelqu'un revienne y habiter, que Tembely se recouche jamais sur ce matelas déchiré. Mais d'après Kar, tout est encore en parfait état – il suffit que quelques personnes se mettent à nettoyer. "Ce qui compte, c'est que Tembely l'ait construite. Au cas où les choses tourneraient mal à Bamako, il sait qu'il peut toujours venir ici. Si seulement Baaba y avait pensé à ses heures de gloire, il ne serait pas devenu locataire !"

Cette nuit-là, je rêve qu'on me gifle d'une main glacée. Je me redresse en sursaut : il pleut ! Tout le monde traîne son matelas jusqu'à la galerie ; en un rien de temps, la cour s'est transformée en bourbier. Plus tard, quand je me lève pour aller aux toilettes, je dérape sur la gadoue.

"Que se passe-t-il ? demande Kar, alarmé.

— Rien, rien", lui dis-je, sachant qu'il déteste ce genre de maladresses. Je prends le broc en plastique posé sous l'arbre et me rince les jambes. Mais Barou a tout vu. "Elle a glissé ! Et pas qu'un peu !"

A mon grand étonnement, Kar éclate de rire. "Et ça, ce n'est rien, dit-il, Pierrette a glissé une nuit – elle était couverte de boue !" Barou était aussi à Kayes à l'époque. Pierrette avait des bleus partout, se souvient-il, mais pendant des jours, ils riaient encore en se rappelant l'incident.

Même une fois recouchée, j'entends les rires se poursuivre un certain temps. Je suis agréablement surprise de la manière dont ils ont évoqué Pierrette. C'est comme si elle était parmi nous cette nuit, comme si le chemin qui mène à elle était enfin aplani.

C'est dimanche et les cloches de l'église de la mission retentissent. "Tu entends le klaxon des Blancs ?" demande Kar. Il a déjà fait ses prières tôt ce matin, mais à présent il se relave les mains et le visage, retire ses chaussures et humidifie ses pieds à travers ses chaussettes. Il ne dit rien, mais je me doute qu'il se prépare pour notre visite tant attendue au cimetière.

Barou nous accompagne. Le cimetière n'est pas loin de la maison, derrière le nouveau *projet** italien, un hôpital où l'on exerce la médecine traditionnelle. D'après Kar, ils ont un groupe électrogène. J'ai déjà l'esprit tout à la visite de la tombe de Pierrette, mais Kar parle encore de la glace pour la glacière, que Barou pourra venir chercher ici plus tard.

C'est un cimetière comme j'en ai déjà tant vu dans ces contrées. Tout y est sens dessus dessous ; ici un entassement de pierres, là un morceau de bois planté dans la terre. Quand on a l'habitude des cimetières aux tombes ratissées, aux petites lampes d'autel vacillantes et aux photos des morts cernées de noir, il y a de quoi se sentir dépaysée. Mais Kar et Barou se retrouvent parfaitement dans ce dédale et me tirent de côté quand, par inadvertance, je marche sur une tombe. Nous passons devant une pierre tombale en ciment, ce qui d'après Kar est contraire à la tradition islamique. "Quand tu es mort, c'est une affaire entre Dieu et toi."

L'endroit où Pierrette est enterrée est délimité par quelques cailloux et un cactus. Kar ôte ses chaussures, s'agenouille sur le sable, se penche en avant et commence à prier. Il récite des versets du Coran qui doivent apporter le repos à l'âme de Pierrette, chuchote Barou. Tandis que je reste là, debout sans bouger, une triste mélodie me revient. *Où est mon Kalilou ? Où est ma Badialo ? Où est la femme qui a porté mes enfants ? Pierrette, que la terre te soit légère*. Au-delà de Kar, je vois les morceaux de bois plantés dans le sol du cimetière tels des bras et des jambes désespérément dressés vers le ciel. Pierrette avait à peine quarante ans quand elle est morte – elle était plus jeune que moi aujourd'hui. Un sentiment de révolte m'envahit de nouveau. Sa mort n'aurait-elle pas pu être évitée ?

Kar s'est à moitié relevé et pose la main droite sur la tombe de Pierrette en marmonnant doucement. Puis il se lève, prend quelque part un morceau de bois et l'enfonce dans le sol, comme pour marquer sa visite.

Nous rentrons à la maison par un autre chemin. On est obligé quand on revient du cimetière, disent-ils, bien qu'aucun d'eux ne sache pourquoi. C'est ce que leurs parents leur ont appris, et ce qu'ils transmettront à leurs enfants. Plongés dans nos pensées, Kar et moi marchons l'un à côté de l'autre, mais Barou a déjà une idée pour la prochaine excursion. Ne m'a-t-il pas entendue parler hier d'Amadou Hampâté Bâ, est-ce que je sais que sa veuve vit ici ? Si on allait la voir ?

J'hésite, mais Kar, qui depuis des semaines m'entend citer à tout propos le nom de l'écrivain, estime que je ne dois pas laisser passer l'occasion. Surexcité, Barou trotte devant nous à travers les ruelles étroites. J'essaie de me souvenir de l'histoire familiale compliquée d'Hampâté Bâ. Il connaissait à peine son père, sa mère s'étant vite remariée. Enfant, il était bringuebalé à droite et à gauche. Les trente dernières années de sa vie, il avait surtout vécu en Côte-d'Ivoire, où il avait exercé successivement les fonctions d'ambassadeur, de fonctionnaire de l'Unesco et de conseiller du président Houphouët-Boigny. Dans quelle famille sa veuve se sera-t-elle retrouvée ?

Nous pénétrons dans une grande cour, où des femmes pilent le mil et un jeune homme assis en tailleur lit le Coran. En prenant une petite allée blanchie à la chaux, nous arrivons à une aile de la maison. A l'intérieur, une Peule fluette est assise par terre, enveloppée dans une impressionnante superposition d'étoffes. Elle doit avoir quatre-vingts ans passés, mais n'a rien perdu de sa grâce. On déroule un tapis en plastique pour Kar et Barou, quant à moi je m'assois sur un petit tabouret. Tandis que Barou se lance dans des formules de politesse en poular, je jette furtivement un coup d'œil autour de moi. Une partie de la maison s'est effondrée, comme cela se produit si facilement avec les constructions en terre. Posée à côté du service à thé, une affichette pliée en quatre de la campagne contre le choléra sert à saisir la théière sans se brûler. Par la porte ouverte de la chambre, je vois un lit couvert d'une pile de vêtements. Rien ne trahit cette autre vie, plus riche, qu'a vécue Hampâté Bâ.

Mme Hampâté Bâ s'est levée ; elle souhaite nous montrer quelque chose. Elle prend les clés de son *magasin** et revient avec un dépliant biographique que les Sénégalais ont conçu sur la vie de son mari. Est-ce tout ce que l'on peut trouver sur lui à Bandiagara ? Elle acquiesce. Les autres documents sont dans la maison de ses enfants à Bamako, me fait-elle dire par l'intermédiaire de Barou.

"Il a dû se passer un drame dans la famille, dit Kar songeur, une fois que nous nous retrouvons dans la rue. Autrement, comment se fait-il que les enfants d'Hampâté Bâ n'ont pas réparé la maison familiale et que leur mère vit dans un coin reculé de la parcelle !"

C'est pour lui un véritable cheval de bataille. Un jour d'ailleurs, nous nous sommes violemment disputés à ce sujet. Les enfants doivent vénérer le lieu de leur naissance et s'occuper de leurs parents jusqu'à leur mort, avait-il dit. Pourquoi n'iraient-ils pas vivre ailleurs et mener leur vie à eux ? lui avais-je rétorqué. "En Europe, c'est peut-être normal, mais pas ici, avait-il argumenté, sans la bénédiction de ses parents, un Africain ne fait rien de sa vie."

Quand je lui avais demandé comment sa vieille mère avait réagi à son départ pour la France, il était entré dans une rage singulière. "Comment peux-tu me demander une chose aussi stupide ! Quand tu m'as rencontré, j'étais locataire, peut-être ? Sans un sou pour m'acheter à manger ou des cigarettes ? Non ! Alors ? Sans la bénédiction de ma mère, je n'aurais jamais gagné de l'argent en France et je ne posséderais pas de maison aujourd'hui !" Lui avais-je apporté une seule fois un paquet de cigarettes ? N'importe qui d'autre l'aurait fait depuis longtemps, mais cela ne me venait même pas à l'esprit, et en plus j'osais insinuer que sa mère... Il ne décolérait pas – j'étais totalement perplexe. En bambara, on ne demandait jamais une chose pareille, disait-il, à moins de voir quelqu'un mener une vie de clochard. Depuis cet incident, j'ai cessé de défendre mes vaines convictions.

"Quand il y a des désaccords au sein d'une famille, personne ne fait réparer la maison et elle tombe en ruine, dit Barou. D'après un proverbe bambara, les querelles familiales détruisent même les maisons en ciment."

Elle ne croit pas à ce genre de choses, dit Kar en me souriant. Si on lui montrait la maison de l'ancien ministre et de son frère ? Peut-être qu'elle comprendrait ce qu'on veut dire."

Ils me conduisent vers ce qui ressemble à un terrain vague. Kar me montre une petite surélévation : les restes d'un vieux mur. Le ministre était écrivain et homme politique, son frère un chef religieux. Ils se sont tellement disputés que la famille s'est divisée et chaque branche est partie de son côté.

Je pense à la maison natale de Kar, à Kayes. Je vois Maciré assis dans la galerie envahie par la pluie, au milieu des bassines en plastique, et les murs couverts de traces de boue de haut en bas. L'auvent des moutons qui une nuit s'est écroulé, la porte des toilettes qui ne cessait de sortir du gond, le sourire de Kar quand Abdoulaye lui avait dit que les pièces où il vivait avec Pierrette s'étaient effondrées... *Attends un peu, bientôt tout le reste de la maison leur tombera sur la tête !*

Kar envoie Barou chercher de la glace chez les Italiens et me dit : "Tu n'as pas soif ? Tu n'as pas envie d'un jus de gingembre ?" Dans la boutique où nous atterrissons, il fait frais. Des gens se bousculent devant un comptoir où un boucher découpe des morceaux de viande. Dans la pénombre derrière eux se dresse un réfrigérateur contenant des boissons fraîches. Nous nous affalons sur un banc et commandons du jus de gingembre.

Kar s'adosse au mur. "Maintenant que je t'ai parlé du déclin des maisons des autres, il faut aussi que je te parle du déclin de ma propre maison, dit-il. Parce que ceux qui chercheront à savoir où Kar Kar est né et verront dans quel état se trouve la maison sauront qu'il s'est passé quelque chose."

Il se penche en avant, une attitude qu'il adopte souvent quand il raconte. "Tout a commencé quand Maciré est tombé amoureux de Mamou." Ils se sont rencontrés à l'usine de ciment de Diamou, où Maciré travaillait à l'époque et où Mamou venait parfois rendre visite à une amie. Leur père s'est inquiété lorsqu'il a appris que Maciré voulait l'épouser. Mamou était une Khassonké, ils avaient d'autres traditions que les Bambaras. Devant l'insistance de Maciré, son père a dit qu'il devait attendre l'autorisation de Baaba, qui vivait en Côte-d'Ivoire. Peu de temps après, Baaba envoya de l'argent pour le mariage.

"Mamou a tout de suite porté malheur, car mon père est mort juste après", dit Kar avec amertume. Me voyant froncer le front, il ajoute : "Evidemment, c'est Allah qui l'a emporté, mais il y a toujours d'autres facteurs qui jouent."

Pierrette, qui habitait depuis plusieurs années dans la maison familiale de Kar, n'était pas seulement aimée de ses parents, mais de tout le quartier ; elle ne faisait aucune différence entre pauvres et riches, elle traitait tout le monde avec la même générosité.

Comme elle était la première et la seule belle-fille vivant à Kayes, elle était en quelque sorte devenue la maîtresse de maison.

Mamou venait d'une famille querelleuse. Son père avait quatre épouses qui ne s'entendaient pas et la discorde et les jalousies empoisonnaient la vie de la maisonnée où elle avait grandi.

Au début tout se passa bien. Mamou était gentille et travailleuse et tout le monde regrettait que le père de Kar ne soit plus en vie pour se faire une autre opinion d'elle. Maciré partit pour Abidjan afin de travailler dans une des boutiques de Baaba et quand Mamou prit le car pour le rejoindre, Kar l'accompagna tandis que Pierrette alla séjourner à Bandiagara avec les enfants.

Kar resta trois mois à Abidjan et assista à la transformation de Mamou. Baaba était assez riche à l'époque et Mamou s'était mis dans l'idée que son argent appartenait aussi à Maciré et à elle. Sa famille à Kayes avait dû lui monter la tête avant son départ, car elle en était profondément convaincue, ce qui provoquait de violentes disputes avec la femme de Baaba. Au début, Baaba crut que sa femme était à l'origine de ces prises de bec et il alla même jusqu'à la battre. Mais les voisins du dessus, qui étaient chez eux pendant la journée et entendaient tout ce qui se passait, lui dirent de quoi il en retournait.

Les disputes entre les épouses de deux frères sont plus dangereuses que les disputes entre les deux épouses du même homme, dit un proverbe bambara. J'ai rencontré à la fois Mamou et la femme de Baaba et je peux parfaitement me représenter les chamailleries de ces deux matrones.

Kar rentra à Kayes et des années allaient s'écouler avant que Maciré et Mamou suivent son exemple. Durant cette période, ils se rendirent indésirables à Abidjan, mais firent comme si Baaba et sa femme s'étaient mal comportés envers eux. Maciré était le benjamin, sa mère le crut aveuglément et envoya à Baaba une lettre où elle le maudissait. Ce ne fut qu'à la mort de Kalilou, des années plus tard, quand Baaba vint à Kayes, qu'elle lui pardonna. "Mais en attendant, l'argent de Baaba s'était bel et bien *gâté.*"

Pendant ce temps-là, sa mère s'était elle-même disputée avec Mamou et la querelle avait pris de telles proportions qu'elle avait obligé Maciré à choisir entre elle et sa femme. Des amis de la famille qui fréquentaient la maison depuis des années tentèrent en vain d'intervenir ; Maciré renvoya Mamou dans sa famille. Mais il continua de la voir et, quand Mamou fut de nouveau enceinte, il supplia sa mère de la laisser revenir. "Ma mère lui dit qu'ils n'avaient qu'à louer une chambre, mais moi je voulais à tout prix qu'elle revienne chez nous, dit Kar. Je ne voulais pas de dispute dans la famille, parce qu'à l'époque où mon père était encore en vie, nous étions un exemple pour tout le quartier." Finalement, sa mère se laissa convaincre et Mamou revint.

"C'est là que les problèmes commencèrent entre Mamou et Pierrette", soupire Kar. Les motifs étaient souvent dérisoires. Pierrette avait ouvert le robinet au moment où Mamou passait à côté, si bien qu'elle l'avait éclaboussée. Sambou s'était disputé avec les enfants de Mamou.

Tout se déroulait pendant la journée, quand Kar et Maciré étaient au travail, et, au bout d'un certain temps, Kar s'aperçut que sa mère – qui avait toujours eu beaucoup d'affection pour Pierrette – commençait à prendre le parti de Mamou. Quand Mamou renversait exprès une calebasse de riz de Pierrette et que Pierrette faisait une remarque, sa mère prétendait n'avoir rien vu. Quand les enfants de Mamou provoquaient Sambou, c'était lui qui recevait une gifle de sa grand-mère.

J'essaie d'imaginer les trois femmes sur cette parcelle. La belle Pierrette, qui avait fréquenté une école spéciale pour filles métisses à Bamako et dont plusieurs hommes fortunés avaient demandé la main, mais qui avait suivi le choix de son cœur et était dévouée corps et âme à Kar, un homme de caractère aux talents artistiques certains. Pierrette, qui possédait un placard aux petites portes en toile métallique où elle gardait son service et qui, contrairement à ce que beaucoup avaient prévu, était simple et travailleuse. Pierrette, dont les enfants avaient la peau claire, ce qui faisait l'envie de tous.

Dès le début, Mamou a dû vivre dans son ombre. Non seulement elle venait d'une famille où chacun cherchait la perte de l'autre – elle était donc plus entraînée à la guerre qu'à la paix –, mais elle était aussi mariée au faible Maciré, le chouchou de sa mère qui était incapable de se débrouiller seul et qui après son séjour raté en Côte-d'Ivoire n'avait obtenu un poste subalterne dans une banque que grâce à l'entremise d'un ami de la famille.

Puis il y avait la mère de Kar, la grande femme digne que j'ai vue en photo. "Si seulement mon père avait été encore vivant, dit Kar, tout se serait passé différemment. Ma mère avait vu grandir les enfants de Pierrette, ils s'endormaient la nuit contre sa poitrine mais, tout d'un coup, c'était comme si elle ne les connaissait plus. Quand Sambou et Shekna venaient la saluer, elle les ignorait. Un matin, je suis entré dans sa chambre pour la serrer dans mes bras avant de partir au travail – comme chaque jour depuis des années. Elle m'a demandé ce que je venais faire et m'a jeté une chaussure à la tête !" Il me regarde d'un air sombre. "A ce moment-là, j'ai su que c'était grave. Au début, j'arrivais à peine à le croire, mais de plus en plus d'indices m'ont fait comprendre que ma mère avait été *travaillée*."

Le grand mot est lâché. Je me doutais que l'histoire prendrait une telle tournure, mais je n'en suis pas moins étonnée. A Bamako, Mamadou, le frère de Pierrette, a un jour laissé échapper que la mère de Kar, à un âge avancé, était devenue un peu "démente", mais Kar ne pense pas en ces termes.

"Qu'un tel sort frappe notre famille !" Kar se cache la tête dans les mains. Un jour, la prédiction du marabout qu'il avait consulté dans sa jeunesse avec sa mère lui revint à l'esprit. *Un jour, votre famille connaîtra la discorde.* Sa mère ne l'avait pas cru, son mari n'ayant pas de coépouses, mais le danger se cachait ailleurs.

Je demande à voix basse : "Mais qui l'avait travaillée ? Et comment ?

— Vous ne connaissez pas ces choses-là, dit-il tristement, mais j'ai promis que je te parlerais de la méchanceté des Africains, alors je vais essayer de t'expliquer."

Mamou consulta un marabout. Il s'arrangea pour que, lentement mais sûrement, elle ait sa belle-mère en son pouvoir. "Un marabout qui veille à ce que tu te portes bien, c'est très difficile à trouver, mais le premier venu est capable de faire du mal !"

Comme dans toutes les familles où cohabitent plusieurs femmes, Pierrette et Mamou faisaient les courses et préparaient les repas un jour sur deux à tour de rôle pour l'ensemble de la famille. Mais un jour, Mamou décréta que chacune s'occuperait des siens. "Séparer les cuisines, c'est la pire des choses qui peut se passer dans une famille ! J'ai supplié ma mère à genoux de ne pas accepter. Mais elle avait déjà commencé à refuser la nourriture de Pierrette."

Un conseil des sages composé de dix hommes tenta d'amener Mamou à la raison. Ils remirent de l'argent à Maciré, que celui-ci donna à Mamou, afin qu'elle fasse les courses le lendemain matin pour toute la famille. Furieuse, elle le jeta par terre. Quand Baaba vint à Kayes pour intercéder, la situation s'arrangea pendant une semaine. Puis tout recommença. Depuis, Baaba n'est plus jamais revenu à Kayes.

"A partir de ce moment-là, Pierrette a préparé les repas dehors. Dans la cuisine que j'avais construite de mes propres mains, elle n'avait plus le droit d'entrer !

— Et Maciré a laissé faire ?

— Maciré !" Kar siffle entre ses dents avec mépris. "Il n'a jamais eu son mot à dire et là encore moins."

Fanta, une amie d'enfance de la mère de Kar qui aimait beaucoup Pierrette, observait le tout avec

tristesse et décida de consulter à son tour un marabout. Il lui dit que la situation était déjà allée trop
loin, que quelque chose était enterré dans la maison
qu'il fallait déterrer avant qu'il puisse intervenir.
"Enterrer quelque chose, c'est ce qu'il y a de pire,
dit Kar, quand on fait une chose pareille… quand
on enterre un gris-gris dans une maison, même tes
meilleurs amis se retournent contre toi s'ils entrent
sur ton terrain." Cela avait dû se produire depuis
longtemps déjà car, au début, sa mère ne se fâchait
contre Sambou et Shekna que lorsqu'ils étaient à la
maison ; dès qu'ils s'en éloignaient pour se rendre
sur le champ de son père, elle redevenait comme
avant.

Le marabout dit qu'il pourrait trouver la chose
enterrée – à condition que les membres de la famille
soient d'accord – à l'aide de miroirs. Mais quand
Fanta vint avec lui, la mère de Kar se jeta par terre
et s'écria que personne ne déterrerait quoi que ce
soit. "Fanta était son amie depuis plus de cinquante
ans. Elle a tout essayé pour qu'elle change d'avis.
Mais comme rien n'y faisait, elle n'a plus remis les
pieds chez nous." Kar me regarde. "Tu l'as rencontrée, tu ne te souviens pas ? Elle vit au coin de notre
rue." Une vieille femme mince, d'allure aussi digne
que sa mère. Elle serrait Kar en lui parlant et, du
coin de son pagne, elle séchait les larmes qui lui
montaient aux yeux. "Oh Fanta, dit Kar, depuis la
mort de Pierrette, elle pleure chaque fois qu'elle me
voit."

Au bout d'un certain temps, l'atmosphère dans la
maison était si tendue que les visites se raréfièrent.
Personne ne se parlait plus et Sambou et Shekna
devaient jouer dehors, car les enfants de Mamou se
disputaient toujours avec eux. Kar ne pouvait rien
dire ; dès qu'il ouvrait la bouche, la situation s'enve-
nimait. Le soir, il fuyait de plus en plus souvent la
maison pour aller au cinéma ou chez des amis.

Puis à la boutique, les affaires périclitèrent. Là
aussi, Mamou y était pour quelque chose. Parfois,

elle se levait de bon matin en même temps que lui et allumait un feu de bois. Ce devait être une instruction de son marabout parce que, ces jours-là, pas un seul client ne s'arrêtait devant sa boutique. "Pas un seul ! Cela n'était jamais arrivé auparavant !"

Je pense à la manière dont Kar a interprété l'indifférence de l'imprésario américain à Angoulême et au regard faussé qu'il porte parfois sur mes faits et gestes. Se trompe-t-il aussi dans le cas de Mamou ? C'est toujours quelqu'un d'autre qui est responsable de son malheur ; Mamou s'est arrangée pour que sa boutique ne marche plus, les griots maliens pour que sa tournée prévue à l'étranger n'ait pas lieu. Il attribue sa méfiance à ce qui lui est arrivé, mais n'a-t-elle pas toujours été un trait de son caractère ? Le mot *paranoïa* me revient à l'esprit. Mais comme le terme *démence*, il n'a pas sa place dans l'univers de Kar.

"Pourquoi êtes-vous restés là-bas, pourquoi n'êtes-vous pas partis ?" Tout en le disant, je me rends compte de l'ineptie de ma question. Où pouvaient-ils aller ? Où auraient-ils trouvé l'argent pour louer une autre maison ?

"Partir ? Non… Quand mon père est tombé malade en 1975, j'avais démissionné de mon poste pour venir assister mes parents. Maintenant qu'il était mort, je ne pouvais tout de même pas abandonner ma mère !" Il travaillait encore la terre et rapportait chaque année des sacs d'arachides et de mil à la maison. Quand il voulait donner une part de la récolte à sa mère, elle le renvoyait – il laissait les sacs devant la porte de sa chambre. Parfois, il s'approchait d'elle par-derrière, en catimini, et la serrait dans ses bras. Ou il lui achetait du tabac à priser et le posait en cachette sur son lit. Il ne parvenait pas à se fâcher contre elle, il savait qu'elle n'y pouvait rien, qu'elle avait été travaillée.

"Et Pierrette, elle n'avait pas envie de partir ?

— Pierrette ?" Kar hésite. "Si, elle voulait partir. Combien de fois m'a-t-elle demandé de déménager…

au moins cent fois ! Mais je ne pouvais pas. Louer des chambres dans la ville où se trouvait la maison de mon père, que j'avais construite de mes propres mains ! Pierrette comprenait que je ne pouvais pas abandonner ma mère, sinon je serais maudit. Nous nous disions toujours que ça allait s'arranger, que ça ne durerait plus très longtemps. Aucune autre femme que Pierrette ne l'aurait supporté, toute autre femme aurait divorcé…" Il ajoute tendrement : "C'est pour cela que je ne peux pas l'oublier, parce qu'elle a tant souffert à cause de moi."

En 1986, il mit en sécurité l'acte de propriété de la maison, qui se trouvait dans la valise de son père. S'il avait voulu, il aurait pu vendre la maison du jour au lendemain. Cette idée lui donna, au milieu de toute cette impuissance et cette tristesse, un sentiment de force.

J'ai du mal à imaginer que l'homme que j'ai appris à connaître au cours des derniers mois comme un combattant acharné ait pu se laisser abattre par une femme telle que Mamou et son marabout malveillant. Si je n'avais pas vu la photo du Kar maigrichon dans sa boutique, je ne l'aurais probablement pas cru. *Comme un fruit dont on creuse lentement l'intérieur.* "Si quelqu'un m'avait dit à l'époque que j'irais un jour en Europe, je me serais moqué de lui, dit-il, je n'avais plus envie de vivre, j'étais totalement déprimé."

En 1987, comme s'ils n'avaient pas encaissé assez de coups, ils perdirent deux enfants en une seule semaine. "Pierrette était complètement découragée…

— Tu veux dire que Mamou…

— Non, je ne dis pas que c'était sa faute, mais quand notre premier enfant est mort, elle a ri et elle a crié qu'avant la fin de la semaine il en mourrait un autre."

Sur une photo de l'époque, Pierrette est assise dans la cour, un morceau de tissu enroulé autour de la tête, le regard fermé, hésitant. De toute évidence, le faible sourire sur ses lèvres n'est là que pour la photo. Elle a grossi et semble épuisée. Après tant de grossesses, tant d'enfants morts. Est-ce pour cela qu'elle est partie à Bandiagara quand elle a appris qu'elle était à nouveau enceinte, pour protéger son nouveau bébé ? Est-ce pour cela qu'elle a emmené tous les enfants ?

Je pleure et m'aperçois que Kar le constate avec une certaine satisfaction. Je ne pleure pas tant pour ce que Mamou leur a fait, mais parce qu'ils y ont cru et se sont laissé prendre au piège. Je pleure pour la paix familiale que Kar a désespérément essayé de préserver et à laquelle il a sacrifié la femme qu'il aimait.

A la fin de cette année-là, il se trouvait à Bamako et la télévision malienne l'invita pour la première fois dans ses studios. Il dut emprunter une guitare ; la sienne se trouvait à Kayes dans un coin de la chambre et n'avait plus de cordes. Dans une des chansons qu'il interpréta, qui s'intitulait *Pierrette*, il déclara son amour à sa femme devant tout le pays. *Pierrette Françoise, tu m'aimais. Famille et voisins disaient du mal de moi, mais tu m'aimais. Mon amour, je pense à toi.* La mélodie vibrante d'émotion eut du succès, de même que le texte : il était inhabituel au Mali qu'un homme chante son amour pour une femme avec laquelle il vivait depuis vingt ans.

Mais ces petits moments de gloire ne pesaient pas lourd face au drame qui se déroulait à Kayes et atteignait peu à peu son paroxysme.

"Un jour, ma mère et Mamou dirent à Pierrette que si je mourais, elle et ses enfants se retrouveraient à la rue." Kar secoue la tête de désespoir. *"Si je mourais !"*

Peu de temps après, Pierrette décida de partir pour Bandiagara. Si elle s'en allait, la mère de Kar s'apercevrait peut-être qu'elle n'était pas coupable et la regretterait, pensait-elle.

"Et toi, qu'as-tu fait quand elle est partie ?

— Rien. J'ai attendu. Je ne rentrais à la maison que pour dormir. Accepter la nourriture de Mamou, ça non… Je mangeais chez des amis."

Cinq mois plus tard, son ami Sidi lui envoya un messager. Un coup de téléphone de Bandiagara. Kar ferma sa boutique et se rendit sur son champ. C'était l'époque des récoltes, il était temps de rentrer son mil et ses arachides. Avant son départ, il devait mettre le tout à l'abri.

Etonnée, je lui demande : "Ça ne pouvait pas attendre ?

— Tu n'as toujours pas compris, dit-il amer, tout ce que je faisais, ils le détruisaient. Ils étaient capables de dire qu'ils s'étaient chargés de tout le travail, ou de tout laisser manger par le bétail d'un Peul qui serait passé par là !"

Il apporta une partie de la récolte à sa mère. Comme d'habitude, elle l'insulta et lui dit qu'elle n'avait besoin de rien de sa part, puis il laissa les sacs devant sa porte. Il apporta le reste chez Fanta. Ensuite, il resta dans sa chambre sans savoir quoi faire. Le service de Pierrette – ça aussi il devait l'apporter chez Fanta.

"Tu aurais pu fermer ta chambre à clé !"

Kar rit d'un air condescendant. "Comme s'ils ne pouvaient pas faire sauter la serrure ! Ils auraient tout emporté, puis dit que c'étaient des voleurs."

Le train pour Bamako ne partait que le lendemain matin, mais il ne voulait pas rester un instant de plus à Kayes. Il prit le premier train omnibus qui s'arrêta. Cette nuit-là, il dormit sur un banc dans la gare de Mahina, à moins de cent kilomètres de Kayes.

A Bamako, il appela Mamadou, qui n'était au courant de rien. Couvert de poussière et bouleversé, Mamadou arriva à la gare routière. En chemin, il avait heurté un vieillard et s'était étalé par terre de tout son long – il avait le sentiment que les choses allaient mal pour Pierrette.

Kar a cessé de parler. "Tu connais le reste", dit-il quand je lui lance un regard interrogateur.

Il demeura cinq jours à Bandiagara. Pendant son séjour, la nouvelle de la mort de Pierrette fut diffusée à la radio. Beaucoup furent choqués – ne venait-il pas de chanter son amour pour elle ? Un beau-frère de Pierrette, qui était président de l'Assemblée, envoya un chauffeur le chercher en quatre-quatre. Kar fit le voyage jusqu'à Bamako avec un bébé de quarante-trois jours dans les bras et quarante cartons de lait à l'arrière.

Quelques jours plus tard, il se rendit à Kayes pour recevoir les condoléances de ses amis et des voisins.

"Et qu'a dit Mamou à ce moment-là ?"

Kar rit amèrement. "Mamou, Maciré, ma mère, ils ont ri ! Leur problème était réglé – c'est ce qu'ils voulaient depuis tout ce temps !"

Je le regarde d'un air incrédule. "Non, dit-il, tu ne comprends toujours pas. Les voisins sont accourus, tout le monde pleurait, on savait combien j'avais aimé Pierrette et ce qu'elle avait enduré à cause de moi, mais ma propre famille riait ! Les jours suivants, j'ai commencé à vendre toutes les marchandises de ma boutique. Je savais que je n'avais plus de maison, que je devais chercher un autre toit… Quand ton propre frère te fait une chose pareille, à qui peux-tu encore te fier ?"

Nous sommes ici depuis au moins deux heures. Des clients sont entrés et sortis, le boucher a découpé sa viande et on a de temps en temps ouvert le grand réfrigérateur. Mais les gens défilent devant nous comme s'ils appartenaient à un monde différent, plus innocent.

Les premiers mois à Bamako, il n'arrivait pas à se prendre en main, il tournait en rond et n'avait aucune idée de ce qu'il devait faire de sa vie. Ce n'est qu'au moment où Mai Sangaré commença à lui parler de la France qu'il reprit espoir. Il ne pensait pas à la musique – il voulait gagner de l'argent pour construire une maison où il pourrait vivre avec ses enfants.

A Paris, il rassembla lentement ses esprits. Il oublia même qu'il existait des marabouts et des féticheurs. Quand il apprit la mort de sa mère, il venait de signer le contrat pour sa tournée en Angleterre. A aucun moment, il ne lui vint à l'esprit de le rompre.

Il sentit qu'il avait sa bénédiction : c'était comme si, par cette mort, une porte lui était ouverte.

Après sa tournée, il prit l'avion pour le Mali et le train pour Kayes. "Quand je pense que tu y es retourné, après tout ce qu'ils t'ont fait, lui dis-je, et que tu as pu m'y emmener !

— Oh, mais tout cela, c'est terminé. Maintenant leur heure est venue. Je ne sais pas si tu as remarqué, mais Mamou et Maciré n'ont pas échangé un seul mot pendant notre séjour à Kayes. Mamou se plaint de la paresse de Maciré, Maciré ne cesse de répéter qu'il veut renvoyer Mamou dans la maison de ses parents. Et je viens d'apprendre que Maciré risque de perdre son travail à la banque.

Le marabout à qui Pierrette avait confié Abdoulaye m'a dit une fois : le jour viendra où tu donneras de l'argent à Maciré pour qu'il achète de quoi manger. Je ne le croyais pas, mais il a ajouté en riant : attends un peu, l'homme est pressé, mais pas Dieu.

Tu peux être sûr qu'ils regrettent ce qu'ils ont fait, mais maintenant c'est trop tard. Dieu les punit pour le mal qu'ils ont commis, et s'il ne les punit pas, il punira leurs enfants. Tu as vu les enfants de Mamou ? On ne peut les emmener nulle part, ils se disputent partout."

Mamou qui poursuit sa fille aînée avec un bâton, la malheureuse Bintou, tantôt habillée d'une robe de fête, tantôt nue, pleurant contre un arbre... "Mais les enfants n'y sont pour rien, dis-je d'un ton de protestation, ils ne sont tout de même pas responsables de ce qu'ont fait leurs parents ?

— Après tout ce qui s'est passé, ce n'est plus mon problème. Ils n'ont qu'à se débrouiller, leur petit jeu est terminé ! La chose qu'ils ont enterrée ne fait plus effet, au bout de sept ans. Elle pourrit, comme un mort sous la terre. J'ai encore les papiers de la maison en ma possession. Si je voulais, je pourrais la vendre et ils deviendraient locataires du jour au lendemain."

Soudain, je le trouve dur. Pourtant, pendant notre séjour à Kayes, il a acheté des sacs de riz et de mil pour Maciré et il a donné tous les jours de l'argent à Mamou pour qu'elle aille au marché. "Maciré et moi, nous sommes frères, dit-il, nous avons bu le lait au même sein. Ça, personne ne peut le défaire. Mais comme dit un proverbe bambara : *Une guerre entre deux personnes peut s'arrêter, mais on n'oublie jamais les paroles prononcées.*"

Au début, il voulait construire une nouvelle maison à Kayes. Puis, il s'est rendu compte que ses enfants seraient mieux à Bamako. "Mais il y aura bien un jour où je ne ferai plus de musique – à ce moment-là, je retournerai à Kayes. J'ai déjà un terrain en vue."

Il s'est levé et, un instant plus tard, nous marchons dans les rues de Bandiagara, sous la lumière éblouissante de l'après-midi. Nous nous promenons un moment en silence. "Maintenant tu comprends pourquoi, parfois, je suis si coléreux, dit Kar. Pendant des années, j'ai dû tout retenir." Il soupire. "Non, Pierrette a souffert. Son cœur était plein de tristesse et d'amertume. Elle était déjà morte avant de partir pour Bandiagara…"

Après la semi-pénombre de la boutique, la luminosité du soleil me brûle les yeux. Comme anesthésiée, je marche à ses côtés. Je suis soulagée qu'il m'ait enfin remis la clé pour déchiffrer sa vie, mais la mélancolie que je m'apprêtais à ressentir ne tarde pas à se manifester. Kar semble éprouver la même chose. Il parle par bribes de phrases, enrichit l'histoire de quelques détails, ajoute un accent ici ou là, comme il le fait souvent quand il est tellement pris par son récit qu'il n'a pas envie de le terminer.

"Maintenant je t'ai raconté mon histoire", dit-il une fois arrivé devant la porte de Barou. Il me regarde et rit mystérieusement. "Du moins… une partie de l'histoire !"

GLOSSAIRE

anitié (bambara) : salut ; littéralement, merci.

bâché : pick-up recouvert à l'arrière d'une bâche.

douroudourouni : littéralement, petit cinq-cinq. Petit bus équipé de sièges à l'arrière, moyen de transport populaire au Mali, dont le nom vient du prix initial du trajet.

Fouta-Toro : région autour du fleuve Sénégal, devant son nom à un ancien royaume peul.

grin : club d'amis.

hawli : long foulard fin (Mauritanie).

cauri : coquille ovale, autrefois utilisée comme moyen de paiement.

korté : poison qu'un féticheur expédie à distance à une victime, par exemple sous la forme d'un serpent.

medersa : école coranique.

melahfa : voile transparent de couleur vive que les femmes maures portent par-dessus leurs vêtements.

talibé : élève d'une école coranique ; vient de l'arabe *talib*, étudiant.

thiouraye : encens local (Sénégal).

wousoulan : encens local (Mali).

wouya-wouya (bambara) : sans valeur.

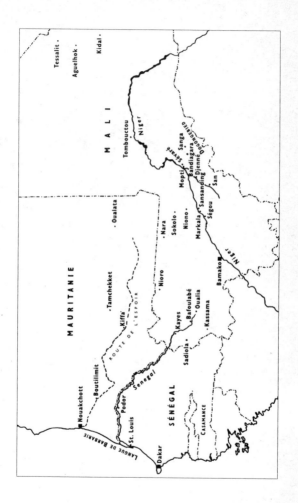

TABLE

B∆BEL

Extrait du catalogue

COÉDITION ACTES SUD – LEMÉAC

Ouvrage réalisé
par l'Atelier graphique Actes Sud.
Achevé d'imprimer
en octobre 2002
par l'imprimerie Hérissey
à Evreux
pour le compte
d'ACTES SUD
Le Méjan
Place Nina-Berberova
13200 Arles.

N° d'éditeur : 4750
Dépôt légal
1re édition : novembre 2002
N° impr. 93403
(Imprimé en France)